밥보다 예수

믿음이란 한 알의 밀알이 땅에 떨어져 죽음으로 많은 열매를 맺음과 같이 진리의 열매를 위하여 스스로 죽는 것을 뜻합니다. 눈으로 볼 수는 없으나 영원히 살아 있는 진리와 목숨을 맞바꾸는 자들을 우리는 믿는 이라고 부릅니다. 「믿음의 글들」은 평생, 혹은 가장 귀한 순간에 진리를 위하여 죽거나 죽기를 결단하는 참 믿는 이들의, 참 믿는 이들을 위한, 참 믿음의 글들입니다.

믿음의 어머니 12인의 신앙 열전

밥보다
예수

강영길 지음

홍성사.

차례

어머니의 신앙으로 돌아갈 때

2011년에 전도여행을 하던 중에 어느 작은 농촌 교회에 들어갔다. 벽이 갈라지고 유리창이 깨지고 천장이 내려앉는 그 교회의 현실 앞에서 마음으로만이 아니라 몸으로 통곡을 하고 돌아왔다. 요즘 대형 교회는 작은 도시 하나와 맞먹는 규모의 교회도 적지 않다. 오늘날 한국은 미국 다음으로 많은 수의 선교사를 파송한 나라가 되었다. 웬만한 중소 교회도 여름이면 해외로 선교 여행을 떠난다.

그러나 이와 같은 교회 발전의 이면은 생각보다 어둡다. 자료에 따르면 한국의 20대 중 단 5퍼센트, 10대는 3퍼센트만이 기독교인이라는 비관적인 통계도 나온다. 왜 한국 교회는 벽이 갈라지고 유리창이 깨진 채 방치된 농촌 교회의 모습처럼 급속도로 기울어 가고 있을까?

바로 한국 교회를 교회 되게 한 분들이 누구인가를 잊었기 때문은 아닐까? 교회를 교회 되게 한 분들이 오늘의 한국 교회를 대표하는 목회자들일까? 아니면 도시 교회의 부유하고 이름난 성도들일까?

그 주인공은 아무도 알아주지 않는 시골 교회에서 이름 없이 빛도 없이 평생을 헌신해 온 분들이다. 하루도 빠짐없이 새벽종을 울린 분들, 마늘 한 쪽 보리 한 됫박으로 헌금을 하고, 감자와 고구마로 십일조를 한 분들이 한국 교회의 진정한 주인이다. 살갗이 터지도록 등짐을 지어 돌을 나르고 머리털이 빠지도록 모래를 이어 날라 교회를 지은 사람들이 한국 교회의 주인이다. 가난과 사투를 벌이면서도 신심으로 목회자를 섬긴 자들이 한국 교회의 진정한 뿌리이고 주인이다.

요즘 도시 성도들은 자기를 숨길 수 있는 교회나 유명한 목회자를 찾아서, 좋은 설교나 은혜, 치유를 찾아 허덕이느라 자기의 전부를 드리는 경우가 드문 것 같다. 그래서 한국 교회가 무너지는 것은 아닐까?

이제 누군가 한국 교회를 일으켜 세워야 한다. 농촌 교회는 무너지고 도시 교회는 병들어 가고 있다. 지금은 한국 교회를 돌아볼 때다. 지금이야말로 우리의 고향 교회를 돌아볼 때다. 그리고 한국 교회의 뿌리인 어머니의 신앙, 아버지의 신앙, 그분들이 온몸을 불살랐던 헌신을 배우고 그 신앙으로 돌아가야 할 때다.

나는 컴퓨터 한 대와 카메라 가방을 들고 이름 없는 우리의 어머니와 아버지들을 찾아다녔다. 이동할 때는 일부러 대중교통을 이용했다. 차가 없는 시골길은 꽤 긴 시간을 걷기도 했다. 내가 자동차로 이동하지 않은 이유는 눈보라 치는 겨울에도 십 리 이십 리를 걸어 교회에 가서 예배를 드렸던 그분들의 마음을 느끼고 싶어서였다.

한 분 한 분 뵐 때마다 나는 그분들의 믿음 앞에 부끄러웠다. 한 분 한 분의 헌신과 하나님에 대한 사랑을 뼛속까지 배우고 싶었다. 체험보다 중요한 것은 헌신이다. 교회는 성도의 헌신으로 세워지며 성도가 헌신할 때 하나님 나라가 확장된다. 취재를 하여 글을 정리하다 보니 책으로 묶고 싶은 분이 열두 명으로 압축되었다. 의도한 바는 아니었으나 마치 예수님의 열두 사도처럼 원고가 정리되었다.

나는 인위적으로 성경 구절을 갖다 붙이거나 성경에 맞게 해석을 달려는 생각을 하지 않았다. 그럼에도 이 책에 실린 분들의 삶을 한데 합하면 사도행전 한 권과 다를 바가 없다는 생각을 한다.

가장 위대한 영적 체험은 무엇일까? 내가 죄인임을 뼈저리게 아는 것보다 위대한 영적 체험은 있을 수가 없다. 여기 실린 분들의 인생을 건 헌신 뒤에는 자신이 죄인이며 가장 낮은 자라고 스스로 인정하는 영적 체험이 깔려 있다. 헌신을 통해 이름을 내려는 분들도 아니요, 부를 추구한 분들도 아니다. 단지 자신이 죄인임을 인정하고 하나님 앞에 엎드린 분들이다. 그래서 이분들은 하나같이 위대하다.

나는 2012년 한 해 동안 이분들을 취재한 뒤로 특별히 가필加筆하지 않았다. 따라서 간증자의 나이는 2012년 기준으로 정리했다. 독자 여러분의 이해를 구한다. 이 글은 〈기독공보〉에 25회에 걸쳐 연재했고, 오늘 홍성사의 고마운 배려로 세상에서 빛을 보게 되었다. 이 책이 하나님의 나라를 건설해 나가는 축복의 통로가 되기를 기도한다.

이 글의 주인공들은 어쩌면 이 책에 자신의 사연이 실린 줄도 모른 채 여전히 하나님을 섬기고 있을 것이다. 그중에는 이 글을 천국에서 보고 계시는 분이 있을지도 모른다. 어디에 계시건 그분들 모두에게 하나님께서 은혜 베푸시길 원한다.

강영길

딸아, 내 손을 잡아라

김영희 권사 • 1947년생
전남 여수시, 서도교회

2004년 4월 8일, 고난주일. 나를 위해 돌아가신 예수님의 사랑과 고난을 생각하며 감사기도를 해야 할 새벽이다. 그러나 나는 그 기도를 하지 못한 채 예배 오기 전에 보았던 환상에 집중해 있었다.

새벽기도를 가기 전, 잠시 책상 앞에 앉아 있다가 꿈인지 생시인지 모를 환상을 봤다. 길을 가는데 내 앞에 팔뚝 굵기의 얼음 외나무다리가 있고 다리 건너에는 아름다운 옥토밭으로 이루어진 섬이 있었다. 나는 얼음 외나무다리를 건너다가 미끄러져서 그만 바다에 빠지고 말았다. 그 순간 하얀 옷자락에 덮인 손이 내려오면서 음성이 들렸다.

"딸아, 내 손을 잡아라."

이 말을 듣는 순간, 이 음성은 예수님의 목소리이며 손과 옷자락은 예수님의 것이라고 확신하면서 그 묘한 환상에서 깨어났다.

눈을 뜨고 보니 예배시간이 되어 있었다.

　나는 새벽기도에 가기 전이나 새벽기도를 마친 후에 빈번히 환상을 본다. 그럴 때면 나는 반드시 다시 기도를 하여 그 환상이 무엇을 뜻하는지 하나님께 여쭙는다.

　그날도 새벽기도 시간에 하나님을 붙들고 늘어졌다.

　"'네 기도는 얼음판까지이고, 옥토밭은 종현이가 걸어갈 길이다.' 이건 무슨 뜻인가요?"

　내 기도는 얼음판까지고 종현이가 걸어갈 길이 옥토밭이라니. 결국 나는 답을 찾지 못한 채 집으로 내려왔다.

　교회에서 새벽기도를 마치고 내려오는 길은 벌써 훤하게 밝아 있었다. 4월이 되면서 아침 해 뜨는 시간이 부쩍 빨라졌다. 건너편 동도리 망추산 너머 동녘도 훤히 밝아 오고 있었다. 고즈넉한 섬마을은 평화 그 이상도 이하도 아니었다.

　집에 돌아와 고기잡이 나간 큰아들 김일현 집사(지금은 장로가 되었다)의 아침밥을 챙기고 있는데 전화벨이 울린다. 따르릉. 새벽 6시. 이 새벽에 전화할 사람은 종현이밖에 없다. 종현이는 여천 산업단지에서 일하는 둘째 아들이다. 아침마다 걸려 오는 전화지만 환상을 본 끝이라 오늘은 괜스레 마음이 무거웠다.

　"엄니. 뭐하요?"

　"예배 갔다 와서 느그 성 밥한다. 회사에 출근했다냐? 너는 예배 못 갔지야?"

"예. 못 갔소. 그나저나 오늘 인터넷으로 영화 한 개 봤는디 진짜 은혜 받았소. 엄니도 한번 보시오."

"그래잉? 영화 제목이 뭐다냐?"

"패션 오브 더 크라이스트요."

"뭐라고야? 좀 천천히 불러 보니라. 받아 적게."

나는 아들이 부르는 영화 제목을 꼭꼭 받아 적었다. 〈패션 오브 더 크라이스트〉.

영화 제목을 받아 적은 뒤 전화를 끊고 다시 부엌으로 가는데 아무래도 이틀 전에 봤던 환상이 마음에 걸렸다. 기도 중 환상 속에서 종현이가 속옷만 입은 채 나타났다. 다 큰 남정네가 속옷만 입고 있기에 '쟈가 대체 정신이 나갔나' 하고 생각하는데, 그 애가 내게 다가오더니 어떤 사람이 담배를 못 끊는다는 이야기를 했다. 환상 속에 나타나 한 말 치고는 참 엉뚱했다. 그러곤 곧 환상에서 깨어났다. 왜 남이 담배 못 끊는다는 이야기를 한 것일까? 왜 그런 환상을 보게 된 건지, 더 궁금해할 것도 없이 곧 이유를 알게 되었다.

십자가를 지기까지 살이 찢기고 피부가 갈라지고 피가 터지는 고초를 겪는 예수님의 아픔을 절절하게 그린, 결코 잊지 못할 영화 〈패션 오브 더 크라이스트〉. 나는 영화 제목을 받아 적는 순간에도 예수님의 살이 찢기는 아픔이 나의 가슴을 찢는 고통으로 닥칠 줄은 꿈에서조차 상상하지 않았다.

부엌일을 마치고 방에 들어와 텔레비전을 켜니 아침 프로그램이 방송되고 있었는데 화면 아래로 자막이 지나갔다.

'사고-여천산단 LG 김종현 이일산업 생산과장 33세 중상'

나는 눈을 비비며 다시 자막을 봤다. 다시 보아도 내 아들의 이름이다. 나이도 같고 회사도 같다. 내 눈은 그 글자들을 보고 있었으나 마치 내 머릿속이 진공관이 된 것처럼 도무지 그 글자가 내 머리에 들어오지 않았다. 내 아들과 통화한 지 아직 20분이 채 지나지 않았다. 영화를 챙겨 보라고 이 나이 든 해녀에게 전화를 해준 사랑하는 아들과 통화한 지 20분이 채 지나지 않았다. 그러니 저 이름의 당사자가 내 아들일 리 없다. 저 이름은 틀림없이 내 아들이 아닌 다른 사람 이름일 것이다.

그 상황에 회사로 전화를 걸었더니, 자막에 나온 이름이 내 아들이라는 것을 확인해 주었다. 종현이는 사무실에 들어와 딱 5분을 쉬면서 나에게 전화를 한 것이었다. 그 전화가 나에게 건 마지막 전화였다. 그것이 내 아들이 들려준 마지막 목소리였다. 아들이 마지막으로 해준 말은 예수님의 고난, '패션 오브 더 크라이스트'가 은혜롭다는 말이었다.

다행히 하루 두 차례 여수까지 운항하는 배가 아직 떠나지 않았다. 이것저것 챙길 것도 없이 서둘러 여수로 향했다. 병원에는 몸만 살아 있는 아들이 누워 있었다. 한 동료가 담배를 피우려고 금연 구역에서 라이터를 켠 순간, 화학물질에 불이 옮겨 붙으면서 폭발 사고가 났다고 한다.

이틀 전 봤던 환상이 무슨 뜻인지 그제야 이해가 되었다. 하나님은 나에게 아들의 사고를 미리 보여 주셨던 것이었다. 그때 내가 '대체 이게 무슨 뜻이냐'고 더 매달려서 기도하지 않은 것이 한탄스러웠다. 만일 그게 무슨 뜻인지 알았으면 내가 아들의 목숨을 구했을 것이다. 그러나 어떻게 그것을 알 수 있겠는가? 주시는 이도 하나님이시요 거두시는 이도 하나님임을 나는 잘 안다. 그때 환상으로 보여 주신 것만으로도 감사하다. 하나님이 결코 나를 잊지 않으시고 나를 늘 지켜보시며 나에게 말씀하시려고 한 거니까.

아들은 서울의 큰 병원으로 실려 갔다. 그때의 충격이 너무 커서 그 병원 이름도 기억나지 않는다. 아들은 서울의 병원으로 간 뒤에도 한 마디 말도 못한 채 누워만 있었다. 병원에서는 사실상 사망 선고를 내린 채 숨이 끊기는 날만 기다리고 있었다. 그때 내가 할 수 있는 일은 아예 없었다. 차라리 내가 아들을 대신해서 죽고 싶었다. 말도 못하고 느끼지도 못하지만 내 아들이 얼마나 고통스러울지 생각하면 내 뼈가 쪼개지는 것 같았다. 나는 눈이 아파서 울지 못할 때까지 울었다. 그때 나는 보내는 이, 곧 남아 있는 자의 아픔이 떠나가는 자의 아픔에 결코 뒤지지 않음을 깨달았다. 가슴이 찢어지고 하늘이 갈라졌다.

아들의 몸을 덮는 병원의 흰 천이 그렇게 미울 수가 없었다. 그 얇은 천이 아닌 따뜻하고 예쁜 이불로 바꿔 주고 싶었다. '아버지, 이 생명을 주님께 의탁하나이다.' 차가운 천에 덮인 아들의 몸에 손을 얹고 매일 눈물로 기도했다는 것 외에 어떤 일이 있었는지 기억나지 않는다.

병원에 있을 때 나는 찬송가 "나 같은 죄인까지도"와 "예수 나를 오라 하네"를 입에 달고 살았다. 내가 죄가 많아서 이런 일이 일어난 것 아닌가 싶어서 그 많은 찬송가 중에 이 두 곡만 쉴 새 없이 불렀다. 나 같은 죄인까지도 찾아와 주신 주님, 피 흘려 사랑을 주신 주님, 그 얼굴 우러러봅니다. 겟세마네 동산까지, 피땀 흘린 동산까지, 어디든지 주를 따라 주와 같이 가겠다는 찬송을 불렀다.

이런 찬송을 부르니 주변의 환자 보호자들조차 나를 미친 사람 취급했다. 하지만 그 찬송은 의식 잃은 아들을 지켜보는 슬픔을 버티게 해주는 유일한 힘이었다.

사고 이후 한 달이 채 안 된 어느 날, 내 아들은 결국 하나님 곁으로 갔다. 의사는 내가 보는 앞에서 아들의 머리끝까지 하얀 천을 끌어올렸다. 그 순간 나도 모르게 이런 말이 나왔다.

"하나님 내가 뭘 잘못했습니까?"

그 한마디를 겨우 뱉어 내고 나는 쓰러져 버렸다.

이튿날 격렬한 아픔 속에서 아들에게 수의를 입혔다. 아들의 몸에 손을 얹고 기도를 하는데 황량하고 긴 언덕길이 보였다. 바로 그 길을 예수님이 십자가를 지고 올라가고 있었다. 수많은 군중이 구경하고 있는 저 길 끝에 나무 한 그루가 있고, 그 나무 뒤에 한 여인이 서 있었다. 자세히 보니 예수님의 어머니 마리아가 한 손으로 눈물을 닦으며 나무 뒤에 서 있는 것 아닌가. 순간 이런 생각이 들었다. 저 눈물은 그냥 눈물이 아니라 온몸을 쥐어짜서 흘러나온 눈물이구나. 아들을 잃은 마리아의 마음은 얼마나 아팠을까? 그 순간 마리아의 마음이 나에게 그대로 내려와 포개지는 것을 느꼈다. 그러자 고통도 아픔도 다른 아무 생각도 나지 않고 오직 그윽한 평강만이 내 마음 깊은 곳에 내려앉았다.

아들은 나에게 예언을 한 것일까? 예수님의 고난을 생각하며 자기의 죽음을 하나님의 은혜로 받아들이라는 것이었을까? 내 사랑하는 둘째 아들은 그렇게 내 곁을 떠났다. 내 기도는 얼음판까지이고 내 아들 종현이는 얼음 외나무다리를 건너 옥토밭이 펼쳐진 아름다운 섬으로 떠나 버렸다.

아들이 사망한 지 한 달 후, 집에 돌아온 첫 토요일이었다. 집에 오니 아들의 부재가 더 크게 느껴졌다. 다음 날인 주일 아침, 나는 정성껏 화장을 했다. 하나님께 신령과 진정으로 예배드리기 위해, 레위기 말씀을 따라 정한 몸으로 하나님 앞에 나아가기 위해 화장을 했다. 화장을 하며 거울에 비친 나를 봤다. 내가 내 눈동자와 얼굴을 보는 것이 그렇게 두렵고도 슬픈 일이라는 사실을 처음 깨달았다. 나는 내 얼굴을 보기가 두려웠지만 정성껏 화장을 했다.

남편을 먼저 보낸 데다 자식까지 죽으니 사람들이 나를 위로하러 찾아왔다. 사람들이 마루에 앉아서 한두 마디씩 위로를 건네는 중에도 나는 화장을 했다. 사람들이 위로의 말을 하고 나가면서 자기들끼리 하는 말이 돌담 너머로 들려왔다.

"오매, 화장이라곤 안 하던 사람이 저리 화장을 한 걸 본 게 아들이 그리 돼서 미쳐 부렸는갑네."

나는 미쳤다는 소리가 전혀 마음에 걸리지 않았다. 그저 하나님 앞에 깨끗하게 나가야겠다는 마음밖에 없었다. 그날따라 내가 대표기도였다. 기도를 하러 강대상까지 어떻게 갔는지 기억이 나질 않는다. 그러나 대표기도를 하는 동안 하나님이 나에게 힘을 주셨고 기도할 능력을 주셨다. 기도하는 순간에 무언지 알 수는 없으나 하나님이 나와 함께하신다는 사실을 절절하게 깨달았다. 아마도 성령님이 내 마음에 안수를 하셨던 것 같다.

서른아홉 살에 남편이 먼저 떠났을 때 정말 슬픔이 컸다. 그런데 아들이 죽고 보니 그때의 슬픔은 아예 슬픔도 아니었다. 남편의 죽음에 대한 슬픔은 아들이 죽으면서 완전히 사라져 버렸다. 이렇게 남편과 아들을 먼저 하늘로 보낸 나는 눈물로 찬송을 한다.

죄 짐 맡은 우리 구주 어찌 좋은 친군지 걱정 근심 무거운 짐 우리 주께 맡기세. 정말 예수님은 나의 걱정과 근심을 모두 덜어 주는 좋은 친구다. 시험 걱정 모든 괴롬 없는 사람이 없다. 그러나 나에게는 참으로 신실한 친구인 예수님이 계시다. 세상 사람들은 남편과 아들을 먼저 보낸 나에 대해 수군대기도 한다. 그러나 세상 친구 멸시하고 나를 조롱하여도 나는 예수님 품에 안기어서 참된 위로를 받으며 산다.

나는 나의 연약함과 부족함을 잘 안다. 나는 하나님 아버지가 아니면 아예 존재할 수조차 없고 하나님 외에는 의지할 곳이 없다. 내 죄를 씻기 위하여 피 흘려 죽으신 주님 앞에 나는 날마다 회개하며 주님의 은혜를 구한다.

나는 살면서 크게 세 번의 죽을 고비를 넘겼다. 그중 두 번의 사건이 동일한 장소에서 일어났다.

남편 생전에 나는 자그마한 배를 타고 그와 함께 어장을 다녔다. 지금 이곳이 서도이고 건너편 마을이 동도다. 동도 뒤에 절벽이 있다. 동도 너머는 망망대해여서 그 절벽 근처는 바람도 거세고 아무리 잔잔한 날도 거친 파도가 인다. 그런데 그 절벽 근처에서 그만 배의 시동이 꺼져 버려서 배가 파도에 밀려 해안의 협곡으로 밀려들어 갔다. 절벽 쪽에서 내려 배를 밀고 당기다 보니 스크루 나사가 풀린 것 같았다. 잠수를 하여 배 아래로 들어가 스크루 나사를 잠갔으나 미처 배에 오르지 못했다.

남편이 시동을 걸어 배를 뒤로 뺐으나 나는 험한 파도에 휩쓸려 갔다. 지금 와서 말이지만 나는 그때 정말로 죽는 줄 알았다. 절벽에는 굴과 같은 조개껍데기들이 딱딱하게 붙어 있었다. 그것들은 돌처럼 단단해서 거기 부딪히면 살갗이 찢어지게 된다.

나는 엄청난 파도에 밀려 절벽에 내팽개쳐졌다. 그때마다 나는 조개껍데기들을 손가락으로 부여잡고 절벽에서 버텼다. 마치 실내 암벽 등반 선수처럼 대롱대롱 매달렸다. 그러다 손힘이 빠지면 바다에 툭 떨어져 파도에 휩쓸리다가 다시 파도가 내 몸을 밀어 올리면 조개껍데기에 매달리기를 반복했다. 시커먼 바다와 새하얀 포말이 나를 국수 말듯이 말아 버렸다. 그러기를 다섯 번 정도 반복하니 몸이 완전히 지쳐 버렸다. 나는 그곳이 내 마지막 자리인 줄 알았다.

더는 살 가망이 없다고 생각되었을 때 마지막으로 안간힘을 다해 그 조개껍데기들을 붙잡고 절벽 위로 올라갔다. 살 가망이 없다고 생각되었을 때에야 오직 하나님만을 바라보는 것과 같은 이치인지 모른다. 온몸의 힘은 다 빠진 상태였지만 가까스로 절벽 위에 가서 비교적 완만한 길을 찾았다. 절벽을 우회해서 바닷가로 내려가니 편편한 자갈밭이 있었다. 그때 속수무책으로 나를 바라보기만 하던 남편이 배를 그곳으로 몰고 와서 나를 태웠다. 바로 이 사건이 죽음을 경험한 두 번째 사건이다.

그 사건 날보다 수십일 전에 우리에게 첫 번째 사건이 일어났었다. 하나님이 그때 나를 살려 주신 것은 아직 내게 할 일이 남아 있기 때문일 것이다. 그때 나를 대신해 하나님 곁으로 간 사람이 남편이다. 이 첫 번째 사건으로 남편에게 급성 심장병이 발병했다.

당시에는 꽤 많은 사람이 외항선을 탔다. 그때까지도 남편은 선원으로 돈을 벌었으나, 가족만 두고 다니는 게 마뜩지 않아서 한국에 정착하려고 자그만 어선을 샀다.

첫 번째 사건이 일어난 그날, 두 번째 사건이 일어났던 동도 뒤

쪽 바로 그 자리에서 돌풍을 만났다. 이에 배가 방향을 잃고 흔들리다가 엔진이 꺼져 버렸다. 거대한 파도와 함께 바람이 무섭게 휘몰아치면서 배가 계속 암벽으로 밀려 나가다 마침내 암초에 걸렸다. 남편이 암초에 풀떡 뛰어내려서 배를 밀었다. 나도 남편의 반대편에 뛰어내려 암초에 부딪치지 않도록 배를 밀었다. 암초 주변은 무섭도록 시커먼 바다인데 거대한 파도가 밀려와 부서지면서 새하얀 포말을 일으켰다. 다행히도 배가 암초 밖으로 밀려 나가기 시작했다. 그렇게 배가 밀리자 남자인 남편은 홀떡 올라채서 배를 탔는데, 장화를 신고 장갑을 끼고 커다란 비닐 작업복까지 입은 나는 배 위로 올라챌 수가 없었다.

배는 암초를 벗어나 밖으로 빠져나갔으나, 나는 물이 허리 높이까지 오는 암초 위에 고립되었다. 그때 집채 같은 파도가 밀려오는 모습이 보였다. '삼형제 파도'라는 말이 있다. 파도가 밀려올 때는 꼭 삼형제로 세 번 연달아 온다는 말이다. 불현듯 거대한 입을 벌린 삼형제 파도가 몰려오더니 나를 날름 집어삼켜 버렸다. 나는 끝도 없는 바닷속으로 빨려 들어갔다.

파도가 나를 집어삼킨 그 순간에 어떻게 그런 기지가 발휘되었는지……. 하나님이 지혜를 주지 않았다면 나는 그렇게 할 수 없었을 것이다. 파도가 나를 들었다 놓았다 하는데, 바다 표면에 나올 때는 물의 압력이 너무 강력해서 힘을 쓸 수가 없었다. 그처럼 힘이 강할 때 나는 그냥 파도에 몸을 맡겼다. 그러면 다음 순간 내 몸이 물에 잠기듯이 수면 아래로 깊숙이 가라앉는다. 깊은 물속에서는 물의 압력이 약해지고 잔잔해져서 몸을 움직일 수 있었다. 깊고 평온한 물속으로 빨려들 때마다 나는 옷을 하나씩 벗었다.

파도가 나를 들어 올리면 가만히 몸을 맡기고 있다가 깊은 물에 잠기면 장화를 벗고, 다시 수면에 떠오르면 잠잠히 있다가 또 가라앉으면 장갑을 벗고, 또 나를 들어올리면 그대로 몸을 맡겼다가 재차 나를 집어삼키면 작업복을 벗었다. 파도는 힘으로 이기는 게 아니라 그 물결을 타야만 이길 수 있다. 그렇게 몇 차례를 자맥질하면서 장애가 되는 옷들을 다 벗고 나니 평상복만 입은 상태가 되었다. 그제야 몸을 비교적 자유롭게 움직일 수 있었다.

그 와중에도 내 몸은 파도에 휩쓸려 계속 절벽 쪽으로 밀려갔다. 오랜 해녀 생활의 경험으로 보면 삼형제 파도가 연속해서 세 번 온 뒤에는 반드시 한 번을 쉰다. 마치 고난도 홀로 오는 법이 없이 세 번씩 연달아 온 뒤에 쉬는 것과 같다. 나는 파도가 세 번 연달아 오는 순간을 기다렸다. 그냥 파도에 몸을 맡기다가 파도가 세 번 연달아 오고 나자, 나는 재빨리 절벽 아래 비좁은 자갈밭으로 헤엄을 쳤다. 그리하여 비로소 발이 바닥에 닿았을 때, 나는 죽을힘을 다해 절벽 방향으로 뛰었다.

가파른 절벽 틈을 잘 관찰해 보니 낚시꾼들이 내려오려고 매달아 둔 줄이 절벽에 달려 있었다. 그 줄을 잡고 암벽을 타듯이 겨우 절벽에 올라가 틈에 섰다. 얕은 바다는 파도가 세도 깊은 곳은 물결이 거세지 않다. 자갈밭 부근의 바다는 거칠었으나 절벽 부근의 바다는 비교적 완만한 파도가 일어서 헤엄을 칠 수 있었다. 나는 낮은 절벽으로 내려와 바다로 다이빙을 했다.

아직도 돌풍은 멎지 않았으나 나는 파도를 헤치며 배가 있는 쪽으로 헤엄쳐 갔다. 그런데 배에 올라서 보니 남편의 얼굴이 아주 노오랗게 뜬 채 넋이 나가 있었다. 내가 배에 있는 줄만 알고 배를 밀고 당겨서 겨우 올라와 보니 파도가 산더미처럼 달려들고 있고, 그 와중에 어처구니없게도 내가 어디론가 사라져 버린 것이다. 그 순간 남편은 내가 죽은 것으로 판단했고, 그로 인해 남편에게 급성 심장병이 왔다. 배에 다시 올라탔을 때 남편은 이미 넋이 나가 있었기에 내가 배의 키를 잡고 집까지 돌아왔다.

그렇게 큰 사고를 겪은 며칠 후 바다에 나갔다가 같은 자리에서 두 번째 사고가 났던 것이었다. 두 번의 사건으로 심장이 급격히 악화된 남편은 끝내 그 해를 넘기지 못하고 말았다.

내게는 '청상과부'라는 말이 딱 맞는 표현이다. 남편이 떠난 지 벌써 삼십 년이 지났으니, 당시 나는 젊어도 너무 젊었다. 남편이 떠나면서 나에게 남긴 것은 적잖은 빚, 그리고 두 아들과 딸 하나였다.

남편은 외항선을 타다가 그만둔 후 융자를 내어 '고대구리'라고 하는 큰 배를 장만했다. 그러나 야심차게 장만한 그 큰 배는 그만 사고로 침몰해 버렸다. 남편에게 심장병을 가져다 준 배는 이 큰 배가 침몰한 뒤에 장만한 것이었다.

1975년도에 이 동네에 간첩사건이 있었는데, 바로 그 사건이 발생한 뒤에 사고가 났다. 일군의 사내들이 깊은 밤에 고래고래 소리를 지르며 음주 가무를 해댄 것이다. 그렇게 선창에서 악을 쓰고 노니까 전경들이 그들을 제지하기 위해 다가갔다. 그러자 술꾼들이 배를 훔쳐 달아났는데 그게 우리 배였다.

아침에 배를 찾으려고 사방을 뒤지고 다니다 보니 옆 동네로 가는 길목의 바다에서 배의 잔해가 밀려왔다. 그래서 당시 동네에 있던 크레인을 몰고 배 잔해가 있는 곳으로 갔다. 배에는 그물은 물론 값나가는 장비가 많이 있었다. 그러나 돈을 들여서 잠수부를 구할 수가 없어, 결국 내가 잠수를 하기로 했다.

줄로 깊이를 재보니 10미터가 넘었다. 너무 깊었지만 도리가 없었다. 다른 해녀 한 분과 함께 줄을 들고 물에 들어갔다. 수압을 견디기가 쉽지 않았지만 둘이서 배를 묶었고, 스무 척이 넘는 배들이 와서 작업을 도왔다. 마침내 크레인에 배를 달아 올려 보니 기관실이 다 부서지고 물뿡도 다 터져서 배가 가라앉은 상태였다.

배가 가라앉는 바람에 새 배와 어구를 사느라 또 빚을 졌다. 결국 돈을 벌려고 장만한 배 때문에 오히려 더 큰 빚만 떠안게 되었다. 그러나 남편은 그 빚을 다 갚지 못한 채 죽고 말았다. 그 후 나는 거의 7, 8년 동안 빚을 정리했다. 그런 중에도 아이들 셋을 학교에 보내야 했다. 나는 그 빚을 물질해서 다 갚았다. 어떻게 해녀가 그 큰 돈을 갚을 수 있었을까? 돌이켜 생각해 보면 불가능한 일이다.

그때는 세상 사람 모두가 나를 버린 것 같았다. 남편은 그렇게 떠나 버렸고 부모도 나를 돕지 못했다. 나는 형제들에게도 손을 벌린 적이 없었다. 다만 내가 지치고 아프고 슬플 때 하나님께서 함께해 주셨다. 내가 의지할 곳은 하나님밖에 없었다. 지금까지 살아남은 게 다 하나님의 은혜. 내 삶 전체를 말하라면 하나님의 은혜 빼고는 아무것도 없다. 지금 이 순간도.

내가 지금까지 배운 것은 단 하나다. 하나님이 어려운 시련을 주실 때는 '인내'를 가르치신다는 것이다. 이제 나는 고난이 닥쳐와도 괴롭고 불안하고 힘든 게 없다. 내 인생은 내 것이 아니고 하나님의 것이라고 생각하며 맡기니 힘들지 않다. 내 자녀도 마찬가지다. 그분이 나에게 맡긴 것이지 내 소유가 아니라고 생각하면 마음이 편하다. 아들을 잃었을 때도 그 순간은 힘들었지만, 주인이 나에게 맡긴 자녀를 주인이 다시 데려간 걸 내가 무어라고 하겠는가.

우리 교회는 1957년에 김숙정 권사님 댁에서 가정교회로 출발했다. 그러다가 (정확히 몇 년도인지는 기억나지 않으나) 지금의 자리에 자그마한 교회를 지었다. 마을 뒤편 해안에 있는 무거운 돌을 다 머리에 이고 등에 져서 날랐다. 돌 무게가 만만치 않아서 교회를 지을 만큼 돌을 나르는 데는 상당한 시간이 소요되었다.

건축 기술자도 없이 교인들끼리 교회를 지었다. 당시 가장 애를 썼던 분들이 임영례 집사님과 박처녀 집사님 등이었다. 어촌의 아낙들이 집안일 다 하면서 교회를 짓는 데는 상상할 수도 없는 어려움이 따랐다. 육체적인 고통은 물론이려니와 예수쟁이들을 바라보는 동네 사람들의 따가운 시선도 큰 고통이었다. 사람들의 시선과 소문이 곧 법인 섬마을에서는 결코 작은 어려움이 아니었다.

교회 건축에는 시험이 따르기 마련이다. 하나님의 집을 짓는 일이다 보니 사탄이 역사를 해서 교인들 간의 갈등도 가장 많이 일어난다. 이런 말을 하는 것은 정말 조심스럽다. 독자 중 당사자가 오해할 수 있기 때문이다. 하지만 나는 특정인에게 감정이 있는 것이 아니라, 그만큼 사탄의 방해와 시험이 많다는 말을 하고 싶을 뿐이다.

사탄은 남편을 통해서도 훼방을 놓았다. 남편은 젊었을 때 신앙생활을 잘하다가 나이를 먹으면서 약해졌다. 그러나 내가 교회 짓는 데 헌신적으로 나서니까 남편도 도와주고 싶어 했다. 선장이었던 남편은 배로 벽돌을 실어다 주려고 했다. 그래서 광고 시간에 벽돌 한번 실어다 주고 싶다고 발언을 했는데, 교인들이 남편을 짐짝처럼 끌고 나갔다. 네가 뭔데 예배 시간에 감히 허락도 없이 발언을 하느냐는 것이다. 그때 남편이 불쑥 말한 건 불찰이지만, 교인들이 그렇게까지 한 것은 지금 생각해도 심한 것 같다.

그 후로 남편은 교회가 뭐가 좋으냐며 교회 자랑하는 나를 비판했다. 교회에 대해서는 물론 교인들에 대해서도 비판했다. 평소 나를 핍박하지 않았던 사람인데 그런 식으로 사탄이 역사한 것이다.

또 다른 사연도 있다. 1998년에 계셨던 목사님(그 목사님 입장을 생각해서 실명은 밝히지 않는다)이 500만 원을 들고 무리하게 건축을 시도하면서 교회가 시험에 든 일이다. 시험에 든 이야기를 꺼내면 상처받는 사람이 있기 마련이므로 정말로 하고 싶지 않지만, 하나님의 일을 할 때는 이런 어려움이 따른다는 사실을 말해야 할 것 같다.

우리가 잘 알듯 가롯 유다는 본래 나쁜 사람이 아니었으나 사탄의 계략으로 예수님을 팔아 넘기는 엄청난 일을 저질렀다. 교회를 건축하는 등의 하나님 일을 할 때면 꼭 그와 유사한 어려움이 닥친다. 성도들이 예민해지고 성령 충만한 사람이 돌변하는 일도 얼마든지 일어난다.

인건비를 아끼려고 박처녀 권사님, 김쌀님 권사님, 박형림 권사님, 이근희 권사님과 함께 교회 건물을 직접 해체했다. 여자들이 질통으로 등짐을 져서 벽돌과 모래를 직접 날랐다. 나는 해녀니까 물질도 해야 하고 농사도 지어야 하는데, 교회를 짓는 동안 내 일은 뒷전으로 미뤄 두었다. 키가 164센티미터인 나의 몸무게는 평생 40~42킬로그램에서 벗어난 적이 없다. 그런데 교회를 다 짓고 나니 내 몸무게가 36킬로그램으로 줄어 있었다.

그때 쏟아부은 노동량은 차마 말로 하기 힘들 정도다. 하지만 그토록 고생하는 가운데 우리 교인들은 서로 사랑하는 법을 배웠다. 두세 사람만 같이 일하면 교회 하나 짓는 것은 어려운 일이 아니며, 두세 사람만 교회를 진정으로 사랑하고 하나님을 전심으로 섬기면 교회 일이 안 될 리가 없다.

상처받는다는 건 '일한다'는 말과 같다. 일하지 않으면 상처도 없다. 교회에서 상처받는다는 말은 믿는다는 말과 같다. 믿지 않으면 상처도 없다. 그 상처를 어떻게 싸매는지, 어떻게 치료하는지를 하나님이 가르쳐 주시는 게 은혜다.

현재의 교회는 2010년에 건축했다. 교인들 간에 많은 갈등이 있었던 1998년과 달리 이번에는 하나님의 은혜와 축복 가운데 교회를 건축했다. 서일성 담임목사님을 중심으로 교인들이 연합하고 힘을 모았다. 고난보다는 축제에 가까운 건축이었다.

나는 "네 보물 있는 곳에 마음도 있다"는 말씀에 동의한다. 마음이 있으면 보물도 서슴없이 바치게 되니까.

교회를 지을 때, 내가 건물 전체 한 벌을 입히는 붉은 벽돌을 헌금했다. 금액은 얼마였는지 기억나지 않는다. 어차피 한 벌을 다 입힐 거니까 금액은 생각하지도 않았다.

그 벽돌 밖으로 외벽을 둘렀으니 내가 헌금한 벽돌은 안쪽에 숨어 버려서 눈에 보이지 않는다. 그래도 나는 교회에 와서 벽을 만져 본다. 안쪽에 숨어 있는 빨간 벽돌을 생각하며 나는 소망한다. 눈에 보이진 않아도 교회를 지탱하고 있는 빨간 벽돌들처럼 나도 사람들 눈에 보이지 않게 교회의 버팀목과 같은 존재가 되기를.

교회 재건축이 거의 끝나갈 무렵의 일이다. 방에 누워 있는데 깜깜한 밤에 우리 집 옥상에 물이 찰방찰방 차 있는 모습이 보인다. 그 물 위에 초록색 불이 켜진 십자가가 서 있는데 정말 멋진 모습이었다. 그 광경을 넋을 놓고 보다가 깨어나 새벽예배에 가서 기도를 하는데, 그 십자가를 나더러 세우라는 마음을 주셨다. 그래서 내가 "알겠습니다" 하고 대답했다.

나는 그것이 무엇이든지 마음으로 하기로 작정했으면 반드시 실행한다. 그 금액이 얼마든지. 내가 하려고 작정하기만 하면 하나님이 어떻게든 돈을 주셨다. 그러나 나 말고도 십자가를 세우고 싶어 하는 사람이 있으면 기회를 주려고 시간을 두고 기다렸다. 과연 십자가를 세우겠다는 사람이 나타나서 그분이 하시도록 잠자코 있었다. '그러면 나는 십자가를 세우는 데 무엇을 할까' 고민하는데 전기세를 내라는 마음을 주셨다.

아들에게 십자가 불 켜는 데 전기세가 얼마나 나가는지 물었다. 며칠 뒤 아들이 전기세가 만 오천 원이라고 알려 줬다. 그래서 내가 전기세를 내기로 했다. 그 뒤로 일 년에 전후반기로 나눠서 무명으로 헌금을 하고 있다. 아들은 반대하지 않았다.

현재 장로로 섬기는 장남 일현이는 나와 마음이 참 잘 맞는다. 지금까지 나는 내 아이들에게 말할 때 항상 먼저 기도하는 마음으로 생각을 정리한 뒤 말하곤 했는데, 그만큼 신중하게 말해서 그런지 내 아이들이 내 의견에 반대한 적이 없다.

교회 천장 공사가 마무리된 뒤에 아들이 망설이며 말을 꺼냈다.

"엄마, 우리가 헌금은 남 못지않게 했지만 교회에 남을 만한 것으로 뭐 하나 하고 싶으요."

아들은 이미 마음에 정해 놓은 게 있는 것 같았다. 하지만 자기에겐 큰 돈이 없으니 일부러 내 뜻을 물어본 것이다.

"느가 마음 정한 것이 있는 갑는데 그거이 뭐냐?"

아들이 마음을 털어놨다.

"교회 천장에 붙박이형 냉난방기를 하고 싶은디 500만 원 가까이 듭디다."

"그러면 내가 도와줄 테니 니 이름으로 해라."

나는 아이들이 어렸을 때부터 각자 이름으로 헌금하게 했다. 그래서 이번에도 아들의 이름으로 하라고 했다. 그리하여 이미 완성한 천장을 뜯어내고 다시 공사를 했다. 사실은 이렇게 헌금한 사연을 지금껏 아무에게도 말하지 않았다. 여기에 밝힌 것이 처음이다.

교회를 다 짓고 3개월쯤 되었을 무렵 환상을 봤다. 내가 교회 옥상에서 악산을 보며 기도하는데 천사들이 나타났다. 천사들이 온 동네에 가득히 둘러서서 "호산나 호산나 호산나 높은 곳에서" 노래를 불렀다. 그 멋진 광경을 결코 잊을 수가 없다. 그로부터 3년 후인 지금, 우리 교회가 부흥해서 온 동네 사람이 교회에 나온다. 나는 천사들의 노래가 동네의 부흥을 미리 보여 준 것이라고 믿고 있다.

나는 남편이 하늘로 먼저 떠난 해에 주의 종에게 밥통으로 맞은 적이 있다. 하나님이 정말로 나를 사랑하지 않았다면 나는 예수 믿는 것을 포기했을지도 모른다. 하나님이 너는 내 것이라고 지목하셨으니까 내가 지금까지 하나님 곁을 떠나지 않은 것이다.

나는 우리 집에 교회 손님을 참 많이 모셨다. 교회 사택이 작다 보니 우리 집에서 교인 접대를 하곤 했다. 그날도 우리 집에서 교인들 접대를 한 뒤 사택에 갖다드리려고 그릇을 세어 보니 그릇이 몇 개 부족했다. 일단 사택에 갖다드리러 갔더니 사모님이 나오셨다.

"사모님, 그릇이 몇 개 부족하던데 혹시 창고에 떨어져 있지 않은지 찾아보세요잉."

그러자 사모님이 대뜸 이렇게 답하신다.

"뭐라고요? 나더러 그릇을 돌라갔다는 말이요?"

마치 내가 당신을 그릇 훔친 사람으로 취급했다는 반응이었다. 이 뜻밖의 상황에 나는 당혹스러웠다.

"사모님 그런 뜻이 아니고요, 표시해 둔 그릇이 부족한께 혹시라도 창고에 흘려진 것이 있는지 보시라고."

"그 말이 그 말 아니요? 그릇이 없으면 내가 돌라간 것이제."

전도사님이 부임한 지도 얼마 지나지 않은 때였으니, 내가 사택에 딱 세 번 정도 갔을 때다. 전도사님 오실 때 살림 나르러 가고 그 다음에 고추 때문에 가고 이번이 세 번째였다.

내가 어쩔 줄 몰라 하며 서 있는데 전도사님이 문을 열더니 느닷없이 나를 향해 밥통을 집어던졌다. 순간 재빨리 몸을 돌려 피했지만 밥통이 내 몸통에 비껴 맞았다. 만일 안 피했으면 어딘가 크게 다쳤을지도 모른다. 자기 아내가 도둑으로 몰리는 소리를 안에서 듣고 있던 전도사님 입장으로는 기분이 좋을 리 없었을 것이다. 하지만 나는 사모님을 도둑으로 몬 것이 아니었다. 그 일로 나는 정말 많이 울었다. 정녕 예수 믿는 길이 이런 것인가까지 생각했다. 남편이 소천한 그해, 성탄절 이브를 앞둔 때였다. 그가 죽은 지 반년이 조금 넘은 때였으니, 당시 나에겐 아직도 상처가 깊이 남아 있었다.

그릇 사건이 일어나기 며칠 전, 성탄절이 다가왔다. 나는 성탄절 이브에 교인들과 동네 사람들에게 점심을 대접하려고 교회에서 식사 준비를 하는 중이었다. 마침 고추를 가지러 사택에 갔다가 아이를 업고 온 박처녀 권사님을 만났다. 권사님은 내가 고추 가지러 간 것을 알고 뒤따라 나왔다고 했다. 권사님은 나를 보자마자 자기의 꿈 이야기를 했다. 그 꿈 내용은 잘 기억나지 않는다. 권사님이 먼저 꿈 이야기를 하기에 나도 환상 본 이야기를 풀어놓았다. 기이한 환상 중에 '당신에게 사탄이 역사했으니 기도하라. 주님을 부르지 않으면 영원히 말할 수 없다.' 이런 음성을 들었다고 말했다.

그때 사모님이 나오시더니 겨끔내기를 했다.

"집사님, 뭔 소리를 하고 앉았소?"

그 말투가 심상찮았다.

"집사님 깨달으라고 한 것이오."

깨달아야 할 것이 무엇인지 구체적으로 말해 주면 좀 나으련만. 당신이 무엇을 잘못했는지 생각해 보라는 말처럼 무책임하고 사람을 괴롭게 하는 말이 또 있을까?

"사모님 제가 잘못한 게 뭐가 있으까요? 제가 잘못한 게 있으면 가르쳐 주세요."

나는 사모님과 맞닥뜨릴 일이 별로 없었고, 사택에도 이제야 두 번째 온 것이니 그간 뒤틀릴 일이 없었다.

"그게 뭔지 잘 생각해 보세요."

또 이렇게 말한다. 정말이지 이런 말은 듣는 사람을 몹시 괴롭힌다. 그 말을 듣는 사람을 송두리째 문제 인간으로 취급하기 십상이거니와 죄책감과 정죄감에 빠지도록 몰아가기 때문이다. 더구나 그 문제를 스스로 발견하기 전에는 도저히 그 올무에서 벗어나지 못하게 하기에 일종의 덫 같은 말이라 할 수 있다.

사모님은 내게 궁금증만 더해 주는 그 말 외엔 다른 말을 하지 않은 채 고추를 건네주곤 들어가려 했다. 그때 전도사님이 현관에 딱 나오더니 나를 손가락으로 찌를 듯 가리키면서 역정을 냈다.

"당신, 지금 뭐하러 왔소? 왜 이 가정에 불화를 일으키는 거요?"

방금 사모님의 말만으로도 가슴에 납덩이를 얹은 것 같은데 전도사님의 말과 태도는 철퇴를 내리치는 것과 같았다. 내가 명청한 것인지……. 남편이 떠난 후 가뜩이나 큰 상처를 안고 있는 마당에 그런 대접을 받자 너무 서러워서 소리 내어 엉엉 울었다. 이번에는 전도사님이 사모님을 발로 차 버렸다. 나는 잘 몰랐으나 사모님과 전도사님 사이에 다툼이 많다는 것은 이미 동네에 파다하게 소문나 있었다. 그러나 성도 앞에서 사모를 발로 찰 정도인 줄은 몰랐다.

당시는 사람들이 일일이 대소변을 퍼 나르던 시절이어서 품앗이로 화장실 인분을 퍼내는 것이 연중 행사였다. 때마침 그날은 동네 사람들이 모여 화장실 인분 작업을 하고 있었다. 내가 전도사님이 사모님을 발로 걷어차는 광경을 보고 있는데, 인분 나르는 사람들 여덟 명이 돌담을 따라가면서 나를 쳐다본다. 동네 사람들을 본 순간 믿는 자가 욕먹으며 울고 있는 모습을 믿지 않는 자에게 보여 준 것이 너무나 창피했다.

사택은 우리 집과 돌담 하나를 사이에 두고 있었다. 그때 내 마음이 얼마나 부끄럽고 아픈지 길로 걸어갈 수가 없어서 돌담을 넘어서 돌아갔다. 도망치듯 집으로 돌아와서 이불을 뒤집어쓰고 숨어 있었다. 행여나 누가 볼까 두려웠다. 찬양을 틀었다. 그런데 때마침 흘러나오는 찬송가 가사가 참 절묘했다.

특히 "오늘 집을 나서기 전 기도했나요?"로 시작하는 찬양의 2절 가사가 마음속에 파고들었다. 찬양을 따라 부르며 묵상했다. 맘에 분이 가득 찰 때 기도했는지, 나의 앞길 막는 친구를 용서했는지, 내 앞이 캄캄할 때 나를 빛으로 인도하고 안식으로 인도하는 기도를 했는지. 이 찬양을 들으며 예수님은 어떠했을까를 생각하니 한층 마음이 가라앉았다.

하루가 지나도 내가 두문불출하니 권사님들이 찾아왔다.

"넬 모레가 이븐디 교회 와야제. 안 오면 어쩌겄는가?"

그래서 내가 말했다.

"야, 권사님. 나가 사람 보고 예수 믿는 사람 아니니까 나는 교회에 갈 것이오."

그렇게 말하고 그날 저녁에 교회에 갔다. 전도사님은 그 일로 마음이 불편해서 사택에 안 계시고 다른 동네에 가버리셨다. 그날 사모님은 나에게 아기를 맡겼다. 나에게 아기를 맡긴 것은 화해의 뜻이라고 생각해서 내가 기꺼이 받았다.

그 뒤로 일 년이 못 되어 전도사님 부부는 다른 교회로 가셨다. 세월이 흐른 뒤 사모님에게서 전화가 한 번 왔다. 전도사님이 목사님 되었다고. 그때 그 일을 거울 삼아서 지금은 잘하신다고 했다. 그 소리를 들으니 마음이 편안해졌다. 주의 종이 주의 종답게 변화된 것이 얼마나 좋은 일인가?

그 후에 교인들 간의 갈등도 있었으나 그 이야기는 밝히지 않고 넘어가려 한다. 이처럼 삼형제 파도같은 고난이 나에게 연달아 밀려왔으나 하나님 은혜로 지금 내가 여기 있다.

나는 지금도 의자에 앉지 않고 항상 무릎을 꿇어 기도한다. 하나님 앞에 더 낮아지고 싶어서 그렇게 한다. 하나님의 은혜 아니면 사람들 사이에서 일어난 고난을 내가 어떻게 견디겠는가? 그러니 나는 하나님의 은혜를 천분의 일, 만분의 일이라도 도무지 갚을 길이 없다.

남들이 들으면 평범한 이야기일지 모르나 나로서는 잊지 못할 기막힌 이야기가 하나 있다. 지금으로부터 10년쯤 전의 이야기다. 나는 지금도 그분을 잊을 수 없다. 어쩌면 이 일이 내 인생에서 가장 행복했던 일이 아닐까 생각해 본다.

그날도 바다에서 물질을 하고 돌아와 저녁이 되자 피곤이 밀려왔다. 저녁 9시가 좀 지나서 막 잠이 들 참이었는데 사모님이 밖에서 나를 불렀다. 현관에 나가 보니 사모님이 낯선 40대 남자를 데려왔다. 이 남자가 교회로 찾아왔는데 마땅히 재울 공간이 없으니 우리 집에 재워 달라는 것이다.

우리 동네에서 집회가 열릴 때 주의 종이나 손님이 오면 보통은 우리 집을 통째로 비워드리고 나는 다른 집에 가서 잠을 청한다. 그러나 이날은 너무 늦어서 다른 집을 알아보기가 마땅찮았다. 그래서 내가 작은방으로 자리를 옮기고 안방을 비워드린 뒤 손님 대접할 간식을 준비했다.

나그네는 참 못생기고 키도 작았으며 왜소했다. 어디 가서 환영받을 만한 풍채가 아니었다. 그러나 그분의 표정만큼은 40대 남자가 이렇게 천진난만할 수 있을까 싶으리만큼 온순한 인상이었다.

나그네에게 간식을 접대하면서 대화를 했다.

"어디서 오셨을까요?"

"네, 대구에서 왔습니더."

"그 먼데서 여기까지 어떻게 오셨을까요?"

"예수님 발자취만 보고 왔심더."

글쎄, 이 말을 믿어야 할까? 하지만 그 사람의 표정을 보면 도저히 다른 의심을 할 수가 없었다.

사연인즉, 그 사람의 집안이 하루아침에 풍비박산이 났다. 자기를 사랑했던 사람은 물론 자기가 사랑하는 사람도 모두 자기 곁을 떠나 버렸다. 어찌할 바를 몰라서 산으로 기도를 하러 갔다. 그때 산기도 중에 하나님의 음성을 들었고, 그 음성을 따라 3년간 전도여행을 하는 중이란다. 묘하게도 섬에서 섬으로만 옮겨 다녔는데, 이번에는 목포 근처의 섬에서 여기까지 온 것이다.

목포에서 기도를 하니 여수로 가라고 했고, 여수에서 다시 기도하니 거문도로 가라고 했다. 나그네는 여수에 가본 적도 없었고 거문도라는 곳은 들어 본 적도 없었다. 말 그대로 예수님 발길 따라온 길이었다. 여객선에서 내려 기도를 하니 '김만식'의 집으로 가라고 했다. 나그네는 수소문하여 김만식 씨 댁을 찾아갔다. 그 집에서 박석 두 개를 밟고 올라서자 여기가 아니라 김만식의 친척 집으로 가라는 음성이 들렸다.

그 말을 듣는 순간 내 온몸에 서늘한 소름이 돋았다. 내 언니의 딸이 바로 김만식 씨의 며느리이기 때문이다.

나그네는 문전에서 돌아 나왔다. 다리를 건너 덕촌을 지나고 변촌을 지나, 십 리 길을 오는 동안 허기가 졌다. 그래서 길섶에 있는 산열매를 따 먹으며 배를 채웠다. 그렇게 기도로 인도를 받아 서도교회에 도착했고, 마침내 우리 집까지 찾아온 것이다.

무슨 동방박사들 이야기인가. 이제 그런 시대는 끝났다, 요즘 시대에 어떻게 하나님 음성이 들리느냐고 말할 사람이 있을지 모른다. 그러나 구약에만 하나님의 인도가 있었던 게 아니라 사도행전과 신약 곳곳에도 동일한 인도하심이 있다. 지금도 하나님은 살아 계셔서 우리에게 말씀하시고 우리를 인도하신다.

나는 성경에 있는 말이 일점일획도 거짓이 없다고 믿는다. 그러므로 성경에 있는 모든 일은 반드시 일어난다고 믿는다. 당나귀가 말을 하지 않았으면 왜 성경에 그렇게 기록되었겠는가? 누가 무슨 말을 해도 나는 이분이 기도로 내 집까지 찾아왔다는 사실을 믿어 의심치 않는다.

나그네가 전도여행을 한 3년 동안 자신을 대접해 준 사람들 중이미 예수님을 영접한 사람은 단 세 사람이었다고 한다. 거꾸로 말하면 나그네를 대접한 이들 중 세 명을 제외하면 모두 믿지 않는 사람들이었다. 내가 그 세 사람 중 하나라는 게 참으로 다행스러웠다.

나그네가 처음 우리 집에 왔을 때 의심이 들지 않은 것은 아니다. 혹시 예수님을 빙자해서 신세를 지려는 사람이 아닐까 싶기도 했다. 그러나 나는 회개했다. 설령 그 사람 속에 악한 뜻이 있을지라도 예수님이 말씀하시길 오 리를 가자면 십 리를 가고 한쪽 뺨을 때리면 다른 뺨도 대주라고 하지 않았던가? 내가 누군가를 판단하는 그 순간 내가 하나님이 되려는 것이라는 사실을 깨닫고 회개했다. 지금도 그 일을 떠올리면 예수님이 그렇게 나에게 나타났을지도 모른다는 생각이 든다.

그때 내가 준비한 간식 중에 문어가 있었다. 나그네는 문어를 먹으면서 예수님이 미리미리 먹을 것을 준비하신다고 말하며 그렁그렁한 눈물을 보였다. 그 말이 맞았다. 내가 늘 문어를 장만해 두지는 않기 때문이다. 그날따라 특별히 잡힌 것을 나그네에게 내놓은 것이었다.

간식 상을 물리면서 내가 물었다.

"그라믄 내일은 어디로 가실까요?"

나그네가 빙그레 웃으며 대답했다. 다시 봐도 참 못생겼고, 또다시 봐도 정말 아기 같았다.

"저도 모릅니다. 말씀하시면 주님 뜻대로 할 낍니다."

다음 날 아침, 그분의 아침 밥상을 차려 두고 새벽예배에 갔다. 집에 돌아오니 그분은 아침도 먹지 않은 채 여전히 기도하고 있었다. 기도를 마치고선 그가 물었다.

"초도가 여기서 가깝습니꺼?"

"네, 가깝지요."

이 지역을 아는 사람들은 혹시 이렇게 말할지도 모른다. 초도는 거문도에서 가장 가까우니까 배 타고 올 때 지명을 본 것 아니냐고. 그러나 그런 추측은 의심을 위한 의심이다.

"예수님이 초도로 가라고 합니대이."

그런 대화를 하고 있는 중에 목사님이 뛰어들어 왔다.

"선생님, 초도 대동리교회에 좀 가주십시오. 대동리교회에 목회자가 안 계셔서 며칠만 묵어 주시면 좋겠습니다."

소름이 다 끼칠 노릇이었다. 그분이 기도하며 들은 것이 하나님의 음성임을 목사님이 확인하여 주었으니까.

아침 식사 후 여객선이 오기까지 나그네는 산책을 갔다. 그 사이 내가 가방을 열어 보니 팬티 하나와 양말 하나, 그리고 성경이 나그네 짐의 전부였다. 나는 성경 사이에 2만 원을 넣어 두었다. 당시 내 지갑에는 더 많은 돈이 있었고, 조금 더 넣을까 하는 생각도 들었지만 왠지 돈을 더 넣고 싶지가 않았다.

예배시간이 다 되어 선착장으로 나갔다. 이사야서에 예수님은 얼굴을 돌리고 싶을 만큼 못생기고 왜소하다는 말이 나오는데 이 나그네도 못생기고 왜소했다. 허름한 허리띠를 두른 그 어리숙하고 순진한 모습은 풍파에 시달린 사람의 모습이 아니었다. 초도로 가는 선표를 끊어드리면서 내가 말했다.

"언제든가 한 번 더 오세요잉."

선창에 부는 실바람에 이별이 더 아쉽기만 했다.

"네, 지도 그러고 싶습니다. 그런데 예수님이 한 번 간 데는 다시 안 데려가심니더."

여객선이 들어오고 있었다.

"권사님예, 넣어 주신 돈 고맙습니대이. 그런데 말입니다. 예수님은 참말로 묘한 분입니대이. 제가 3년간 어딜 가더라도 2만 원을 주십니대이. 더도 덜도 아니고 항상 2만 원입니대이."

그 말을 듣는 순간 나는 너무나 황홀했다. 나는 왜 그때 2만 원 이상 넣고 싶지 않았을까. 내 마음과 내 손이 준 것이 아니라 성령 님의 감동으로 준 돈이기 때문이다. 예수님이 내 안에 살아 계시 고 내가 예수님의 도구임을 깨달았으니 어찌 황홀하지 않을 수 가 있을까? 솔직히 말하자면 나는 그때 2만 원밖에 안 드린 것이 지금까지 마음 아프다.

나는 그동안 사람들을 내 눈으로 판단했던 것에 대해 깊이깊이 회개했다. 하나님은 언제나 당신이 살아 계시고 우리에게 말씀하신 다는 것을 그 나그네를 통해 보여 주셨다. 또 입을 것 먹을 것이 없 어도 늘 동일하고 신실하게 지켜 주신다는 사실에 대해 더 분명한 증거를 보여 주셨다.

예수님은 나에게 어떤 모습으로 찾아오실까? 아마도 예수님은 나환자나 거지의 모습으로도 오실 것이다. 물론 예수님은 왕으로도 오신다. 그러니 이제는 그 누가 나에게 와도 대접하기를 거절하지 않아야 함을 알았다. 그 순간이 나에겐 말로 표현할 수 없을 만큼 기쁘고 행복한 순간이었다.

그로부터 두어 달 후, 대동리에 사는 강옥란 권사가 우리 집에 놀러 와서 함께 자게 되었다. 이불을 덮고 누워서 내가 먼저 그 나 그네 이야기를 꺼냈다.

"권사님도 어떤 사람이든 찾아오면 거절하지 마시오."

그러자 강 권사님이 자기 이야기를 했다.

"으째야 쓰까. 나가 보낸 그 양반이 권사님이 말한 그분인갑소."

강 권사님의 말에 누워 있던 내가 일어나 앉았다.

"그분을 만나셨소?"

강 권사 이야기는 이러했다. 부업으로 풀빵 굽는 일을 했던 강 권사에게 내가 말한 바로 그분 같은 사람이 찾아왔더라는 것이다. 초라하고 굶주린 나그네에게 빵을 거저 주었다. 나그네가 막 빵을 먹으려는데 남편이 들어오더니 눈짓 손짓을 하며 빨리 내보내라고 했다. 결국 나그네는 빵을 먹지 못한 채 쫓겨나고 말았다.

나와 강 권사는 예수님이 오셨는데 우리가 그냥 보낸 것이나 다름없다고 자책하면서 눈물로 회개를 했다. 그리고 서로 살아오면서 아주 조금이라도 쌓아 두었던 앙금을 털어내고 다 풀었다. 하나님께서는 그 나그네를 통해 믿음의 동역자인 강 권사님과 나를 더 가깝게 해주신 것이다.

서도리에서 태어난 나는 평생 이 섬마을에서 살았다. 친정이 가난했던 탓에 나는 어렸을 때부터 어머니 일을 도왔다. 가족 중 아무도 교회에 나가지 않았으나 나는 아무런 계기도 없이 혼자 주일학교를 다니기 시작했다.

지금은 우리 가족과 형제자매들, 일가친척 모두를 전도했다. 우리 언니는 내가 교회 가자고 하면 너나 잘 다니라며 핀잔을 주곤 했는데 이젠 권사가 되었다. 내가 우리 집안 신앙의 첫 열매다. 나를 첫 열매로 불러 주신 하나님이 얼마나 감사한지 모른다.

신앙생활을 하면서 가장 뿌듯하고 따뜻했던 기억은 주일학교 교사를 하면서 주의 종을 키운 것이다. 그것이 나의 참 보람이다. 내가 키웠다는 말이 사실은 좀 교만한 표현이지만 그만큼 기뻐서 하는 말이니 하나님께서도 이해해 주실 줄 믿는다.

사실 우리 교회 출신 목회자가 꽤 된다. 그중에서 특히 서울에서 목회하는 오경남 목사님과 이웅남 목사님에 대한 추억이 있다. 두 분은 불신자 가정의 학생이었다. 두 어린이 모두 어머니의 극심한 반대를 무릅쓰고 비가 오나 눈이 오나 교회에 왔다. 나는 그 코흘리개 아이들을 업어 오고 업어다 주면서 키웠다. 두 어린이를 정말이지 내 진심으로 키웠다. 지금은 두 분 다 훌륭한 목사가 되었다는 사실이 내 자신의 일보다 더 기쁘고 즐겁다.

우리 집 아이들이 어렸을 때부터 내가 했던 말이 있다.

"나가 이것 하나 느그들에게 꼭 남기고 싶다. 엄마가 죽을 때까지 신앙의 잔소리를 할 것이다. 내가 신앙의 잔소리를 할 때는 절대로 말대답하지 말아라."

그랬다. 나는 신앙에 대해서만은 아이들에게 양보 없이 살았다. 그리고 내 아이들도 그런 내 뜻에 잘 따라 줘서 지금까지 다들 믿음의 자녀로 잘 성장했다. 앞으로도 내 자녀 모두가 기도와 말씀으로 살기를 바란다. 하나님이 자신에게 무얼 요구하고 있는지 묻고 음성을 들으며 살기를 바란다.

자녀들은 예언할 것이요 청년들은 환상을 보고 아비들은 꿈을 꾸리라는 말씀을 나는 그대로 믿는다. 앞에서도 말했듯 나는 성경의 일점일획까지 다 믿는다. 나는 내 아들이 주의 종이 되리라 믿었는데 장로가 되었다. 장로는 목회자와 달리 이름 없이 빛도 없이 섬기는 자다. 내 아들이 그렇게 살면서 예언하고 환상을 보며 꿈을 꾸면서 자신의 사명을 잘 감당하여 주님의 나라를 이뤄 가기 바란다.

이 나라에도 바라는 점이 있다. 부디 모든 국민이 하나님을 두려워하고, 진정으로 하나님을 두려워하는 대통령이 나오고, 주일이면 일손 다 놓고 예배드리는 나라가 되면 좋겠다.

내가 어렸을 때 할머니 집사님들이 천분의 일 만분의 일의 은혜도 갚을 수 없다고 기도하는 걸 보며 뭐 저렇게 많은 은혜를 받았을까 싶었다. 그러나 지금 내가 기도하며 생각해 보면 천분의 일 만분의 일이 아니라 그 이상도 하나님의 은혜를 갚을 길 없는 삶이 바로 내 삶이다.

배를 타고 다니며 죽을 고비를 넘긴 것만 해도 세 번이고, 신앙생활하면서 낙심할 일도 많았으나 하나님께서는 번번이 나를 붙들어 주셨다. 내 몸이 피곤하고 아플지라도 나는 기어가서라도 맡은 일을 한다. 아무리 아파도 교회까지만 가면 일할 힘이 난다. 하나님이 나 같은 사람을 써주시다니, 그토록 감사한 은혜를 다 감당할 수 있을까. 그러니 나는 하나님께 받을 복은 이미 다 받은 셈이다.

나는 시편 1편의 "오만한 자들의 자리에 앉지 아니하고"라는 말씀을 좋아한다. 나는 죄인 중에서도 괴수다. 내 능력으로 여기 있는 게 아니라 하나님이 나를 사랑하셔서 이 자리에 엎드려 있을 수 있으니 오만하지 말아야 한다. 어떤 분은 나더러 서도교회의 복덩이라고 말씀하시기도 한다. 하지만 나는 진심으로 그런 말을 듣고 싶지 않다. 만일 내게 칭찬을 받을 만한 일이 있다면 이 땅에서가 아니라 하늘에서 받고 싶다.

나는 돼지에게 진주를 던지지 말라는 말씀도 좋아한다. 하나님이 진주보다 귀한 예수님의 보혈의 피를 주셨는데 내가 돼지가 되면 그 사랑과 보혈의 피를 받을 수가 없다. 그러니 나는 나를 위해 욕심내지 않으며 살 것이다.

하지만 나도 나 자신을 위해 품는 소망이 있다. 우선은 하나님이 주시는 건강으로 할 수 있는 한 많은 일을 하는 것이다. 나는 하늘나라에 가는 그 순간까지 내 몸과 마음을 다 바쳐 우리 하늘의 아버지를 섬길 것이다.

내 삶은 하나님 은혜 빼면 남는 게 하나도 없다. 그럼에도 나는 또 하나님의 은혜를 구한다.

"아버지! 내가 이렇게 무릎 꿇고 기도하다가, 어느 날 기도하는 이 모습 이대로 아버지를 만나기 원합니다."

이 기도가 나에게 남은 가장 큰 소망이다.

정말이지 예수 믿는 일은 너무너무 즐겁다. 참으로 진리가 우리를 자유하게 한다. 사실 예수 안 믿고 살기가 얼마나 어려울지 상상해 보면 그보다 끔찍한 일이 없다.

하나님 믿는 이야기는 밤새 이어 가도 다할 수 없을 만큼 참으로 무궁무진하다. 그 무궁무진한 이야기 중에 잊지 못할 사연이 하나 있다.

우리 교회가 외딴 섬에 있다 보니 수많은 목회자가 머물다 가셨다. 몇 달 머물다 간 목회자도 있고 수년을 머문 목회자도 있다. 교인들에게 짐이 된 목회자도 있고 교인들을 하나님의 나라에 살게 한 목회자도 있다. 이제 내 평생에 잊을 수 없는 목회자 이야기를 끝으로 내 사연을 맺으려 한다.

나무로 불을 때어 밥을 하던 시절이니까 아주 오래전 이야기다. 이제는 돌아가신 김춘범 목사님 이야기다. 교회는 가난해서 쥐꼬리만 한 월급밖에 드리지 못했다. 그럼에도 목사님은 교회를 새로 짓겠다며 본인 월급으로 꼬박꼬박 시멘트를 사 모으셨다.

하루는 목사님을 뵐 일이 있어서 사택에 갔다가 현관 미닫이 문 손잡이를 잡으려는데 안에서 목사님 음성이 들렸다.

"여보, 빨리 가서 불 때소."

"알았어요. 가요."

"어서 가서 불 때라니까."

사모님과 목사님이 실랑이하는 줄로 생각하고 차마 문을 열지 못하고 있는데 다시 목사님의 음성이 들렸다.

"아, 어서 불 때라니까. 교인들이 걱정해요. 아궁이에 연기가 나야 교인들이 밥하는 줄을 알아요."

저런, 목사님 댁에 먹을거리가 없었던 것이다. 월급으로 교회 지을 시멘트를 사느라 곡식을 사지 못했던 목사님, 그러나 교인들이 걱정할까 봐 매일 불을 지펴서 연기를 내시던 목사님, 그렇게 굶으며 물로 배를 채웠을 목사님, 그리고 그 남편에게 순종하며 불을 지폈을 사모님을 생각하니 나 자신이 너무나 부끄럽고 가슴 아팠다.

세상이 교회를 욕하고 목회자들을 손가락질해도 나는 지금도 이 땅 어딘가에 그런 목사님들이 계신다고 믿는다. 이 세상 어딘가에 그분들처럼 연기를 지펴 교인들 몰래 굶주리며 하나님의 일을 하는 목회자가 있음을 믿는다. 그분들의 희생과 기도 때문에 하나님 나라가 전파됨을 믿는다.

내가 모든 목사님의 설교를 잊는다 해도, 설령 성경 구절들을 거의 다 잊어버리고 찬송가 가사도 다 잊는다 해도 김 목사님의 그 말씀만큼은 천국에 갈 때까지 잊지 못할 것이다.

"아, 어서 불 때라니까. 교인들이 걱정해요. 아궁이에 연기가 나야 교인들이 밥하는 줄을 알아요."

김 목사님의 말씀이 곧 예수님이 원하셨던 섬김의 모습일 테니까. 그분의 그 섬김을 내가 실천할 수 있을 때까지 여전히 걸어가야 할 길이니까.

마치 소녀처럼 가녀린 모습으로 수줍어하는 60대. 김영희 권사님(1948년생)을 만나고 나오는데 이렇게 편안하게 살 수 있는 내 삶이 참 감사했다. 또 내가 김 권사님 만큼 헌신적으로 그 믿음을 따라갈 수 없다는 게 부끄러웠다.

김영희 권사님은 신앙생활의 교과서 같은 분이었다. 체험과 헌신과 말씀과 찬양과 음성 듣기와 기도와 겸손과 사랑 등 그 무엇 하나 부족한 것 없이 아름다운 분이셨다. 사람인 내가 보기에도 이렇게 좋은데 하나님 보시기엔 얼마나 더 좋을까 싶었다.

업어 오면 잠만 자던 아이들이 자라서 좋은 목사님이 되었다는 이야기를 들으며 나는 깨달음을 얻었다. 교회 교육은 말씀 교육보다 생활과 문화 교육이 더 중요하다는 사실 말이다. 아무런 말씀을 듣지 않아도 교회에서 자고 교회에서 생활하는 게 몸에 밴 아이들은 반드시 하나님 품에서 떠나지 않는다. 성경 공부를 하는가 하지 않는가가 중요한 게 아니라, 교회에서 놀고 교회에서 살게 하는 게 중요하다. 가르치는 말씀도 중요하지만 교회 생활이 삶이 되는 게 더 중요하다.

한데 요즘 아이들은 공부를 핑계로 교회에서는 거의 생활하지 않는다. 성경 말씀은 듣지만 교회 생활과 교회 문화에 익숙해지지 않는 게 문제다. 생활이 되고 문화가 되지 않은 아이들은 결국 교회를 다 떠난다. 교회의 생활과 문화가 몸에 밴 아이들 중에서도 일부는 걸러지기 마련인데 그렇지 않은 아이들이 성장하면서 교회를 떠나는 것은 전혀 낯선 일이 아니다.

사람은 어릴 적에 먹은 음식을 가장 좋아하고 어릴 적에 처한 환경을 가장 좋아하며 어릴 적에 들은 소리를 가장 좋아한다고 한다. 따라서 어려서부터 성경 공부를 하는 게 중요한 게 아니라, 어려서부터 교회에서 생활하도록 돕는 게 가장 중요한 기독교 교육이 아닐까 한다.

권사님의 말처럼 파도는 세 번 연달아 오면 한 번은 쉰다. 어떤 고난이라도 세 번 오면 한 번은 쉰다. 거꾸로 세 번의 평안 뒤에는 한 번의 고난이 다가올 수도 있다. 지금은 부흥해 있는 서도교회에도 언젠가 어려움이 닥쳐올지 모른다. 하지만 그때에 김영희 권사님이 이 교회의 내벽이 될 것이다. 비록 눈에 보이지는 않지만 권사님의 헌금으로 세워진 교회 내벽의 붉은 벽돌, 바로 그 벽돌과 같은 역할을 김영희 권사님이 해낼 것임을 믿어 의심치 않는다.

권사님은 그날 낮에 물질해서 잡았다는 문어와 홍합 삶은 것들을 싸주셨다. 낯선 나그네에게도 그날 잡힌 문어를 대접하셨던 권사님이 나에게도 그날 잡은 문어를 대접해 주셨다. 그 맛난 해산물을 받아 들고 길을 나섰을 때는 해가 저물어 버린 지도 꽤 시간이 흐른 뒤였다. 섬마을에는 인적조차 끊겨 오직 파도 소리만이 사람들을 대신하여 해안을 서성이고 있었다.

그 적막한 해안선을 걸어 나오면서도 자꾸만 동네를 뒤돌아보았다. 권사님이 환상으로 보았던 흰옷 입은 천사들이 동네 어귀 어딘가에서 호산나 찬양을 하며 서 있지는 않을까? 천사들과 함께 예수님이 마을에 와 계시진 않을까? 예수님과 천사들은 보이지 않았으나, 권사님이 매월 전기세를 낸다는 초록 십자가는 동네 가장 꼭대기에서 섬마을을 내려다보고 있었다.

내사마 예수
안 믿으면 죽습니다

백묘숙 권사 • 1933년생
부산 영도구, 생명길교회

내가 예수를 믿게 된 것은 너무 너무나 큰 기적이다. 남들에게는 평범하게 들릴지 몰라도 내게는 정말 기적같은 이야기다.

나는 우리나라에서 가장 아름다운 섬 울릉도 현포에서 자랐다. 울릉도에는 북면, 남면, 서면이 있는데 내가 살던 곳이 눈부시게 아름다운 검푸른 바다와 힘찬 산세를 등에 업은 북면 현포리다.

나는 9남매 중 여덟째로 태어났는데 형제들이 거의 다 세상을 떠나고, 지금은 둘째 오빠만이 부산 구덕에 산다. 일찍 세 자녀를 잃은 부모님은 아이들이 조금만 아파도 노심초사했다. 그 결과 부모님은 수시로 무당과 점쟁이를 집에 불러들였다.

나는 해방 후 현포국민학교 3회 졸업생이 되었다. 왜정 때는 십여 명의 여자들이 학교에 다녔으나 해방이 되자 여자들 절반은 학교를 그만두었다. 울릉도 본토로 가거나 뭍으로 이사를 간 아이들,

이유 없이 학교에 나오지 않는 아이들도 생겼다. 그런 저런 이유로 5학년까지 다닌 여학생은 나를 포함해 딱 두 명뿐이었다.

그런데 교장 선생님이 그나마 하나 있는 내 짝을 데리고 가버렸다. 중학교를 보낸 다음에 여교사로 발령을 내겠다며 데려간 것이다. 마지막 남은 친구 한 명마저 가버린 탓에 남자 스물세 명에 나 혼자 홍일점으로 남게 되었다.

그때 "내사마 내 혼자는 안 댕길란다" 했으면 집에서도 굳이 말리지 않았을 것이다. 아무도 안 다니는 학교를 굳이 다녀야 할 이유가 있었던 것도 아니고, 부모님이 특별히 교육열이 높은 것도 아니었으니까. 그러나 나는 열여덟 살에 묵묵히 6학년을 다 마쳤다. 남자애들 사이에서 혼자 다니는 게 여간 귀찮은 게 아니었지만 그 일 년을 견딘 끝에 마침내 학교를 졸업했다.

나는 다른 사람보다 성경을 훨씬 많이 읽었다. 그때는 글을 못 읽는 사람 천지였는데 나는 글을 읽을 수 있었으니까. 그래서 지금도 이런 생각을 한다. 내가 그때 꾸역꾸역 학교를 다닌 것은 다 지금 성경을 읽고 찬송을 부르기 위한 것이다. 이렇게 생각하니 하나님의 은혜에 참말로 감사가 넘친다.

그 시절 내가 몸담은 교회는 현포장로교회였다. 당시 내 친구 중에는 현포교회 장로님 딸도 있었다. 하지만 그 애는 나에게 교회 나오라는 말을 한 번도 안 했다. 당시에는 전도라는 개념이 없었기 때문이다. 성탄절에 한 번 놀러가서 떡을 얻어먹고 오는 정도가 교회에 엮인 유일한 관계였다.

친정어머니는 걸핏하면 무당과 점쟁이 불러들이는 게 일이었다. 그러던 중 우리 집에 시집온 올케가 나더러 "우리 몰래 교회 갈까?" 하기에 올케와 이웃 너덧 사람이 어울려서 교회에 갔다. 그날 교회에 간 뒤로 새벽기도도 안 나가면 안 되는 줄 알고 매일 새벽 교회에 나갔다. 또 성경도 반드시 읽어야 하는 것으로 알고 열심히 읽었다. 그때부터 우리는 완전히 예수쟁이가 되어 평생을 살고 있다.

그러다 내가 시집을 가게 되었다. 오빠가 나에게는 묻지도 않고 낯선 집에 시집을 보냈다. 나는 시집을 가서 꼼짝도 못한 채 삼 년을 갇혀 살았다. 친정에 살 때는 먹을 것 걱정이 없었는데 시댁은 말할 수 없이 가난했다.

시집을 간 곳은 평리라는 곳으로 당시에는 교회도 없는 아주 깊은 산골이었다. 현포에서는 오 리가 좀 넘는 길인데, 사실 섬에서 오리는 꽤 먼 거리다. 산으로 한참을 올라가니 산 밑에 동네가 있었다. 현포는 바닷가니까 평리에서 현포까지 오는 길은 내리막이어서 가기 쉬우나 거꾸로 올라가기에는 정말로 힘든 길이었다.

시아버지는 책을 보며 점을 쳤다. 병원도 없으니까 사람들이 아프면 정월 초하루, 대보름도 없이 점을 치러 온다. 시아버지는 남의 점은 쳐주면서도 가족이 아프면 다른 점쟁이를 불러왔다. 우리 친정의 우상숭배는 아주 저리 가라였다. 이러니 시부모님과 함께 살면서 교회에 가겠다는 말은 아예 입 밖에 꺼낼 수도 없었다.

내 사막에 예수만 믿으면 죽습니다

남편은 7남매였다. 첫째와 막내가 아들이고 가운데 시누이만 다섯 명이었다. 나는 친정에서 막내딸로 지내다가 시집가서는 맏며느리가 되었다. 당시 가장 어린 시누이가 세 살이었다.

시집을 가서 둘째와 셋째 시누이가 침례교에 다니는 걸 봤다. 그런데 내가 시집간 뒤로 시부모님은 시누이들까지도 일체 교회에 가지 못하게 했다. 내가 시누이들한테 물든다고.

시집간 이듬해 시월, 어느 날 시아버지가 우리 부부를 불렀다.

"느그들 고생도 많으니께네 며칠 처갓집이라도 댕기오이라."

나는 휴가를 다 보내 주시는 시아버지가 너무나 고마워서 얼씨구나 했다. 더위에 고생한 나를 위로해 주는 시부모님의 배려에 지난 일 년 동안의 고생이 다 녹아내리는 것 같았다. 친정에 며칠쯤 머물렀을까? 돌아오라는 시댁의 전갈이 왔다.

연락을 받고 곧장 시댁에 돌아가니 시어머니가 핏덩이 아들을 안고 누워 계신다. 늘 흰 광목 치마를 입고 다니던 시대여서 아기를 가진 건지 아닌지 눈치채지 못했던 것이다. 그렇게 시어머니가 마흔넷의 연세에 막내를 낳으셨다. 요즘은 40대에도 아이 낳는 사람이 많으나 당시에 마흔 넘어 아이를 낳는 것은 흉이 되기 십상이었다. 그래도 어머니는 아흔여섯 살까지 사시다가 늦둥이 막내아들이 쉰이 넘었을 때에야 돌아가셨다.

우리 부부는 큰아들을 3년 만에 낳았다. 아이가 태어나고 얼마 후 시부모님이 우리 부부를 앉히고 입을 여셨다.

"우리 집에는 밭도 없고 하니께네 느그는 서이 나가서 오징어 잡아묵고 살아라. 일케 살모 다 굶어 죽는다."

그렇게 말씀하시고선 십리 길은 족히 되는 면소재지로 우리를 보냈다. 그 동네에 가서 보니 집 옆에 천부교회라는 교회가 딱 자리해 있었다. 그때 숨통이 다 트이며 내 영혼에 햇빛이 드는 것을 느꼈다. 정말이지 나는 속으로 춤을 추었다.

"아따, 됐다마. 내가 죽었다 살았다마."

이사 온 뒤부터 남편에게 온다간다 말도 하지 않고 혼자서 교회를 다녔다. 그렇게 몇 년을 살다가 시댁에서 불러들여서 다시 시댁 동네인 평리로 이사를 갔다.

나는 평리로 돌아와서도 계속 교회에 나갔다. 그러자 집안에 비상이 걸렸다. 며느리가 교회에 못 다니게 해야 한다며 사람들이 시부모님을 들쑤셨고 시부모님은 동네 사람들의 말에 수긍하며 조치를 취하기로 했다. 무당을 데려다 굿을 하기로 결정한 것이다.

돌이켜 보면 시부모님이 이해가 안 되는 것은 아니다. 맏며느리가 자기 가문과는 전혀 다른 신앙을 갖고 있으니, 말하자면 이것은 가문의 정체성 자체를 부인한 것이다. 그래서 이 문제를 해결하고자 마을 전체가 떠들썩하게 일을 냈다. 나 하나를 예수교에서 건지기 위해 온 집안뿐만 아니라 온 동네가 다 동원되었다.

시어머니가 나를 불러 앉혀서 따졌다.

"내가 오늘은 늬한테 항복을 받아야 되겠다. 우리 집안이 칠성을 믿는데 네가 예수를 믿으니까네 집구석이 망한다카이. 니 예수 고마 믿어라. 안 그라모 돈 딜이서 굿을 할끼라. 니 우짤끼고?"

이렇게 물으시는데 나는 가타부타 말하지 않고 그냥 가만히 앉아 있었다. 종내 시부모님이 굿을 하기로 결정을 했다. 굿을 하는 것은 동네 사람 모아 두고 공개 재판을 하는 것과 똑같다. 내가 예수쟁이가 된 것이 문제라는 점을 동네 사람들에게 인식시키고, 예수 믿는 것을 부끄럽게 여기도록 만드는 공개 재판이다. 그런데 그 공개 재판 준비를 나더러 하란다. 무당 둘을 불러 신 내림을 하기로 했으니 종이 사 와라, 초 사 와라 한다. 괴로운 일이지만 어른이 사 오라는 데 안 사올 순 없는 노릇이라 다 순종했다.

그날은 정말이지 해가 저물지 않기를 바랐다. 해가 저물면 온 동네 사람이 다 모인 가운데 굿이 시작된다. 나는 기도도 할 수 없었다. 그야말로 사형장에 끌려가는 죄수의 마음이었다. 그러나 내 초조한 마음은 아랑곳 않은 채 무정한 해는 바다 저편 수평선 너머로 바위처럼 가라앉았고 마침내 어둠이 찾아오고 말았다.

동네 사람들이 마당을 가득 채우고 앉았다. 어둠 가운데 빛나는 사람들의 눈동자 하나하나가 너무나 또렷했다. 무당 둘이 북과 꽹과리를 치면서 굿을 시작했다. 내 신앙 문제로 굿을 하는 것이다. 나는 극심한 갈등 속에 무리들 한가운데 앉아 있었다. 무리 가운데에서 밤하늘의 별을 보며 잠시 기도를 했다. '예수님, 저를 도와주

세요.' 이렇게 기도하자 그 어느 때보다 마음이 평안해지면서 죽
으면 죽으리라던 에스더의 마음과 같은 용기가 생겨났다. 그날
나에게 성령님의 강력한 도움이 임했음이 틀림없다.

나는 어려서부터 무당들이 굿하는 모습을 봐 왔다. 그때 무당들
에게 신이 내려 펄쩍펄쩍 뛰고 춤추는 모습이 신기했던 게 사실이
다. 나도 한번 그렇게 해보고 싶어서 무당을 따라 해본 적도 있다.
그런데 다른 사람은 다 되는데도 나만은 안 됐다. 그날도 마찬가지
였다. 참석자 중 많은 이가 신내림 체험을 했다. 그래서 내가 이실직
고했다. 나도 처녀 때 해본 적이 있으나 나에게는 신이 내리질 않는
다고. 그러자 무당이 이렇게 말한다.

"뭐라카노. 우리 신은 안 되는 기 없다카이."

그러면서 자기들이 신을 부를 테니 한번 잡아 보라고 한다. 그러
나 한참을 기다려도 나에게는 그런 일이 나타나지 않는다.

"뭐, 안 되는 기 없다카드만. 거짓말 아이요?"

내가 이렇게 물으니 무당들이 우리 시아버지를 모셔 온다. 그러
자 시아버지는 금방 신이 내려서 펄쩍펄쩍 뛴다. 그러니 그들의 말
이 거짓말도 아니다. 그러나 나에게는 아무런 반응이 나타나지 않
으니 무당들 체면도 말이 아니게 됐다.

한 무당이 나더러 앞에 나와서 앉으란다. 내가 사람들 가운데에
앉으니 무당이 이렇게 말한다.

"칠성하고 예수하고 이 집에 같이 있으니 이 집은 집구석이 망

한다. 이래 가면 안 된다. 니 우얄끼고?"

내게 다짐을 받으려고 채근하는 것이다. 나는 그때까지 시부모님 말씀에 말대꾸 한 마디 하지 않고 살았다. 나는 정말 시어른들을 하늘같이 모시고 살았다. 시아버지가 내 말이라고 하면 콩을 팥이라고 해도 믿을 정도였다. 오죽하면 우리 큰 시누이가 언니는 아버지에게 어떻게 그리 잘 보였냐고 물을 정도였다. 그러나 사실 내가 한 것이라고는 그저 순종밖에 없다. 순종으로 시아버지의 신임을 얻었다.

이 경우는 무당들이 시어른을 대신해서 말하는 셈이니, 평소대로면 시어른이 두려워서라도 이제 그만 믿겠다고 말했어야 한다.

그때 주변에서도 이런 소리가 들려왔다.

"신랑도 안 믿는 예수를 우야고 믿노?"

"내사마 처녀 때는 댕겼는디 시어무이 절에 댕기시니 인자 안 댕긴다. 다 그런 거 아이가?"

만일 내가 계속 예수를 믿는다고 하면 마을 사람들 모두가 내 적이 될 분위기였다. 그 작은 동네에서 한번 찍히면 얼굴 들고 살 수가 없다. 또 설령 이 마을에서 나가더라도 발 없는 말이 천리 간다고 울릉도 전체에 소문이 날 게 빤한 일이다. 그것은 엄청난 공포다.

그럼에도 나는 그들이 원하는 말과는 전혀 다른 말을 꺼내 들었다. 하나님이 나와 함께하지 않고는 결코 스스로 발휘할 수 없는 용기가 솟아 이렇게 대답했다.

"제가 오늘 저녁에라도 보따리 싸서 가라카먼 가겠습니다. 친정에 가라카먼 가겠습니다. 하지만도 내사마 예수 안 믿으면 죽습니다. 나는 예수 안 믿고는 몬 삽니다."

어른이 죽으라고 하면 죽어야 하는 시대였는데 내가 이렇게 거세게 나오니 문제가 복잡해졌다. 모여 있는 동네 사람들의 입에서 뭐라카노, 오매야, 자 미치뿐기 아이가, 이런 탄식이 흘러나왔다. 지금 생각해도 내가 진짜 죽을 작정이 아니었으면 감히 어떻게 그런 말을 했을까 싶다.

사람들 모두 입을 다물지 못하는 가운데 시어머니는 내 말에 아주 질색을 했다. 이제는 정말 내쫓기든 매질을 당하든 곧 결판이 날 터였다. 동네 사람들은 나를 향해 손가락질을 해댔다. 사람들의 눈동자가 총부리보다 무서웠다. 예수님은 군중들 속에서 어떻게 참았을까. 예수님은 정말 대단한 분이다, 이런 생각이 들었다.

사태가 걷잡을 수 없이 치닫고 있을 때 나에게 구세주가 나타났다. 다름 아닌 시아버지였다.

"보소, 오늘 굿할라고 고생 마이 했소. 그라고 동네 여러분도 오늘 고상들 마이 했소. 그라모 인자 내사 알아서 할라카이 여러분 고마 가 보이소."

그러자 무당 한 사람이 시아버지를 말리고 나선다.

"오늘 밤에 결론을 안 내모 이 집에 크일납니대이."

"뭐라꼬? 크일? 집구석이 망하건 야소교를 믿건 내사 알아 할

테이 고만들 가 보소. 당신들 신들이 우짜등고 그건 내가 우짤 수
없는 기고, 내 할 일은 내사 할 테이 고마 가보소."

　시아버님이 동네 사람들을 내보내고 무당들도 두말 못하도록 내
쫓아 버렸다. 나중에 말씀하시기를 이러다간 며느리를 잃겠다 싶어
서 오히려 무당들을 내쫓아 버리고 내 편을 들어주셨다고 한다.

　당시 그 자리에는 한기갑 집사가 있었는데, 그 댁 아들은 지금
김해에서 목사로 섬기고 있다. 한번은 그 목사님이 시무하는 교회에
서 그날의 사건을 간증했다고 한다. 놀라운 것은 그날 밤 이후, 그
자리에 있었던 사람들 중 굉장히 많은 사람이 교회에 나오기 시작
했다는 점이다. 나는 전도를 하지 않았으나 당시 나의 결단이 전도
의 열매가 되었다. 이것이 바로 성령님의 역사가 아니고 무엇일까?
목숨 걸고 신앙을 지키기만 하면 역사는 하나님이 이루신다는
것을 그때 깨달았다.

　그날 이후로는 일체 믿음의 방해가 없어졌고, 다들 내 신앙을 인
정해 주었다. 나를 완전히 궁지로 몰았던 그 위기가 신앙생활을 평
안하게 할 수 있는 가장 좋은 기회가 되었다. 고난이 와도 하나님
만 의지하면 그 고난이 축복으로 바뀐다는 사실을 그 사건을 통
해 확신했다.

　나는 꿈에서도 기도했다. '하나님! 하나님이 살아 계시면 사람들
이 하나님을 알게 해주세요.' 부흥회 때도 그런 기도를 했다. 그렇게
간절히 기도한 다음 날, 시어머니가 나를 부르더니 흥미로운 이야기

를 해주셨다.

"아야, 어젯밤 꿈에 내사 이상한 것을 봤다."

"무슨 꿈인데예?"

"내 꿈을 꾸는데 그기 꼭 현실이라. 하얀 옷을 입은 영감이 나타나드만 '니가 진 짐을 다 나에게 맡기라' 카는 거야."

나는 그 순간 마음속으로 기도했다. '아이코 아부지 하나님예, 감사합니대이.' 어머니가 계속 말씀을 하셨다.

"내도 교회 좀 나가 볼까?"

"예, 어무이 좋을 대로 하시소마."

나는 속으로 정말 기뻤지만 대놓고 티를 내면 안 될 것 같아서 아무 말 없이 물러 나와 또 감사기도를 했다. 그 후 교회 나오는 다른 어른에게 우리 어머니 좀 모시고 나와 주시라고 했더니 그분이 펄쩍 뛰신다.

"아이고야, 그 할매가 나올 사람이가? 절대로 안 나온다 카이."

그래서 내가 다시 설득을 했다.

"아니오. 손주들 보고도 나도 교회 가 보면 되겠나? 나도 교회가 볼까? 그랬다 카이. 우리 어무이 한번 모시고 나오시소."

그리하여 어머니가 그 부흥회 때 교회에 나오셨다. 그렇게 예수를 믿은 뒤에는 스스로 고백하셨다.

"내가 예수 안 믿을 때는 며느리에게 한 게 다 죄더라."

그렇게 깨우치고 다 회개하셨다. 앞서 말했듯 시어머니는 43세에 나를 며느리로 들이고, 44세에 아들 낳고, 2006년에 96세의 나이로 소천하셨다. 감사하게도 돌아가시기 전까지 신앙생활을 잘하셨다. 시어머니가 영접했을 때는 우리가 현포에 살고 있어서 내가 다니는 현포교회로 시어머니가 나오셨다. 당시는 어장이 잘 안 되어서 좀처럼 오징어가 나지 않을 때였다. 오징어가 안 나면 우리 5남매 아이들이 굶는 상황이었다.

잠시 큰아들 이야기를 하지 않을 수가 없다. 우리 큰아들에게 내가 해준 거라고는 손톱만큼도 없다. 하나님이 다 키워 주셨다. 그래서 나는 큰아들에게는 미안해서 말 한 마디 못 한다. 아들이 십 리 길을 걸어서 중학교에 다녔는데 밥 한번도 싸준 적이 없으니 말 다한 셈이다. 그땐 보리밥도 근근이 먹는 시대였다. 아들이 몇 번 도시락 싸달라고 하면 꽁보리밥을 싸주었다. 아들은 도시락 뚜껑을 슬쩍 열어 보고는 꽁보리밥이면 그냥 가버렸다. 다른 아이들은 다 쌀밥 싸오는데 혼자 꽁보리밥을 먹기는 어려웠을 것이다.

바다에서 뭐 좀 잡으면 갚겠다며 친정이나 이웃에게 빚을 내 보리쌀을 당겨다 먹는 상황이었다. 그때 보리 말고 쌀을 좀 달라고 해서 도시락에 싸주었으면 좋았을걸, 그때는 그런 생각조차 못했다. 소풍 갈 때도 내가 무엇 하나라도 해주려고 하면 누가 싸온다고 싸지 마라 한다. 그래서 소풍 밥 한번 못 싸줬다. 그게 내 마음에 걸림돌로 평생 남는다.

머리가 좋은 큰아들은 중학교를 졸업하고 울릉종고에 갔다. 마땅한 거처를 못 구하던 차에 도동에 있는 7촌 아저씨 집에서 밥을 먹으며 다니기로 하고 종고에 진학했다. 그 집도 가난했으니 도시락을 제대로 싸줬는지는 잘 모르겠지만, 그래도 거처가 있어서 다행이었다. 덕분에 아들은 꿋꿋이 학교를 졸업했다.

하나님께서 나에게 선물로 주신 3남 2녀 중에 첫아들과 막내아들은 목사가 되었고, 둘째는 미국에서 공부하고 있다. 첫아들은 칠곡교회 담임목사이고 막내는 경주중앙교회 담임목사다. 또 막내 사위는 창원 갈전교회 담임목사다.

올해 쉰여덟이 된 큰아들은 국민학교를 졸업한 뒤 두 해 쉬었다가 중학교에 갔다. 그 후 고등학교를 마친 뒤 장학생으로 수산과에 갈 조건이 되었으나 본인이 수산과는 절대 안 가겠다고 했다. 그래서 대학을 안 가고 수산진흥공사 공무원으로 십 년을 지내다가 장로회신학대학교에 들어갔다.

큰아들이 진흥원 다닐 때 한 기도원에서 기도원장님의 예언을 받은 적이 있다. 큰아들과 막내아들은 하나님이 잡아 놓았으니 나이가 몇 살이라도 신학을 하게 될 것이라는 내용이었다. 그런데 그 말이 실현되었다.

한번은 큰아들을 만나려고 칠곡에 갔다. 정거장에 앉아서 버스를 기다리던 중, 한 여자분이 나에게 넋두리 아닌 넋두리를 한다.

"아지매, 참말로 그런 사람이 없는 기라예, 하늘이 낳은 분이제, 그런 아들 낳은 사람은 어떤 사람일꼬?"

도통 알아들을 수 없는 말이기에 내가 다시 물었다.

"그기 무신 말씀입니꺼?"

"아이고마, 미안합니대이. 우리 교회 목사님이 있는데 그분 같은 분이 하늘 아래 없는 것 같아서 내가 고마, 흥분을 했습니대이."

"그래예? 참 훌륭한 목사님인 갑네예. 어느 교회 다니시는데예?"

"저기 칠곡교회라고 있습니다."

그 말을 들으니 기분이 너무 좋으면서도 그 목사가 내 아들이라고 말해야 될지 말아야 될지 몰라 잠시 망설였다. 자식 자랑 팔불출이라지만 그래도 흥분을 감추기 어려워 사실대로 말했다.

"그 목사가 지 아들입니더."

그랬더니 그분이 나를 끌어안고 너무나 기뻐하는 것이다. 칠곡교회 집사인 그분은 택시비로 만 원을 선뜻 내주었다.

한편 막내는 대학을 졸업한 뒤 신대원에 가겠다고 했다. 그런데 신대원을 몇 번이나 떨어져서 꽤나 걱정이었다. 이미 결혼은 했는데 가족을 굶기게 생겼으니 답답할 노릇이었다. 그때 힘이 되신 분이 사돈이다. 감사하게도 막내아들 장인 되시는 장로님이 직장 다니면서 공부하기는 힘들다며 합격할 때까지 적극 지지해 주셨다.

나는 이제껏 자녀의 좋은 학교, 좋은 직장을 위한 기도는 입에 담지도 않았다. 그저 "하나님 앞에서 마음에 합한 자 되게 해주세요, 철두철미한 믿음 주세요" 그 기도만 했다.

집 없고 돈 없어도 물질을 구하지 않았다. 그냥 날마다 감사를 달라고 기도했을 뿐이다.

1977년에 우리 가족은 울릉도를 떠나 부산으로 나왔다. 올해가 2012년이니 어느새 35년이 되었다. 부산으로 나올 당시 막내가 국민학교 3학년이고 셋째 아들이 5학년이었다.

울릉도에서는 오징어로 생계를 잇다가 부산에 나와서는 직장생활을 했다. 원래는 부산에 나올 꿈도 꾸지 않았는데 오징어가 안 나도 너무 안 났다. 정말이지 그렇게 살다간 다 굶어 죽겠다 싶었다. 그래도 부산에 오면 무엇을 해도 먹고살지 않겠나 해서 땡전 한 푼 없이 무조건 나왔다. 그때 큰아들이 수산 진흥원 공무원이었다.

시부모님께 돈 좀 달라고 하니 시어머니가 이렇게 말씀하셨다.

"우리가 밥도 마이 묵고 농협에 빚도 있는데 누가 돈을 주겠나?"

그런데 시아버지가 돈 사십만 원을 마련해 주셨다. 시아버지가 정말로 나를 많이 아끼셔서 힘든 상황에 또 도와주신 것이다.

그 돈을 들고 남편이 부산으로 먼저 나갔다. 부산에 가서 방 얻고 직장 얻으면 우리를 데려간다는 계획이었다. 그러나 웬걸, 한 달 뒤에 보니 방 한 칸 얻어 놓고는 돈을 술로 다 탕진한 뒤 낯선 땅에서 돈 못 벌겠다며 들어와 버렸다. 기가 막혔으나 방 하나 얻어 놨으니 그래도 가야 한다며 짐을 꾸렸다. 당시 현포에 있던 집과 살림은 그대로 두고 새로 만든 찬장과 재봉틀을 팔아서 차비를 만들었다.

맏딸은 먼저 나가서 구미의 섬유 공장에서 일했다. 그때는 전화가 잘 안 되던 때라 공무원인 큰아들에게 우리가 나온다는 소리도 못 하고 나왔다. 뒤늦게 그 사실을 안 큰아들이 직장에서 모은 돈을 가져와서 빚도 갚고 생활비도 도와줬다.

부산에 오니 아침거리도 없는 비참한 생활이 시작되었다. 말이야 바른 말이지 나에게는 고향과 현포교회가 가장 좋은 곳이었다. 그러나 나는 기왕에 나온 것 교회만 가면 천국이니까 아침마다 감사하며 새벽예배부터 쉬지 않고 다녔다. 부산 오면 시골 출신이라고 누구도 말조차 안 걸 줄 알았는데 다행스럽게도 마흔다섯 살인 나보다 훨씬 젊은 사람들이 나를 그들 사이에 끼워 주었다. 촌사람인 나에게 사람을 붙여 준 하나님이 얼마나 감사한지.

처음에는 충무동의 냉동 공장에서 일했다. 그렇게 부산 생활을 시작한 나는 이제 완전히 부산 영도 지기가 되었다. 그동안 신선동의 영도교회를 30년 넘게 다니다 영도교회에 분란이 생겨 6년 전 이쪽으로 이사 왔다. 지금 내가 다니는 교회는 동삼동 생명길교회다.

나는 주일예배는 물론 새벽기도도 단 한 번 빠진 적이 없다. 나는 오직 예배에 매달렸다. 부산에 와서 자전거 부속품 공장에 5년을 다녔다. 자전거 공장에 취직한 유일한 이유는 주일에 쉬기 때문이었다. 그러나 간간이 주일에도 일하는 경우가 있었다. 회사에서 주일에 일하면 일당을 세 배로 준다고 해도 결코 굽히지 않았다.

이제까지 살아오는 동안 남는 아쉬움이 있다면 자식도 많고 생활이 어려워서 교회를 더 잘 섬기지 못한 점이다. 나는 목사님을 섬길 여유가 없었다. 믿지도 않는 시댁 식구를 모시고 살아야 했으니 목사님을 챙길 여유가 없었다. 하지만 목사님들을 섬기지 않은 대신 내 아들들, 두 목사를 섬긴 것 아닌가 싶다.

나는 목사님을 섬기지 못했지만 목사님에게 잊지 못할 섬김을 받았다. 내가 울릉도에서 나올 때, 어느 누구도 나에게 십 원 한 장 주지 않았다. 그런데 우리 현포교회에 처음으로 부임하신 목사님이 우리 동네 어귀까지 따라오시면서, 당신이 가니까 내 오른팔이 떨어져 나가는 것 같다며 내 손에 6천 원을 쥐어 주셨다. 그 당시 아이들 운동화가 5백 원 하던 때니까 6천 원은 정말 큰돈이었다. 아, 난 그 일을 평생 잊을 수가 없다. 너무나 감사한 일이다.

나는 저혈압 때문인지 멀미를 굉장히 많이 했다. 울릉도에서 배를 타고 나올 때도 멀미가 극심해서 바다로 뛰어내리고 싶을 정도였다. 부산에 나와서도 멀미는 계속되었다. 차에서 나는 냄새를 견디지 못해 웬만한 거리는 걸어 다녔다. 그때 큰집과 작은집이 양산에 있었는데, 거기는 걸어갈 수가 없으니 차를 탔다. 그런데 불과 삼십 분도 가지 않아 중앙동에서 내리고 말았다. 나는 안에 있는 것을 다 토해 냈다. 그 정도가 얼마나 심했는지 그때 그만 후각을 잃어 오늘날까지 냄새를 맡지 못한다. 그런데 기적이 일어났다. 냄새를 못 맡는 대신 저혈압이 정상이 되고 멀미도 없어졌으며 그동안 이래저래 앓던 모든 병이 다 사라져 버린 것이다.

그 뒤로 전라도 섬 어디든 다 다녀도 아무런 문제가 없었다. 그

멀미 끝에 치유가 된 것이다. 하나님이 치료하신 것이 아니라면 그리 될 리가 없다. 나는 어디가 아파도 병원에 가기보다는 기도의 자리로 나갔다. 기도하는 사람에게 만져 달라고 하면 다 나았다. 참으로 놀랍고 감사한 일이다.

내 자녀는 첫째가 아들, 둘째가 딸, 그리고 아들, 아들, 딸이다. 첫째와 둘째는 직장에 다녔으니 밑에 셋만 부산에서 함께 살았다. 나는 처음에 얻은 일자리를 그만두고 십 년간 오징어 건조를 했다.

막내딸이 중학생일 때 집에 난리가 났다. 당시 우리 부부는 오징어 건조하는 데에서 자고 세 아이는 집에 두고 다녔다. 하루는 세 아이가 열두 시까지 성경을 읽고 연탄불을 갈아 넣고 잤다. 아뿔싸! 문을 닫아 둬서 환기가 안 된 탓에 연탄가스에 중독이 되어 셋이 다 의식을 잃고 말았다.

그때가 부산 남항동 시장 곁에 살 때다. 둘째 아들이 점포에 사환으로 나가던 시절이었는데, 항상 점포에 일등으로 나오는 애가 나오지 않자 점포를 같이 하는 사람이 이게 무슨 일인가 싶어 집에 와 보았다. 그런데 이게 웬일인가! 문을 열어 보니 셋이 다 기절해 있는 것이다. 시장 사람들이 119를 불러서 아이들을 싣는데 사람들이 몰려와서 애들 다 죽어 버렸다고 야단이 났다.

점심때가 다 되어서야 연락을 받은 나는 글자 그대로 눈앞이 깜깜했다. 택시로 영선동에 있는 해동병원에 가서 보니 셋 다 죽어 버린 것 같았다. 하늘이 무너져 내렸다. 내가 그 상황에서 할 수 있는 것은 아무것도 없었다. 사람들은 아이들을 통에 넣어서 돌리고 흔들어 보고 난리를 하는데 내가 할 수 있는 것은 기도밖에 없었다. 너무나 당연한 말이지만 정말로 간절히 기도를 했다. 사람들은 셋 다 죽거나 병신 될 거라고 했는데 기적이 일어나기 시작했다.

가장 먼저 일어난 아이는 막내딸이었다. 그날 밤 자정쯤 되니까 아이 정신이 돌아오기 시작했다. 정신이 깨려는지 머리가 터질 듯이 아프다고 했다. 그래서 막내만 응급실에서 중환자실로 옮겨 갔다.

다음 날 일요일 저녁에 교회 청년들이 왔다. 청년들이 아이를 주물러 주고 기도도 하기에 청년들에게 아이들을 맡겨 두고 화장실에 갔다 왔더니 애가 나가고 없다. 청년들이 주무르고 기도하는 사이에 아이들이 완전히 깨어나서 산책하러 나간 것이다. 잠시 후 아이가 돌아와서 "엄마, 내가 여기 와 왔노" 이런다. 아, 그때 얼마나 감사한지. "아이고 아부지 감사합니대이" 이런 기도가 절로 나왔다.

토요일에 딸을 데리고 집으로 돌아갔다. 이튿날이 주일이니까 병원에 들렀다가 교회에 갈 요량이었다. 병원에 가니 둘째는 벌써 일어나서 교회로 가버렸고, 막내도 교회 가겠다며 간호사와 실랑이를 하고 있었다. 막내와 함께 교회에 가니 사람들이 다들 놀랐다.

"어제 다 죽었는데 우에 왔노?"

연탄가스에 그렇게 중독되면 십중팔구는 죽거나 장애인이 된다. 그런데 우리 아이들은 너무나 멀쩡하게 살아남았다. 하나님의 은혜가 아니고는 불가능한 일이 일어났다. 하나님은 늘 그렇게 될 수 없는 일을 되게 하시는 분이니까. 그것이 우리에게 베푸신 은혜다.

앞서 말했듯이 나는 헌신을 많이 못한 게 가장 아쉽다. 돈이 없어서 헌금도 많이 못 했다. 하지만 십일조만큼은 다 했다.

집과 교회밖에 몰랐다는 한 권사님은 십일조를 모른다고 했다. 나더러 권사님처럼 십일조 내는 걸 감사하게 생각하는 사람 못 봤다고 한다. 그래서 내가 아니라고 했다. 대다수가 감사한 마음으로 십일조를 한다고. 그거 안 하면 하나님께 도둑놈 소리 듣는다고.

나는 환상 체험을 하거나 하나님 음성을 듣는 것보다는 늘 말씀을 받았다. 나는 지금도 오직 기도, 오직 말씀으로 산다. 조금이라도 목사님 핑계를 대거나 내 상황 나빠진다고 신앙을 버린 적이 없으며 그런 생각조차 한 적이 없다. 오직 말씀대로 사느냐 못 사느냐가 문제일 뿐이었다. 누군가 '너 예수 믿고 죽을래? 예수 안 믿고 살래?' 하면 나는 예수 믿고 죽는다고 할 것이다.

남편은 나를 따라 억지로 교회에 따라 다녔는데, 그나마도 감사한 일인지 모른다. 남편은 독도 의용수비대원으로 대통령 표창도 받았다. 남편은 독도까지 식량과 물을 갖다 주고 오는 일을 했는데, 당시에 나는 그런 사실도 잘 몰랐다.

1953년에 독도 수비대를 설립해서 1958년에 군에 물려주기까지 남편은 홍순칠 울릉도 재향군인회장과 함께 독도를 지켰다. 당시 대원이 33명이었는데 현재는 그중 10명만 생존해 있다. 독도 의용 수비대원들이 다음 세대에게 독도를 물려주고 하나둘 죽어 가는 것처럼 나도 다음 세대에게 물려주고 싶은 게 있다.

요즘 젊은 부모들을 보면 자녀 교육에 집착을 하는 것 같다. 주일에 아이들을 교회가 아닌 학원에 보내는 것이다. 공부한다고 예배에 빠지는 것을 하나님이 원하실까? 나는 젊은이들이 하나님을 우선순위로 삼았으면 좋겠다.

내 후손에게 내가 해줄 수 있는 유일한 이야기는 예수 잘 믿으라는 것밖에 없다. 일평생 예수 믿으라는 것 외엔 할 말이 없다. 예수님 믿는 것 외엔 부러울 것이 없으니까.

내 인생에서 가장 행복한 순간은 지금이다. 모든 자녀가 다 예수 믿고 자기 길을 찾아갔으니까. 아니다. 사실을 말하자면 나는 늘 지금 이 순간이 가장 좋았다. 나는 과거를 안고 살지 않는다. 늘 찬양하면서 이렇게 행복하게 한 백 살까지 살면 좋겠다.

마지막 내 소망은 하나님만 붙들고 살다가 기도하며 죽는 것이다. 어느 기도원 원장이 나에게 그런 말을 했다. 당신은 아프다가 가는 게 아니고 기도하다가 부름받겠다고. 그 말을 듣고 내가 이렇게 말했다.

"얄궂어라, 이런 은혜도 다 있노?"

그 예언대로만 된다면 나는 복도 그런 큰 복이 없다고 생각한다. 기도하다 천국 가게 된다는 그 말, 나는 그렇게 되리라 믿고 하루하루를 살고 있다.

내 사 마 예 수 안 믿 으 면 죽 습 니 다

산신을 믿는 가정에 예수쟁이 며느리가 들어왔다 해서 가장 용하다는 무당을 데려와 굿을 했다고 한다. 교회로 치자면 부흥 집회를 한 것이다. 한 영혼을 위해 온 동네 사람에게 먹을 것까지 나눠 주면서 굿을 하다니.

이제 생각하면 영혼 구원을 위한 노력에 있어서는 과거의 무당보다 기독교인의 열의가 적은 것 같다. 한 영혼을 구원하기 위해 부흥 집회를 하는 교회가 거의 없는 것은 물론, 유명한 목사님을 데려다가 지역 주민을 전부 불러서 예배를 드리는 경우도 없다. 그것은 경제적이지도, 생산적이지도 않다. 한 명 구해서 무슨 득이 있다고 그와 같은 정성을 투자한다는 말인가?

하지만 예수님이라면? 예수님은 아흔아홉 마리의 양보다 잃어버린 한 마리의 양을 더 소중하게 생각했다.

신앙을 지키기 위해 모든 비난과 공격을 감내했던 백묘숙 권사님. 죽으면 죽으리라는 각오, 예수 안 믿고는 살 수 없다는 각오, 예수를 못 믿게 하면 자기 삶 전체를 버리겠다는 각오, 그 각오가 자녀 중 두 아들을 훌륭한 목회자로 만들고 축복의 열쇠를 얻게 한 비결이 아닐까?

권사님은 나와 헤어질 때 버스 정거장까지 따라오셔서 오래오래 나를 지켜보고 계셨다. 수십 년 전, 고향 땅 울릉도를 떠나올 때 배 위에서 멀어지는 섬을 그렇게 바라보셨을 것이다.

"내사마 예수 안 믿으면 죽습니대이."

권사님의 그 용기가 한국 교회의 튼튼한 뿌리가 되리라 믿어 의심치 않는다.

죽을 각오로 네 명이
일하면 교회가 산다

김연숙 권사 · 1960년생
전남 화순시, 신광교회

내 목소리가 쩌렁쩌렁한데 이렇게 글로 쓰니 목소리를 들려줄 수가 없어서 아쉽다. 나는 목소리 크기만큼이나 발랄하게 소녀 시절을 보냈다.

나는 전라남도 고흥군 과역의 꽤나 큰 부잣집에서 태어났다. 5녀 3남 중에 다섯째, 딸로는 넷째로 태어났다. 8남매 중 가운데라 그다지 사람 대우를 못 받고 자랐다. 벌교상고를 졸업한 뒤 서울에서 생활하다가 광주로 시집을 갔다.

엄마는 교회에 다니고 싶어 했지만 교회 가면 집안이 망한다는 이유로 큰아버지가 못 다니게 했다. 나는 일 년에 몇 차례 교회에 갔다. 성탄절과 겨울성경학교, 여름성경학교에 가면 건빵과 사탕을 주었다. 나는 그 건빵과 사탕을 얻어먹으러 교회에 갔다. 그러자 아버지가 교회에 가면 다리몽둥이를 부러뜨린다고 했다. 그 때문에 아버지 몰래 담 넘어 교회에 갔다가 담 넘어 집에 왔다. 성경학교 끝나고 돌아오면 문 소리가 들리니까 언니가 대문을 잡아 줬다. 그것이 교회에 나간 첫걸음이었다.

세월이 흐르고 스무 살이 넘어서 서울 신월동에 살았다. 그 시절 집 근처 교회에서 종소리가 자주 들려오는데, 내가 꼭 가야 할 곳이라는 강렬한 느낌이 들었다. 종소리를 들으면서 '내가 언젠가는 저 종소리 울리는 데를 가야지' 하고 생각했다.

어느 초겨울의 수요일 저녁, 친구가 사는 화양리에 놀러갔는데 어디선가 종소리가 들려왔다. 그래서 함께 놀던 친구들을 데리고 교회에 갔다. 어린 시절에 사탕 얻어먹으러 간 뒤로 처음 교회에 갔는데 예배당에 앉으니 눈물이 쏟아지기 시작했다. 나는 아주 발랄한 스무한 살, 꽃다운 나이의 처녀였다. 평소 내 성격이 어두운 것도 아니다. 당시 내 인생이 고난에 처한 것도 아니었다. 그럼에도 주체할 수 없이 눈물이 쏟아졌다. 얼마나 울었는지 온몸에 힘이 다 빠질 정도였다.

그러고도 여건이 안 닿아서 교회를 못 다녔다. 그때 나는 막내 삼촌 댁에서 일을 도우며 살았는데, 숙모에게는 손바닥만 한 아주 작은 성경이 있었다. 얼마 전 수요일에 그렇게 울고 왔던 기억이 내 의식 속에서 살아 움직이는 것 같았다. 마음속의 그 무언가가 성경을 보고 싶어 못 견디게 만들었다. 그 성경을 가져다가 넘기는 중에 우연히 발견한 구절에서 나는 또 고꾸라졌다.

"너는 내 사랑하는 자녀다."

말씀이라곤 한 구절도 모르는 내가 성경을 펼치니 그 구절이 나온 것이다. 그 말씀을 보는 순간 또다시, 도무지 알 수도 없고 멈출 수도 없는 눈물이 하염없이 흘러내렸다. 나는 그 손바닥만 한 성경을 들고 이불 속에 들어가서 내내 울었다. 그날 이후 나는 교회에 나가기 시작했다. 교회 가는 것이 그냥, 너무나 좋았다.

숙모와 삼촌은 교회 다니는 분인데도 그때까지 나에게 교회 가자는 말을 한 번도 하지 않았다. 그래서 내가 먼저 물었다.

"삼촌 저 교회 좀 같이 가면 안 될까요?"

"너무 좋지! 같이 다니자."

처음엔 삼촌이 다니는 교회에 나갔는데 꽤 불편했다. 그래서 친구가 있는 화양리 건국대 근처의 교회에 나가서 자리를 잡은 후 주일학교 교사를 자원했다. 그때 주일학교 교사 일을 얼마나 열심히 했는지 모른다. 현재도 열심히 주님을 섬기고 있지만, 지금의 헌신은 그때에 비교할 수가 없다.

요즘 주일학교 선생님들을 보면 너무 안일하게 섬기는 것 같아서 가슴이 아프다. 나도 물론 마찬가지다. 그때는 집보다 교회에서 잔 적이 더 많았다. 좌우간 나는 그때 내 시간의 거의 전부를 교회 일 중심으로 사용했다. 당시 신월동 삼촌 집에서 건대까지는 거리가 너무 멀고 이동이 불편했다. 차를 무려 세 번이나 갈아타고 금요철야예배 갔다 와서 토요일 주일학교 준비 모임에 다녀오고 또 다음 날 주일예배에 갔으니 웬만한 체력으로는 버틸 수도 없었다.

내가 처음 맡은 반에는 일곱 명의 초롱초롱한 아이들이 있었다. 나는 열심히 한다고 했는데 주일학교를 졸업할 때가 되니 아이들 세 명이 줄어 있었다. 깊은 절망감에 빠진 나는 거짓말 하나도 보태지 않고 자살할 각오를 했다. 주일학교 학생 세 명 줄었다고 자살하면 요즘은 자살 안 할 교사가 없을 것이다.

자살할 마음으로 철야예배에 가서 밤새 기도를 했다. 평소에 교인들이 대표 기도를 하면 "하나님, 하나님" 이렇게 계속 불러 대는 것을 보면서 대체 왜 저렇게 하나님을 찾으며 기도를 하나 싶었다. 그런데 그날 기도할 때 내가 그렇게 하나님을 찾아 댔다.

눈물로 기도하고 있는데 낯선 강도사님이 다가와 말씀하신다.

"주일학교 교사를 하세요."

그래서 내가 대답했다.

"지금 주일학교 그만두고 자살하려고 하는 참인데요. 왜 그런 말씀을 하세요?"

"글쎄, 하나님이 자매님께 그렇게 말하라고 하신 것 같아요."

그 대답을 듣고 나니 강도사님이 주일학교 교사를 하라고 말한 것이 곧 하나님의 뜻이다 싶었다. 그래서 나는 다시 한 번 해보기로 마음 먹고 주일학교로 돌아갔다.

그때부터 주머니를 털어 사탕을 산 뒤 한 봉지씩 포장을 해서 교회 근처 동네를 누비며 집집마다 빠짐없이 다녔다. 그렇게 동네 엄마들을 만나서 사탕을 한 봉지씩 나눠 주며 전도를 했다. 지금은 그렇게 하라고 해도 못할 것이다. 그렇게 일 년을 지내니 우리 반 아이들이 56명이 되었다. 우리 반은 초등학교 1학년생 아이들이었는데, 그 아이들이 전체 인원보다 많아 교회 네 칸을 차지하게 되었다. 초등학교 1학년으로 구성된 교회 하나를 세운 셈이다.

나는 교사가 되려면 철저해야 한다고 생각했다. 새벽기도고 철야고, 제대로 안 하면 교사가 아니라고 생각했다. 지금은 그때만큼 열정적으로 하지 못한다. 돌이켜 보면 대단한 열성이었으나, 그 열성은 내가 낸 것이 아니라 스물한 살 처녀에게 아름다운 추억으로 간직하라고 하나님이 내려 주신 선물이었다.

그러다가 결혼하기 위해 그동안 정든 서울 땅, 특히 주일학교를 버리고 내려왔다. 결론부터 말하자면 나는 불신자와 결혼을 했고, 그 결혼은 내 인생을 송두리째 뒤흔들어 버렸다.

말이 씨가 된다는 속담이 있거니와 성경에서도 혀를 조심하라고 했다. 우리 시골 동네에서는 지나치게 못살고 추한 사람들, 벙어리, 칠푼이, 그런 연약한 사람들만 교회에 다녔다. 그때는 정말이지 그게 이해가 안 됐다. 지금은 바로 내가 그런 사람임을 알게 되었다. 이런 깨달음도 하나님의 은혜다. 어쨌든 나는 지탄받고 손가락질 당하는, 교회 다니는 그런 사람들과 결혼하지 않겠다고 공언하고 다녔다. 그랬는데 그 말이 정말로 씨가 될 줄은 몰랐다.

결혼 전 서울에서 훌륭한 혼처가 중신이 들어왔으나 여러 이유로 내가 거절했다. 그러던 어느 날, 한전에 다니는 친정 오빠가 중매를 했다. 광주에 와서 만나 보니 사람이 똑똑했다. 나는 술 담배하는 남자를 싫어했는데 이 남자는 술과 담배를 아주 달고 살았다. 그런데도 그게 그리 싫지가 않았다. 그래서 종교를 물어보니 불교 계통이라고 했다. 지금까지 천주교조차 거절했는데, 불교 계통이라고 했음에도 그게 그리 불편하지 않았다. 혼자 상상하기를 '우리 친정 엄마처럼 칠월 칠석이나 사월 초파일에나 절에 가는갑다.' 하며 내 고집을 쉽게 꺾었다. 조금만 꼬치꼬치 따져 봤어도 내가 이렇게 안 되었을 텐데. 무엇보다 내 혼기가 많이 찬 데다 남자가 워낙 똑똑하니까 신앙이고 뭐고 생각지 않고 그냥 시집을 가버렸다.

나는 스물일곱 살이 되도록 남자라곤 모르고 살다가 스물여덟 살부터 선을 보기 시작했다. 결과적으로 그중 최악의 조건인 남자와 결혼했다. 20대 인생을 마감하는 마지막 해인 29세에 나는 지금까지 겪어 보지도, 상상하지도 못했던 소용돌이로 빨려 들어갔다.

남편이 말한 불교 계통은 다름 아닌 '남묘호렌게쿄'SGI, KOREA SOKA GAKKAI INTL였다. 속칭 '남녀호랑개교'에서 시어머니는 지부장을 맡아 했다. 말하자면 교구장 같은 거다. 광주 본부를 책임지고 밤낮을 안 가리는 열성 신자였다. 어머니가 나에게 호렌게쿄 회관에 가자고 해도 안 가니까 시건방지다며 야단을 치셨다.

남편은 결혼하기 전에 종교는 자유니까 간섭하지 않겠다고 했으나, 정작 결혼 후에는 자기 어머니 말을 안 듣는다고 나를 못살게 굴었다. 종교가 문제가 아니라 어머니 말씀에 순종하라는 것인데, 어머니 말씀을 들으면 내 신앙에 위배되기 때문에 순종할 수가 없었다. 그때부터 전쟁이 시작되었다.

내가 시댁을 업신여긴다며 생트집을 잡기도 했다. 말이 씨가 된다는 말은 여기에도 적용된다. 나는 어렸을 때 가난한 집에 가서 우렁이 각시가 되고 싶었다. 헌신적인 그 모습이 너무 예뻐서 그렇게 살기를 간절히 원했다. 그러나 현실 속 우렁이는 그게 아니었다.

결혼 전에 신랑 집에 가보니 단독주택 이층 방 두 칸에 세 들어 살고 있었다. 아가씨는 부모님과 함께 자고 도련님은 우리 신랑하고 자는 모습을 보고 깜짝 놀랐다. 난 가난을 몰랐다. 다 큰 딸이 부모님과 같이 자는 생활은 꿈에도 생각지 않았다. 이에 언니가 나에게 당시 새마을 동네라고 하는 광주 쌍촌동 빈민촌에 있는 집을 사줘서 각자 방 한 칸씩은 차지할 수 있었다.

시댁은 피난민 가정인데 아버님은 '돌 일'(석수장이)을 하고 어머니는 가정부로 일하셨다. 결혼을 했음에도 남편은 돈을 벌어다 주지 않았다. 그러던 중 아이가 태어났다. 아이가 태어난 후 83일간은 밤낮이 바뀐 채 밤에 자지 않고 낮에 잠을 잤다. 나는 밤마다 창세기부터 아이에게 읽어 주었다. 내가 읽어 준들 애가 무엇을 알겠는가만, 성경을 읽어 주면 애가 잠을 자지 않고 똘망똘망 들었다. 그러다 84일째 되던 날, 숙모가 나를 보러 왔다가 아이가 잠들지 않는 모습을 보고서 한마디했다.

"얘가 자야 하는 시간인데 안 자네."

그러자 이 애가 마치 그 말을 알아들은 것처럼 그날부로 제대로 잠을 자는 것이다. 그때까지 나는 제대로 잠을 못 잤다.

뒷일을 먼저 말하면 그 천사같은 아이가 네 살에 천국으로 갔다. 내 십자가를 내가 져야는데 아이한테 지운 것 같아 너무 미안하고 가슴이 찢어진다. 아직도 내가 그 애를 죽였다는 마음이 든다.

시어머니는 새벽 세 시에서 네 시 사이에 일어나셨다. 우리 방이 가장 동쪽에 있고 어머니 방이 가운데, 도련님과 아가씨 방이 저쪽 끝에 있는데 얇은 벽돌 한 줄로 방의 칸막이를 쳐서 방음이 안 됐다. 아이랑 나랑 밤을 새며 있다가 딱 네 시가 되면 어머니는 두 시간 반이 넘도록 '남묘호렌게쿄'를 반복해서 주문을 외웠다. 그 소리 때문에 남은 새벽은 꼬박 새우기 마련이었다. 아이는 경 읽는 소리에 또 잠을 못 잤다. 밤이면 내가 읽어 준 성경을 듣고, 새벽이면 경 읽는 소리를 듣는 얄궂은 상황에서 아이는 유아기를 보냈다.

어머니가 경을 다 외우고 나면 나는 아이를 달래느라 밥을 할 수 없었다. 그러면 어머니가 밥을 안 한다고 야단을 치신다. 그럴 때는 남편이 내 편을 들며 "엄니, 밤새 애기가 울어서 잠을 못 잤은 게 안 그래요?"라고 거들었다.

그러나 어머니는 그걸 용납하지 못하신다.

"누군 애기 안 키워 봤니? 느이들은 다 그냥 큰 줄 아냐? 저것이 그냥 시댁 식구 알기를 발끝에 때꼽재기마냥 생각을 하는 거여."

교만은 패망의 지름길이라는 성경 말씀이 나는 무서웠다. 그런데 어머니는 교만하다는 말을 입에 달고 사셨다. 어머니가 저 교만한 년, 사악한 년, 못된 년, 그런 말을 할 때마다 겁이 났다. 내가 패망의 지름길 위에 있는 것인가 하는 생각이 들었기 때문이다. 임신해서도 회관에 안 따라간다고 무던히 비난을 들었다.

처음에는 내 입장을 대변하던 신랑이 어느 날부터 변하기 시작했다. 어머니와 나 사이에 갈등이 커지자 급기야 신랑이 나를 때리기 시작한 것이다. 나는 맞아도 너무나 많이, 내가 그 폭행을 왜 다 견뎠는지 모를 만큼 심하게 맞았다.

신랑은 내 편을 들다가도 어머니가 밥 안 한다고 성화를 부리시면 나를 깨웠다. 이제 막 잠이 든 터라 일어나지 못하면 신랑은 "일어나서 밥하라고!" 하며 버럭 소리를 지른다. "아이, 이제 막 잠들었는데……." 이렇게 중얼대면 신랑은 내 옆구리며 얼굴이며 가리지 않고 발길질을 했다. 나는 정말 상상을 초월할 정도로 맞았다. 그렇게 맞으면서 '내가 이겨야 되겠다, 이 사람들을 이겨야 되겠다'고 생각했다. 나는 승리의 신앙이 아니라 이 사람들을 이겨야만 하는 신앙을 품었다. 그때 그 서러움을 생각하면 지금도 피눈물이 난다.

나는 지금도 '남묘호렌게쿄'라는 말만 들으면 소름이 끼쳐서 내 입으로 그 말을 들먹이고 싶지 않다. 매일 새벽 네 시, 어머니가 그 경을 읽기 시작할 때면 나는 아이가 그 말을 듣고 세뇌될까 봐 양손으로 아이의 귀를 막고 기도했다.

"하나님, 제발 들을 수 없도록 도와주십시오. 하나님!"

그리고 아이의 미간에 침으로 십자가를 그렸다. 아이 이마에서 침이 마를 새가 없도록 계속 그렸다. '남묘호렌게쿄'라는 소리가 아이 귀에 들리지 않도록 애쓰느라 여섯 시까지 잠을 못 잤다. 그렇게 83일간 밤을 꼬박 샜다. 아이가 태어나서 죽기까지 날마다 긴장하고 살았다. 그 사이비 종교 경 읽는 소리를 안 듣게 하려고.

정말 많이 아픈 세월이었다. 스스로 112에 전화를 하기도 했다. 그 어린아이는 내가 맞는 모습을 두 눈으로 똑똑히, 너무나 많이 봤다. 그래서 권투만 봐도 소스라쳤다. 아이가 죽을 때까지 품고 있었던 가장 큰 기억이 행복한 것이 아니라 아빠에게 맞는 엄마 모습이었음을 생각만 해도 아이에게 너무나 미안하고 눈물이 난다.

광주 쌍촌동 공항 가는 길에 평안교회가 있었다. 당시 평안교회로 가는 길에는 미나리꽝이 있었는데, 지금은 그 자리에 안디옥교회가 세워졌다. 그때 우리 집에서 평안교회를 가려면 그 논길을 걸어가야 했다.

논두렁에 아직 얼음이 다 녹지 않은 초봄이었다. 내가 새벽기도를 가려고 애를 업고 나오니 시어머니가 새벽에 애를 업고 어딜 가냐며 호통을 쳤다. 그 소리에 잠이 깬 남편이 쫓아 나와서 아이를 업고 있는 나를 두들겨 패기 시작했다. 이마가 부어오르고 눈에는 퍼렇게 멍이 들었다. 그러나 나는 지지 않으려고, 폭력에 굴하지 않고 그 얼굴로 교회에 갔다. 내가 남묘호렌게쿄를 외우고 있을 수는 없으니까 당신네들만큼은 내가 이겨야겠다고 생각했다.

논에는 아직 물이 흥건히 차 있고 좁은 논두렁은 미끄러웠다. 해빙기라 흙과 얼음이 녹아서 버글거렸다. 길을 걷다 미끄러져 나도 아이도 진흙탕이 되었다. 다시 집으로 와서 포대기를 벗기고 아이를 벗겨서 다 씻긴 후 다시 옷을 입혀서 교회로 갔다.

지금 같으면 교회에 다시 안 갈 것이다. 얼굴도 엉망이지 몸도 엉망이지. 그 상황에서 웬만하면 눈물이 나올 만도 한데 나는 시댁 식구들에게 지기 싫어서 어금니를 물고 눈물을 참았다. 그렇게 교회에 가면 시댁에서 "저년, 독한 년"이라고 했다. 나는 속으로 생각했다. 나는 독하니까 당신네들을 이겨야겠다고. 교회에 도착하니 새벽예배는 다 끝났고 예배당이 텅 비어 있다. 텅 빈 교회에 들어서자 그때까지 참고 있었던 눈물이 작달비처럼 터져 나왔다.

그러다가 나는 어떻게라도 생활고를 이겨 보려고 보험회사를 다니겠다고 나섰다. 하루는 아이를 데리고 나가 교보생명에 다니는 친구 집에서 친구 딸과 내 아들에게 점심을 먹이고 있었다. 친구는 교육을 받으러 나가 있어서 내가 오므라이스를 해서 먹였다.

밥을 먹기 전에 아이가 기도를 한다.

"택주, 여기는 이모 집이니까 기도 안 해도 돼요."

그러자 애가 나를 떡 째려본다.

"그래, 그럼 기도하자."

아이가 기도하는 모습이 참 예뻤다. 사람들이 그 애처럼 잘생긴 아이를 본 적이 없다고 할 정도로 예쁜 아들이었다. 사람들은 다들 택주가 아침 이슬과 같이 사라졌다고 했다. 이제는 그때 함께 기도한 택주 친구들이 시집 장가를 갔다.

"하나님, 할아버지도 아빠도 할머니도 고모도 삼촌도 하나님 믿게 해주세요. 예수님 이름으로 기도합니다. 아멘."

네 살 칠 개월 된 아이의 기도라고 할 수 없을 만큼 깔끔한 내용의 기도였다.

"아이고, 우리 택주 기도도 잘하네. 참 잘했어요."

이렇게 칭찬해 주었다. 나는 아들의 그 기도가 이 세상에서의 마지막 말이요 마지막 기도가 될 줄 꿈에도 몰랐다. 택주는 밥을 먹은 뒤 아이들과 함께 아파트 앞에 나가서 놀던 중에 중앙선을 넘어 달리는 해태음료 차에 치여 그 자리에서 명운을 달리했다.

나는 아이들이 나가자마자 설거지를 하고 있었는데, 돌연 얼음 송곳같은 비명 소리가 귀를 찢었다. 나는 비명 소리를 듣고 용수철처럼 밖으로 뛰쳐나갔다. 나가서 아이를 보듬자마자 아이가 시래기처럼 축 처졌다. 그 순간, 아주 늘어져 버린 아이를 안고 기도했다.

"하나님 이 아이를 받아 주십시오. 이 영혼을 받아 주십시오."

만약 이 아이가 불구로 남으면 내 평생의 짐이 될 것 같았다. 그 짧은 순간에 그런 생각을 했으니 얼마나 못된 엄마인가? 곧장 응급차를 불러 전남대 병원에 도착했을 때는 이미 모든 게 끝난 뒤였다.

아이를 그냥 덮어 버리면 안 될 것 같아 하얀 천을 덮지 말아 달라고 병원에 통사정을 했다. 아이 아빠도 와서 봐야 할 텐데, 그래야 충격을 덜 받을 것 같았다. 그래서 방문한 사람들마다 아이가 살아 있는 줄 알았다. 아이가 너무나 평온하게 잠들어 있었던 것이다.

내 소중하고 귀한 아이는 짧은 인생 동안 나에게 너무나 많은 빚을 남겨 두고 저 천국으로 먼저 가버렸다. 그 일로 나는 말할 수 없는 충격을 받았다. 나는 그 이후 상황을 전혀 모른다. 광주에 있는 정신병원으로 실려가 버렸기 때문이다.

정신병원에 입원한 뒤 나는 그저 울기만 했다. 그러던 어느 날, 평안교회 우리 구역장이 찾아오셔서 나더러 정신 차리라고 했다. 그러나 그 상황에서 정신이 차려지겠는가. 나는 아들 이름을 부르며 하염없이 눈물만 흘렸다. 병원에 들어간 지 한 달쯤 되었을 때 또 구역장님이 찾아왔다. 이번에도 그분은 내게 이제는 그만 정신을 차리라고 했다. 하지만 난 정신이 나질 않았다.

"택주야, 택주야, 니가 너무 보고 싶어서 너를 따라가고 싶다. 너를 따라가고 싶다."

구역장이 있건 말건 이렇게 울고 있으니 구역장님이 나에게 아주 냉정하게 말씀하신다.

"지금 뭔 염치로 그렇게 따라가냐 마냐 그러는가?"

이제 와서 생각해도 그렇고, 그 당시로서도 아무리 생각해 봐도 구역장이 나를 책망할 상황은 아니었다. 인간적으로나 무엇으로 봐도 하나밖에 없는 아들을 잃은 지 한 달밖에 안 된 아이 엄마에게 책망을 하다니, 얼토당토않은 일이다. 그런데 구역장이 나를 매몰차게 꾸짖기 시작했다.

"사람이 좀 염치가 있어 보드라고. 뭔 모임만 하자 그러면 애기 봐야 된다, 순모임하자고 해도 애기 봐야 된다, 어디 가서 전도하자 그래도 애기 뭐 해줘야 된다. 하나님이 애기 잘 치우지 않았냐. 여태껏 핑계만 대면서 살았지 뭘 해봤냐?"

분명 구역장님이 나를 책망할 입장이 아닌 상황인데 심지어 이런 말까지 했다.

"자네는 하나님 일 봉사하자고 하면 뭔 핑계를 대지 않았는가? 뭔 일을 제대로 해봤기에 자네가 하나님을 붙들고 그렇게 우는가? 하나님 붙들고 울지 마소."

이런 책망을 마구 해대는데 그 말이 내 귀에는 구역장님의 말로 들리지 않고 하나님의 음성으로 들렸다. 구역장님 책망을 들은 후, 나 자신을 뒤집어서 생각해 보았다. 나는 정말로 아이 핑계만 했을 뿐 아무것도 한 것이 없었다. 시댁 식구 이기려고 필사적으로 교회를 다닌 것뿐이었다. 내가 교회 청소를 하기를 해, 구역 요원이 되어서 활동하기를 해, 구역예배를 드리기를 해. 구역장의 그 말을 들은 것은 정말 잘된 일이었다. 그제야 내가 이렇게 살면 안 되겠다는 생각이 들었다.

어느덧 정신은 돌아왔지만 상태가 온전하진 않아 오랜 기간 우울증에 시달렸다. 그래서 거의 십 년 이상을 약에 기대어 살았다. 그러던 중 동네 사람들이 아직도 이 동네에서 사느냐고 손가락질을 했다. 그때 나는 '아, 새끼 죽은 뒤에는 이 동네에서 살면 안 되나 보다'라고 생각했다. 그런가 하면 남편은 남부끄럽다고 허구한 날 우산을 들고 다녔다. 내가 죽인 것이 아니어도 새끼를 먼저 떠나 보낸 부모는 부끄럽다는 것을 그때 알았다. 그래서 동네를 알아보던 중 친정이 가까운 화순으로 오게 되었다.

내가 정확히 화순으로 온 시기는 기억이 잘 안 난다. 제정신이 아니었으니까. 처음에는 그저 큰 교회를 왔다 갔다만 하려고 했다. 그러나 내가 정신이 온전치 못하니까 길 건너다 교통사고 날까 봐 남편이 찻길 안 건너는 신광교회에 데려다 주었다. 당시에 신광교회는 교육청 옆에 있었다. 그때 나는 제정신이 아닌데도 기도를 했다. 내가 갈 만한 교회, 충성할 수 있는 교회로 나를 인도해 달라고.

처음 신광교회에 갔는데 목사님이 너무나 깔끔하고 잘생겨서(막말로 기생오라비같이 생겼다) 뭐라고 표현해야 할까, 그래서 정이 안 가는 것이다. 나중에 교회 건축하면서 그 잘생긴 모습이 싹 가셨다. 소위 기름기가 빠졌다고 할까? 어쨌거나 나는 신광교회에 등록은 하지 않은 채 일 년에 한두 번씩 몇 년 동안 출석했다.

그러던 중 딸을 낳았다. 바로 그 아이가 경미다. 경미를 낳으면서 심각하게 아팠다. 아들이 죽은 뒤 후유증으로 온 우울증에다 허약 체질까지 되어서 쓰러지기도 했다. 우울증에 빠진 이후로 비 오는 날이나 흐린 날이 좋아졌다. 두서없는 말이지만 우울증에는 '봉사'가 최고 보약임을 깨달았다. 그 힘들던 몸과 마음이 봉사를 하면서 나아졌다. 봉사는 육체적으로 정신적으로 많은 변화를 가져왔다.

1995년 무렵, 2층 건물에 있던 신광교회가 공관 아파트 지하에 있는 이불 공장으로 옮겨 갔다. 교회 건축을 위해 임시로 장소를 옮긴 것이다. 어느 수요일, 가만히 앉아 있는 내게 시어머니가 조심스레 말을 꺼냈다.

"아가, 너 수요일인데 교회 가볼 생각 없냐?"

"지금 몇 시인데요?"

"지금 예배 시작하겠다."

"그럼 한번 가볼까요?"

그때는 신광교회에 대해 아무것도 몰랐고 아는 사람도 없었다. 엎어지면 코 닿을 데니까 가보자는 마음으로 교회에 갔는데 목사님 말씀이 얼마나 좋은지 저녁 내내 했으면 좋겠다 싶었다. 내가 몸이 약해 혼자 앉을 수가 없으니까 뒤에 기대 앉아 있는데 정말이지 저녁 내내 예배가 안 끝났으면 좋겠더라. 그때 하나님 말씀이 내 마음에 다시 들어오면서 정신을 더 가다듬게 되었다.

당시 목사님 댁은 14층이고, 우리 집은 같은 동 2층이었다. 아주 더운 여름, 어느 주일이었다. 예배를 마치고 먼저 올라가는데 사모님이 땀을 흘리며 내 뒤를 따라오는 것이다. 당시에 교인들 점심을 다 목사님 댁에서 해줬는데, 사모님이 교인들 점심을 하러 부리나케 오는 것이었다. 아파트까지 오다 지쳐서 계단에 앉아 있던 나는 사모님이 오시는 모습을 보고 먼저 물었다.

"왜 그리 바빠 올라오신다요?"

사모님이 숨을 헐떡거리며 대답했다.

"내가 교인들 밥을 해줘야 허니까 서둘러 옵니다."

사모님 말씀을 듣고 내가 이렇게 말했다.

"사모님, 내 건강을 위해 기도해 주세요. 내가 건강해지면 그 일을 내가 다 헐게요."

내게 그 말을 들은 사모님은 저녁마다 그 말이 생각나더란다. 그때 사모님은 밤마다 철야를 하셨는데 그 예쁜 젊은 아낙의 말이 계속 귓가에 맴돌더라는 것이다. 자기가 나으면 그 일을 다 하겠다는 그 말이.

바로 그때부터 사모님이 하나님께 작정기도를 했다. 사모님의 그 중보기도가 나를 살렸다. 내게 사모님은 생명의 은인이다. 사모님은 김연숙에게 건강을 달라고 눈물로 기도를 했다. 그 기도 덕분에 내가 교회에 가는 횟수가 점점 많아졌다.

사모님은 그전에도 나를 눈여겨봤다고 한다. 일 년에 한두 번 내가 나타날 때마다 '옆모습이 어떻게 저렇게 조각처럼 예쁠까' 그렇게 생각했다고 한다. 저렇게 예쁘게 생긴 젊은 여자가 제정신이 아니어서 안타깝다고 생각했다고도 한다.

사모님의 기도를 받은 지 얼마 안 되어 여전도회에서 봉사를 하는데 나도 교회에 뭔가를 하고 싶었다. 그래서 내가 차츰 갚기로 하고 여전도회에서 오백만 원을 빌려 건축 헌금을 했다.

그때 교인들이 구역별로 부활절 밥을 했다. 나도 봉사할 것이 있으면 좀 끼워 달라고 부탁했으나 아무도 나를 불러 주지 않았다. 그런데 부활절이 되니 밥이 아주 거하게 나왔다. 그래서 왜 나는 안 끼워 줬냐고 물었지만 교인들은 대략 얼버무리기만 했다. 사실인즉 내가 초신자인 데다 정신적으로도 문제가 있으니까 자기네들이 시험 들까 봐 말을 안 한 것이다. 나는 다시 한 번 간곡히 부탁했다. 나도 꼭 하고 싶으니 앞으로는 일을 좀 시켜 달라고.

시간이 흘러 순종과 봉사가 내면을 치유해 준다는 사실을 절실하게 깨달은 사건이 있었다. 그해 가을, 추석 대목이 되자 여전도회에서 굴비 장사를 했다. 이번에도 나 좀 데리고 갈 수 있냐고 하니 마지못해 끼워 줬다.

사실 나는 평생토록 주일학교 봉사를 하려고 처음부터 마음먹었던 사람이다. 그래서 나는 여전도회가 그냥 엄마들 모임이라고 생각했을 뿐 별반 중요치 않게 여겼다. 여전도회에서 모이자고 해도 그동안은 나와 상관없는 모임이라고 여겼는데, 이번에는 자발적으로 여전도회에 발을 들여놓았다.

여전도회원들이 굴비를 떼 와서 공관 아파트 앞에 좌판을 벌였다. 처음에 나는 "굴비 사세요"라는 말을 하지 못했다. 일절 해본 적 없는 장사를 하려니 더 그랬겠지만 사실은 사람 만나는 게 두려웠다. 누군가가 다가오면 저 뒤로 가서 숨었다가 사람이 사라지면 나오기를 반복하는 사이 박스 전체가 팔려 나갔다. 그러자 나도 팔 수 있겠다는 생각이 들었다. 담력과 용기를 얻은 내 입에서 "굴비 사세요"라는 말이 저절로 나왔다. 굴비 장사가 나의 대인 기피증을 치료해 준 것이다.

한번은 내가 교회 신축 공사장으로 산책을 갔다. 내가 공사장에 오니 인부들이 공사를 하다가 인사를 했다.

"여기 교인이세요?"

"네, 고생들 많으시네요."

"근디 여기 교인들은 교회 짓는데 통 관심이 없소잉. 얼굴 비치는 사람도 없고, 물 한잔 주는 사람도 없소."

"아이고 참말로, 교회를 예쁘게만 지어 주면 뭘 못 하겠어요?"

"그러면 교회 이쁘게 지어줄 텐게 닭을 삶아 줄라요?"

내가 그러겠노라고 약속을 하고 닭을 삶았는데, 아이고머니! 닭이 다 타 버렸다. 그래서 그냥 포기를 했는데 여전히 정신 상태가 아주 건강하진 못 했을 때라 그 일을 아주 까맣게 잊어버렸다.

그런데 그 주에 구역 예배를 드릴 때 목사님이 그 말씀을 하셨다. (당시 목사님은 나를 잘 모르셨다.) 누가 닭을 해준다고 했다는데 아직까지 감감무소식이라고. 그제야 퍼뜩 그 일이 생각났다.

그 사람이 나라고 이실직고하자 우리 권사님이 닭 일곱 마리를 삶아서 가자고 했다. 교회 2층 골조가 다 올라간 날, 닭과 수박을 사서 권사님과 우리 집에서 나누어 죽을 쑤고 이 집사님이 음료수를 사서 교회로 갔다.

그날은 마침 비 내리는, 내가 가장 좋아하는 날씨였다. 아직도 정신이 반쯤 나간 내가 비를 맞으며 애기는 등에 업고 유모차에 닭죽을 싣고 온 구역 식구들과 함께 교회로 갔다. 그때도 나는 제정신이 아니어서 아이를 제대로 건사하지도 못했다. 그런 내가 건강상 도저히 할 수 없는 일을 한 것이다. 정말이지 나는 하나님 말씀을 생각하고 교회에 충성을 다하기 위해서 그 일을 한 게 아니다. 그러기에는 내 정신이 온전치 않았다. 어쩌면 그것은 내 깊은 신앙심 때문이 아니었을 수도 있다. 그러나 내가 할 수 있는 최선을 다해 교회에 무언가를 하고 싶었다. 엄청난 건축 헌금보다도 교회를 짓기 위해 닭죽 한 그릇이나마 정성을 다하고 싶었다.

하나님이 그런 나를 눈여겨보셨을까? 건강하지도 않고, 보잘것없는 인간이 하나님의 성전을 위해 무언가를 하고자 하는 중심을 보신 듯하다. 옷이 다 벗겨지도록 하나님을 찬양하고 예배했던 다윗의 모습을 기뻐하셨듯이 교회를 위해 무언가 하려는 내 모습을 하나님이 보신 것 같다. 바로 그 닭죽 사건이 내가 치유되는 또 한 번의 결정적 계기가 되었다. 지금은 닭을 태운 게 번제가 된 것인가 하는 농담도 한다. 어쨌든 그날 이후 나는 급격히 건강을 회복했다.

잠시 가족 이야기를 해야겠다. 내 남편과 시어머니 그리고 시아버지까지 온 가족이 죽은 내 아들, 택주의 기도대로 모두 하나님 앞에 나왔다. 우리 택주가 하늘로 가면서 집안을 다 전도한 셈이다. 아이의 사고 이후, 나를 정신병원에 보낼 때 어머니가 말씀하셨다.

"내가 너한테 졌다. 내가 져야지 이겨서 뭘 하겠냐?"

그 말씀 끝에 집에 다녀오시더니 이렇게 말씀하셨다.

"내가 태울 것 다 태와 부렀다. 묵주, 경전 같은 것 다 태웠다."

그 뒤로 어머니는 신앙생활을 시작하셨다. 그때부터 새벽기도 한번 안 빠지신다. 지금은 교회 일이라면 무슨 일이든 다 하시는 충실한 집사님이 되었다. 또 며느리는 교회에서 아예 살도록 내놓았다. 내가 교회에서 일한다고 하면 며칠을 있다가 집에 들어가도 상관치 않으신다. 비록 믿음의 뿌리가 깊지는 않지만, 내가 교회에 충성을 하니 시어머니도 함께 봉사를 하신다. 참 감사한 일이다.

나중에 시아버지도 교회에 다니시다가 8년 전, 내가 마흔다섯 살에 낳은 성준이가 배 속에 있을 때 돌아가셨다. 참으로 놀라운 하나님의 은혜다.

하나님께서는 하나를 데려가시고 셋을 주셨다. 1992년생 경미, 그리고 성빈이, 성준이. 택주 이후로 아이가 생기질 않아서 백일기도를 했다. 그때 시어머니가 나를 데리고 새벽기도를 계속 다니셨다. 경미는 그 백일기도 끝에 얻은 아이다.

늦둥이 막내를 갖고는 꿈을 꾸었다. 내 꿈에 평생 안 나타나는 목사님과 사모님이 꿈에 나타났다. 목사님이 3학년 정도 되어 보이는 아이 하나를 내게 안겨 준다. 조각처럼 잘생긴 그 아이는 꼭 죽은 내 아들 같았다. 꿈속에서 나는 과부고 아이는 과부의 아들이다. 목사님이 아이를 껴안으면서 너는 특별한 아이라고 축복해 준다. 나는 꿈속에서 아이가 너무 잘생긴 것에 감탄했다. 꿈을 깨고 나서 이게 무슨 좋은 꿈일까 그랬다. 알고 보니 그때 배 속에 새 생명이 생긴 것이었다. 당시 내 나이가 많고 남편도 반대해서 그 아이를 유산시키려 했지만 지금은 그 아이 덕분에 행복하다.

남편은 시아버지가 돌아가실 무렵 신앙생활을 시작했다. 한때는 내가 자기 어머니를 이겨 먹었다며 나를 증오했고 교회도 증오했다. 물론 지금은 그렇지 않다. 또 폭행했던 것도 이젠 과거 일이 되었다. 남편은 8년 전에 전기 사업을 하다 전라북도 정읍의 폐교된 초등학교를 얻어서 기술학교를 세웠다. 그러나 학교가 곧 망했고, 그 일로 하나님이 남편을 불러내셨다.

결혼 초기에 비하면 지금은 몹시 행복한 나날이지만, 내 지난 세월의 아픔이 너무 커서 골고다 언덕을 노래하는 고난의 찬송들이 참 좋다. 특히 내가 중보기도로 일어난 사람이라 그런지 지금도 "누군가 널 위해 기도하네"라는 찬양을 부르면 눈물이 난다.

남편이 믿지 않는 동안 헌신이 쉽지 않았다. 아직도 남편은 헌금에 대해서는 잘 이해를 못 한다. 그래서 남편이 알게 한 일도 있고 모르게 한 일도 있다. 나의 이야기가 세상에 나올 무렵에는 남편이 충실한 주님의 종이 되어 있지 않은 한 나에게 크게 화를 낼지도 모른다. 나의 헌신에 대해 남편이 나와 함께 기뻐하고 감사하고 경

밥보다 예수

100

배하기를 바라면서 이야기를 계속 이어 가겠다.

일반적으로 교회가 가장 어려움을 겪을 때가 바로 건축할 때일 것이다. 우리 교회도 마찬가지였다. 건축으로 인해 노회에서도 알력이 들어온 적이 있다. 그러나 나를 중심으로 서너 명이 이 문제를 막았다. 노회에 가서 싸우기도 하여 결국 우리가 이겼다. 나는 이 교회의 주축이 아니었음에도 우리 교회와 목사님을 지키려고 목숨을 걸었다. 이때 우리가 얻은 교훈이 있다. 교회를 위해 서너 명만 목숨을 걸면 반드시 교회가 산다는 것이다. 의인 열 명만 있었어도 소돔과 고모라가 구원받을 수 있었던 것처럼, 교회를 위해, 하나님을 위해 목숨 바칠 서너 명이 있으면 반드시 교회는 산다.

사람들은 나더러 믿음의 그릇이 큰 일꾼이라고 하는데 나는 그 정도 사람이 못 된다. 단지 내가 할 수 있는 한 최선을 다할 뿐이다.

1996년, 내가 아직 아픈 상황일 때 여전도회에서 벧엘수양관으로 기도회를 갔다. 몸이 아픈 나는 가장 늦게 버스에 타서 자리에 앉자마자 불쑥 이런 말을 했다.

"저는 지금 일 시키지 마세요. 그냥 비축한 쌀로 생각하세요."

이렇게 생각지도 않은 말이 나왔다. 누가 나더러 뭘 하라고 한마디 말도 안 했는데 그야말로 뜬금없이 그런 말이 튀어나온 것이다. 그런데 그 말이 또 씨가 되어서 오늘까지 내가 이 교회의 비축미(備蓄米) 역할을 하고 있다. 나는 이 교회의 비상식량인 셈이다.

나는 가끔 "내가 비축한 쌀 역할 잘했냐?"고 농담을 한다. 나를 자랑하기 위해서가 아니라 하나님을 자랑하기 위해서 내가 그동안 비축한 쌀로서 활동한 이야기를 좀 해야겠다.

나는 현재 우체국 보험회사에 다니고 있다. 이 일을 하게 된 사연은 나중에 밝히기로 하고 일단 과거로 거슬러 올라가 보겠다.

화순 읍내에 있던 교회가 규모가 커지자 재직회 끝에 교회 건축을 선언했다. 그러자 이른바 돈 있고 생각 많은 사람들은 교회를 떠났다. 목사님은 떠나는 이들을 일일이 찾아가 예배드리고 축복기도까지 해서 보내드렸다. 그런 면에서 목사님은 참 대단하신 분이다.

당시는 내가 몇 개월에 한 번씩 교회에 나갈 때였다. 오랜만에 가서 보면 교인이 없어지고, 또 몇 개월 뒤에 가서 보면 또 없어지고, 다시 6개월 있다 가니 노인 몇 분만 남아 계셨다. 교회를 지을 만한 사람은 다 사라지고 재직들조차 교회를 떠났다. 그런 상황에서 내가 신광교회에 들어간 것이다.

교인들이 건축을 작정한 뒤 교회를 떠나 버리는 바람에 재정에 무리가 왔다. 목사님은 전세 살던 아파트까지 빼서 건축비를 대느라 사택을 얻지 못하셨다. 그래서 온 가족이 유아실에서, 다 큰 자녀와 한 방에서 살았다. 그때 나는 사모님과 교회에서 매일 밤 기도했다. 당시 나는 33평 집에 살았는데 남편 사업이 잘 풀려 45평을 사려고 기도하는 중이었다. 그런데 기도 중 이런 음성이 들렸다.

"참새도 제 집이 있고 여우도 굴이 있는데 인자는 머리 둘 곳이 없느니라."

나는 이것이 하나님의 음성이었다고 생각한다. 그 음성을 듣고 교회를 둘러보니 유아실에 불이 켜 있다. 커튼이 쳐져 있는데 불빛 사이로 안을 보니 가구 배치가 다 보인다. 목사님 가정의 온 가족이 사택도 없이 단칸방에서 저렇게 살고 있다는 사실에 밤새 울면서 기도했다. 나는 그때 '목사님과 사모님은 저 열정으로 다른 일을 하면 될 텐데 굳이 목회를 하는 이유가 무엇일까'를 생각했다. 그분들이 저 유아부 단칸방에서 사는 까닭은 다 하나님 나라를 위한 것이다. 그런데 우리만 잘 먹고 잘살 수는 없는 노릇이었다.

그 무렵 내가 사모님, 목사님을 모시고 고흥으로 낙지를 먹으러 갔는데 사모님이 이가 없어서 낙지를 드시질 못했다. 이가 없이 살아야 할 만큼 가난했던 것이다. 씹을 수가 없으니 낙지가 바로 입에 붙어 버렸다. 그 모습을 보자 죽은 아이의 돌 반지가 생각났다. 그 당시에는 돌 반지가 그렇게 비싸진 않았다. 그 반지 대여섯 개를 화장지에 싸서 사모님께 드렸다.

내가 우리 중보기도 팀에서 이렇게 말했다. 내 기도가 이러저러 했는데 하나님께서 이 말씀을 주셨다. 목사님 댁을 봐라. 가슴이 아프다. 그랬더니 기도대원들이 내 말을 귀 기울여 듣고 헌금을 모아서 공관 아파트에 전세를 얻어 드렸다.

목사님 댁이 이사를 나가실 때 기도대원들이 냉장고, 에어컨 등 필요한 것들을 사드렸다. 그때 내가 천만 원을 헌금했다. 당시 화순의 33평 아파트가 4천만 원도 안 할 때여서 천만 원만 보태면 45평을 살 수 있던 상황이었다. 사실 이것은 천기누설이다. 남편이 알면 나는 죽는다. 하지만 어쩌겠는가? 앞서 말했듯 이 글이 나올 때쯤 남편이 감동해서 이 이야기를 듣고 오히려 칭찬하기를 기도해야지.

지금도 그렇지만 사업이 잘될 때도 남편은 생활비로 딱 200만 원만 줬다. 게다가 가계부 검사를 했기에 마음대로 돈을 쓸 수도 없었다. 지금은 물론 검사를 안 한다. 당시에는 가계부 검사할 때 돈을 어디에 썼는지 확인하기에 십일조를 항상 장롱에 감춰 두었다. 지금도 십일조하는 것에 대해 시어머니도 모르고 남편도 모른다. 시어머니는 다른 봉사는 잘해도 십일조나 헌금에 대해서는 아직도 잘 이해하지 못한다.

나는 그때 아이만 보고 있었으니 돈이 나올 구멍도 딱히 없었다. 그런 내가 정 권사님께 돈을 빌려 천만 원을 헌금했다. 그 돈을 갚으려고 남편에게는 돈을 벌겠다고 하고선 분식 가게를 열었다. 분식집을 해서 천만 원을 갚으려 했으나 분식 가게가 잘되지 않아서 결국 가게를 닫고 보증금 들어간 것을 받아서 헌금 천만 원을 갚았다. 남편에게는 가게를 다 털어 먹었다고 거짓말을 했다.

거짓말은 나쁘지만 목사님과 사모님이 내 생명의 은인이기에 그렇게 할 수밖에 없었다. 내 생명이 적어도 천만 원보다는 비싸지 않겠는가? 더구나 그분들이 목사님과 사모님이기 전에 하나님의 종임을 생각하면 그렇게 하고도 남음이 있다. 남편도 언젠가 이해하게 되기를 기도한다.

내가 기도를 하면서 남편은 계속 축복을 받았다. IMF 시절의 일이다. 당시 수표나 어음은 종이나 다름없었다. 한데 우리 집은 부도난 어음이 없었다. 남편은 모르겠지만 나는 어음을 들고 늘 기도했다. 그때 돈을 번 것은 모두 기도 덕분이다.

나는 또 천만 원을 작정했다. 그리고 이번에는 슈퍼마켓을 열었다. 이번에도 장사가 안 되어 가게를 닫고 그 가게의 보증금으로 또 헌금을 했다. 말하자면 돈을 벌기 위해 가게를 차린 게 아니라 헌금을 하기 위해 가게를 했는데, 보증금 밑지지 않고 그것으로 헌금을 했으니 그 또한 하나님의 뜻일 것이다.

그 뒤로는 남편이 하나님 앞에 매우 큰 복을 받고 있음에도 온전한 십일조를 못 한 채 생활비 200만 원에 대한 십일조만 했다. 그래서 못 드린 십일조 대신 천만 원을 또 헌금했다. 나로서는 상상할 수도 없는 헌금이었다.

이제 우체국 보험에 다니게 된 사연을 풀어놓을 차례다. 그 이야기는 2010년으로 거슬러 올라간다. 당시 우리 교회 차가 너무 낡고 썩어서 도저히 탈 수가 없었다. 그러나 목사님은 아무 말씀도 하지 않으셨다. 그때 내 생활은 몹시 비참한 상황이었다. 남편 사업이 망해서 하루하루 생활하기 급급했기에 근근이 버티며 사는 게 기적인 상황이었다. 그 와중에 하나님이 더 큰 기적을 보여 주셨으니 내가 감사하지 않을 도리가 없었다. 그래서 감사헌금으로 2,500만 원짜리 봉고차를 사고 그 차량 대금을 갚으려고 보험을 시작했다.

하나님이 보여 주신 그 기적은 도무지 믿기 힘들다. 2009년에 우리 집은 십 원 한 푼도 남기지 않고 쫄딱 망했다. 남편이 전라북도 정읍에 학원을 열어 돈을 벌었으나 그 학원이 망하면서 남은 돈이 7천만 원이었다. 그때 우리 시누이가 다단계를 했는데, 그 돈 7천만 원 전액을 한꺼번에 넣었다. 그 돈이 엄청나게 불어 2억 3천만 원이 되었다. 그러나 머잖아 엄청난 다단계 사건이 터져 통장에 있던 2억 3천만 원이 흔적도 없이 사라져 버렸다. 내가 정말로 다시 정신병원에 가야 하나, 아니면 아이들 먹을 것을 구하러 거리로 나가야 하나를 고민해야 하는 참으로 기가 막힌 상황이 되었다.

한번은 학교 식당에 식중독 사태가 나서 전체 급식이 안 되니 각자 김밥을 싸오라고 했다. 아이 김밥을 싸주려고 온 집안을 뒤지니 겨우 7백 원이 나왔다. 김밥 쌀 돈이 없는 것이다. 눈물을 머금고 아이에게 말했다.

"아가, 오늘은 그냥 물 먹어라."

참 기가 막힐 노릇이었다. 아이 밥을 못 싸줘서 물을 마시라고 하는 어미의 심정을 당해 보지 않은 사람이 알기나 할까. 다른 아이들 밥 먹는데 내 새끼 혼자 물로 배 채울 것을 생각하면 눈물이 앞을 가렸다.

그런 상황에서 내가 어딜 가나, 생각하는데 붕어빵 장사가 떠올랐다. 문득 붕어빵 장사를 하면 되겠다는 용기가 생겼다. 놀라운 일이었다. 부잣집 딸로 자랐던 나는 붕어빵 장사를 하찮게 생각했었다. 그런데 그들이 얼마나 참담한 일을 당했으면 리어카를 끌고 나가 붕어빵을 팔 생각을 했을까 헤아리게 되면서 붕어빵 장사하시는 분들을 위대하게 보게 됐다. 내가 바로 그 상황이었다. 먹을 것도 없고 돈도 구할 수 없는 형편 말이다.

일단 먹고살 도리를 찾아야 했다. 마침 공관 아파트 게시판에 가게를 내놓는다는 꽤 오래된 광고가 있었다. 그동안은 관심도 안 가졌던 광고였는데 그날따라 눈에 확 들어왔다. 그래서 핸드폰에 번호를 저장한 다음, 누가 볼세라 얼른 껐다. 붕어빵 장사가 위대해 보이면서도 정작 눈앞에 닥치니 그것조차 누가 볼까 창피했던 것이다.

빈 가게를 얻어 식당이라도 해볼까 하고 집에 와서 전화를 했다. 가게 주인과는 평소 안면을 튼 사이였다. 다행히 가게는 아직 나가지 않고 있었다. 그래서 주인에게 부탁을 했다.

"내가 생각을 좀 해야겠으니 일주일만 말미를 줄 수 있어요? 할 수 있을지 없을지는 그때 가서 말씀드릴게요."

"네, 그러면 내가 일주일 기다릴게요."

그런데 다음 날 가서 보니 그 가게 광고가 없어져 있었다. 그래서 나는 가게가 나간 줄 알고 다시 전화를 했다.

"오늘 보니 딱지가 없어졌대. 가게가 나갔나 봐?"

그랬더니 대뜸 "언니가 한다고 했잖아요" 그런다. 나는 당황했다.

"내가 한다는 게 아니라 말미 좀 달라고 했지. 결정할 때까지."

그랬는데 그쪽에서는 내가 분명히 한다고 했다는 것이다. 어쨌든 광고를 뗐으니 내가 하라는 하나님의 뜻이다 싶어서 그 가게를 인수하여 일하게 되었다.

그 가게에서 놀라운 역사가 일어났다. 나중에는 하루 60만 원도 벌었다. 나는 과거에 부식 가게도 해본 경험이 있어서 소고기, 돼지고기도 재서 팔았다. 과일과 채소 장사도 더불어 했다.

솔직히 가게를 시작한 초반에는 내 삶이 너무나 곤고하고 참담했다. 그래서 하나님을 부여잡고 기도했다.

"아버지, 오십 평생 내 믿음의 결론이 이것이라면 저는 너무 억울합니다. 제가 울지 않을 수 없습니다. 제 믿음이 잘못된 겁니까?"

역설적이게도, 서러움에 북받쳐 기도하면서 날마다 우는데도 먹기는 가장 잘 먹었다. 반찬거리고 쌀이고 항상 남았다. 오십 평생 살면서 이제껏 먹어 보지 못한 각종 과일도 다 먹고 소고기도 매일 먹었다. 오죽하면 내가 망했다는 사실을 망각할 정도였다. 친정에서도 이렇게 잘 먹어 본 적 없는 나로서는 그때가 내 인생 최고의 호황기였다. 허허, 10원도 없는 형편이 최고 호황기라니, 하나님은 참 재미있는 분이다. 매일 울면서도 가장 잘 먹고 잘살게 해주셨으니까.

거의 3개월간을 울다시피 하다가 가게를 연 지 한 달쯤 되었을 때 사모님이 오셨다. 그 사모님이 하시는 말씀이 옛날 개척교회 때 어떤 사람이 날마다 십일조를 했는데 굉장히 잘살게 되었다며 십일조가 축복의 근원이라는 것이었다. 그 말씀을 듣고 나도 십일조를 해야겠다고 생각했다. 얼마를 할까 생각하다가 날마다 2만 원을 하겠다고 결정했다. 십일조는 내가 번 금액의 십분의 일인데 돈을 못 번 날에도 떼기로 했다. 그러니 실제로는 십일조보다 훨씬 많은 돈을 헌금하게 된 셈이다.

그 2만 원을 온전히 하기까지 3개월 걸렸다. 주일날은 일을 안 하니 날마다 2만 원이면 일주일에 12만 원이다. 처음에는 이만 원을 떼면서 이런 생각을 하기도 했다.

'이 기막힌 상황에서 매일 2만 원이라니. 내가 괜히 사모님 말씀을 들은 거지. 2만 원이 아니라 2천 원으로 할 걸. 하나님, 2만 원은 너무 많아요. 2천 원만 하면 안 될까요?'

그런데 전라도 말로 2천 원은 너무 짜잔한 것 같다. 그래서 '5천 원으로 정했으면 좋을 것을' 이렇게 생각했다. 우리 형편에 날마다 5천 원씩도 굉장히 큰 돈이었다. 그런데 그것도 좀 짜잔한 것이다. 그러면 또 '만 원만 할걸 괜히 2만 원을 했지' 그렇게 생각했다. 진심으로 온전히 하루에 2만 원씩을 헌금하기까지 3개월이 걸렸다.

나는 3개월이 될 때까지 헌금을 세보지 않았다. 그것을 떼어먹고 싶은 마음이었던 것이다. 일주일에 12만 원을 넣어야 하는데 어떤 때는 8만 원을 넣기도 했다. 돈을 적게 넣고는 일부러 세지 않았던 행동이 하나님 보시기에 아주 불량스러웠을 것이다. 어쨌든 나는 날마다 넣는 그 2만 원이 너무 아까웠다.

3개월에 접어들면서 '설사 2만 원이 안 벌려도 반드시 2만 원을 헌금하겠습니다'라고 다짐했다.

그렇게 1년을 했다. 그런데 인간은 정말 물질 앞에 나약한 존재다. 하나님이 나에게 엄청난 선물을 주셨는데도 나는 2만 원을 내는 게 그토록 아까웠던 것이다.

사모님이 나더러 십일조를 하라고 말한 그다음 주일에 처음으로 헌금을 했다. 그 말씀 듣고 나흘 만에 했으니 8만 원이었다. 일주일도 채 안 된 주일, 딱 한 번 헌금을 한 그날 놀라운 일이 벌어졌다.

남편이 사무실에 가서 컴퓨터로 확인하니 아주 친한 친구가 보성군청 7억짜리 공사에 낙찰되어 있었다. 원래 남편은 절대로 아쉬운 소리를 안 하는 사람인 데다, 친구에게는 더더구나 아쉬운 말을 하지 않는다. 그런데 무슨 마음이었는지 친구에게 대뜸 전화를 해서 용건만 말했다고 한다.

"야, 너 공사 큰 것 땄구만. 축하한다. 그 공사 나 주라."

그랬더니 그 친구가 두말없이 7억 공사를 준 것이다. 그 공사는 나중에 설계 변경을 해서 10억 공사가 되었다. 내가 그 작은 돈 8만 원을 마음먹고 헌금한 날, 그것도 딱 한 번 드리자마자 10억 공사가 우리에게 주어졌다. 살아 계신 하나님이 내 기도를 들으신다는 사실을 그렇게 증명하셨다. 그 덕에 나는 그 헌금을 1년 동안 채운 후, 더 이상 장사를 하지 않게 되었다.

나는 그 일이 감사해서 2,500만 원짜리 차를 헌금했다. 우리 신랑은 모르지만 나는 왜 10억 공사를 하게 되었는지 아니까. 하나님께 무엇을 더 달라는 것이 아니라, 그저 나를 살아가게 해주신

게 감사하다. 단지 그게 감사할 뿐이다.

나는 예수님 발에 향유를 부어 드린 여인의 마음으로 지금까지 하나님께 가진 것을 드렸다. 이 이야기는 나를 자랑하기 위함이 아니고 사람들이 조금이라도 나와 같은 마음으로 교회에 헌신하기를 바라는 마음에서 하는 것이다.

하나님의 역사는 위대하다. 하나님께서는 나를 단련하신 후에 정금같이 만들어 주셨다. 그 은혜와 감사를 이 글을 읽는 분들이 함께 누릴 수 있기를 소망한다.

사실 남편에게 이 사연들을 비밀로 하는 것이 좋다고 생각진 않는다. 그러나 내가 이 이야기를 남편에게 하면 나는 정말로 죽을지 모른다. 하지만 내가 정말로 원하는 건 남편의 구원이고 우리 가족의 축복이다. 남편이 나의 이 마음을 알아주길 바랄 뿐이다.

내가 전도한 후배들과 자녀들에게 꼭 해주고 싶은 말이 있다. 사도 바울이 자기 믿음을 본받으라고 했듯이, 내가 비록 교만하고 흠도 많지만 하나님에 대한 나의 열정적인 마음만은 본받으라고 하고 싶다. 내 단점은 다 빼고 하나님을 향한 내 열정만.

현재 우리 교회 교인은 80명 정도다. 교회를 건축하면서 적지 않은 빚을 졌다. 교회에 대한 나의 소망은 건축으로 인한 남은 부채를 청산하는 것이다. 우리 교회를 떠난 장로님 한 분이 새로 옮기는 교회에 빚이 있는지를 물어본 뒤에 교인 등록을 했다고 한다. 그런 분들이 점점 늘어나는 것 같아서 안타깝다.

나는 에스더처럼 죽으면 죽으리라는 각오로 신앙생활을 해왔다. 그래서 무서운 게 없었다. 비록 육신은 멍들었고 마음은 상처투성이였으나 그 각오 하나로 오늘에 이르렀다. 또 내가 전혀 알지 못하는 분야일지라도 뛰어들어서 배웠다. 내가 하지 못하는 일이 있다면 그것은 못하는 게 아니라 안 하는 것이다. 믿는 자에게 능치 못함이 없다고 하면서 실천하지 않는 것은 모순이다. 믿는 자는 눈에 보이면 뛰어들어서 배우고 익혀 자기 일로 만들어야 한다.

꽃꽂이를 배운 적이 없는 내가 13년 동안 교회 꽃꽂이를 하고 있다. 금요일이면 광주에 가서 꽃을 사와 토요일에 장식을 한다. 비용이 많이 들기에 남들이 버리는 꽃을 주워 오는 경우가 더 많다. 꽃꽂이 봉사는 교역자와 똑같이 호흡해야 한다. 교역자가 예배에 한 주도 빠질 수 없듯이 꽃꽂이 봉사자 역시 한 주도 빠질 수 없다.

나는 1종 보통 운전면허를 갖고 있다. 1종을 딴 이유는 교회 봉사를 하려면 승합차를 몰아야 하기 때문이다. 그 생각 하나로 1종을 땄다. 다시 한 번 말하지만 내가 못하는 일이 있다면 그것은 안 하는 것이지 못하는 것이 아니다.

돌이켜 보면 나는 청년 때 하나님을 정말 깊이 만났다. 흔히 하는 말로 인격적인 하나님을 그때 만났다. 내가 종소리를 듣고 교회에 나갔던 그 순간에 하나님을 나의 친아버지로 만났다. 내가 만난 하나님은 내 육신의 아버지보다 더 따뜻하고 더 애틋했다.

나는 친정아버지와 오손도손 대화해 본 적이 없다. 아버지는 밥상도 늘 따로 받으셨기에 아버지랑 겸상해 본 적도 없다. 게다가 늘 바쁘셔서 얼굴 본 적도 드물다. 내 아버지는 늘 무서운 존재였다.

그런 나에게 하나님은 너무나 따뜻하고 편안한 분으로 다가왔다. 하나님이 내 아버지니까 교회 일도 내 집 일인 것이다. 그러므로 나는 교회일이라면 무엇이든 가리지 않고 한다.

처녀 때의 일이다. 새벽기도를 가려는데 유령이라도 나올 듯 거센 눈보라가 치고 있었다. 그래도 교회까지 가겠다고 담대하게 생각하면서 집에서 나와 가로등 밑에서 잠시 성경을 보았다. 그때 '깨어 일어나 기도할지니라'는 말씀이 눈에 들어왔다. 그 이후 나는 마음의 중심에 '깨어 일어나 기도할지니라' 이 말씀을 새기고 살았다.

한번은 공중에서 네 갈래로 내 양쪽 손발을 다 묶고 있는 쇠사슬이 갑자기 풀리는 꿈을 꾸었다. 그 꿈 이후 죄의 사슬이 끊겼다는 찬송이 너무나 실감났다. 나는 죄의 사슬에 묶여 있다가 예수님의 보혈의 피로 자유를 얻은 목숨이다. 이전 것은 지나갔으니 보라 새것이 되었도다. 그게 바로 나의 모습이다.

하나님은 이처럼 나를 죽인 후에 다시 살려 내는 과정을 꿈으로 보여 주셨다. 이를 통해 하나님이 나를 쓰려는 작업을 계속하신 것이다. 나 또한 하나님이 쓰고자 하시는 대로 쓰임 받기를 원한다.

내 소망은 우리 가정이 화목하고 굳센 믿음을 갖게 되는 것이다. 특히 아이들이 믿음의 군사가 되기를 바란다. 또 가족 간의 상처가

죽을 각오로 내 몸이 일하면 교회가 산다

회복되길 소망하고 있다.

어느 어머니나 마찬가지겠지만 시어머니도 자녀를 위해 많이 희생하며 사셨다. 사실 시어머니가 어린 시절에 엄마를 잃은 이야기는 몹시 가슴 아파서 내가 안아 주고 싶을 정도다. 또 실향민인 우리 시아버지가 명절만 되면 이불 뒤집어쓰고 우시는 모습을 보면 나도 가슴이 아팠다.

남편은 둘도 없는 효자다. 그는 어머니와 나의 삼각관계에서 어머니께는 탓하지 못하고 나에게만 화를 냈다. 그러면 나는 상처 받아서 그만 살고 싶은 마음도 들었다. 하지만 남편은 어머니와 아내, 둘의 말을 다 들어야 하니 얼마나 쌓인 게 많을까 싶다.

남편이 모르는 내 마음이 있다. 시어머니는 종종 "네가 이 집에 와서 한 것이 무엇이 있냐"고 하신다. 생각해 보면 내가 한 것이 없다. 어머니가 다 하신다. 집에서 나는 하숙생이나 다름없다. 아이들 관리까지 어머니가 하시는데 나까지 끼면 복잡하고 시끄러우니까 가만히 있다 보니 결과적으로 내가 한 일이 없는 셈이다. 사실은 그게 나에게 상처다. 나도 내 가정에서 내 역할을 하고 싶으니까.

나는 싸울 때마다 보따리를 싸뒀다. '나 서울에 가서 가볍게 좀 살고 싶다, 진짜 갈라서야 해' 그런 생각을 하면서……. 그런데 하필이면 이번 주에 목사님 생신이다. '목사님 생신 꽃꽂이만 하고 가야지' 하고서 그다음 주가 되면 또 아동부 행사가 있다. 그러면 이번에 또 '아동부 행사만 하고 가야지' 그런다. 행인지 불행인지 하나님 일이 나를 이 가정에 붙들어 놓았다. 그 결과 이 가정에 복음이 들어왔으니 얼마나 놀라운가! 하나님은 참 묘한 분이시다.

나는 남편의 마음이 하나님의 은혜로 봄눈 녹듯 어서 녹아내리기를 기도한다. 막내 성준이는 "아빠, 어서 교회 나와"라고 자주 말한다. 성준이를 통해서 아빠가 구원되리라 믿는다.

너무도 처절한 상황 속에서 종교 문제로 인해 시댁 사람들과 소통이 안 되고 내 편이 아무도 없었을 때, 나에게는 오직 하나님뿐이었다. 앞으로 하나님이 내 살아온 길을 회복시키지 않으면 너무 서러울 것 같다. 그래서 나는 기도하고 소망한다. 내 가족과의 회복의 시간이 오기를.

나는 결혼 초에는 생명을 불사하고 주일을 지켰다. 그런데 지금은 삶이 좀 편해지고 늙으니까 불굴의 투지나 의지가 좀 잦아들었다. 고난 속에서 믿음이 더 강해지는 것은 부정할 수 없는 사실이다. 그렇기에 고난은 곧 축복일지도 모른다. 그래도 내 믿음이 약해진 것은 아니다. 지금은 오히려 나의 매일이 주일이다. 옛날에는 주일에만 예배를 드렸지만 지금 나는 매일이 주일이라고 생각하며 하나님을 만난다.

그럼에도 내 안에는 남편에 대해 쌓인 과거의 분노가 잠재되어 있다. 그래서 참다 참다 싸우면 겉잡을 수 없이 격해진다. 만일 내가 신앙을 안 가졌으면 술 중독이 되었을 것이다. 하지만 내게는 하나님이 계시기에 세상 사람들처럼 중독자가 되지 않고 자살도 하지

죽음 가오로 내 명이 일하면 교회가 산다

않고 지금까지 살아왔다.

내 보물인 큰딸은 지금 대학교 2학년이다. 내게 너무나 대견한 아이다. 딸은 엄마 아빠에게서 본 것이 오직 싸움뿐이라고 한다. 언젠가 나는 남편과 함께 우리 아이들 앞에 무릎 꿇고 눈물로 빌고 싶다. 말로만이 아니라 진심으로……. 너희들에게 상처 준 것이 정말로 미안하다고 말하면서 용서를 빌며 아이들의 상처받은 가슴을 치유해 주고 싶다. 그게 내가 아이들에게 가장 하고 싶은 일이다.

또 단 하루만 살더라도 남편에게 꼭 듣고 싶은 말이 있다.

"당신 정말 안쓰러워. 나를 만나 정말 고생했어."

이런 이야기를 서로에게 해주면서 같이 위로하고 회복하는 시간이 꼭 왔으면 좋겠다.

나는 그 무엇과도 하나님을 바꿀 수 없다. 물론 아이가 죽었을 때 하나님을 원망한 적도 있다. "하나님, 내가 무슨 잘못을 했다고 이런 시련을 주십니까? 안 믿는 사람도 잘들 살고 있는데 믿는 나에게 왜 이런 시련을 주십니까" 하고 원망했다.

비록 내 고통이 욥의 고통만은 못하지만, 그래도 나는 지금도 힘들고 어려운 고난의 세월을 노래한 찬송을 좋아한다. 뒤돌아보고 싶지 않은 과거가 위로 되기를 바라기 때문이다. 내가 한 일의 대가를 바라는 것은 아니지만 나는 인간이니까, 믿음은 바라는 것들의 실상이요 보지 못하는 것들의 증거라는 말씀대로 내 눈앞에서 아이들의 회복과 남편의 구원과 헌신이 이뤄지길 바란다.

누군가 그랬다. 부부 관계가 너무 좋으면 하나님께 올 필요가 없다고. 하나님께서는 친정아버지에게 못 받은 사랑은 물론 남편과 시댁이 나에게 덜 준 사랑까지 아낌없이 쏟아부어 주셨다.

어느 날 저녁, 교회에서 집으로 걸어오는데 뜨거운 눈물이 났다. 그때 하나님께 기도했다.

"아버지, 저에게 이런 믿음을 주셔서 감사합니다. 저에게 이런 환경을 주셔서 참으로 감사합니다."

내가 살아온 모든 순간이 너무나 감사했고, 내 삶의 모든 조건도 참으로 감사했다. 만일 내가 안락하게 살고 있었다면 굳이 교회를 이토록 열심히 다녔겠는가? 그래서 나는 이렇게 기도했다.

"하나님! 다른 사람이 겪지 못한 그 모든 일들을 겪게 하시어 내 믿음 잃지 않게 하신 하나님, 이렇게까지 예수 믿게 하신 그 은혜 감사합니다."

그 저녁에 나는 처음으로, 내 생애 처음으로, 내 아들을 데려간 사건에 대해 감사기도를 드렸다. 만일 내 아들이 안 죽고 살았으면 나는 지금보다 더 잘살았을지도 모른다. 하지만 하나님은 모든 것, 좋은 것이건 나쁜 것이건 그 모든 것을 합력하여 선을 이루시는 분이시니, 내가 어찌 감사하지 않을 수 있겠는가?

화순의 여관에서 아침 일찍 일어나 창문을 열고 하늘을 마주한 채 묵상했다. 묵상 주제는 출애굽기의 만나 사건이었다. 묵상 중에 이런 마음을 주셨다. '만나가 광야에서 내리므로 모래랑 섞여 있을 텐데 그래도 필요한 만큼 만나를 가져가라.' 그래서 '오늘 무엇이건 주시는 대로 받겠습니다.' 이렇게 기도하고 여관을 나섰다.

나는 주로 70~80대 할머니, 할아버지를 취재하려고 했다. 그래야 평생을 헌신한 이야기를 들을 수 있으니까. 그런데 김연숙 권사님을 만나고 보니 너무 젊다. 순간 실망감이 들었다. 그렇지만 오늘 아침 묵상한 내용을 다시 상기했다. 하나님이 주신 만나는 내가 원하는 양식이 아니라 하나님이 '주시고자 하는 양식'이다. 그래, 내가 원하는 것을 받는 게 아니라 하나님이 주시는 것을 받는 것이지.

말씀에 순종하는 마음으로 인터뷰를 시작했다. 간증 내내 감동의 도가니였다. 정말 놀라운 간증이었다. 너무나 감사했다. 내가 하나님이 주신 것에 순종하면 하나님은 늘 알아서 해주신다. 그래서 순종이 제사보다 나은가 보다. 간증을 들으면서 나도 눈물을 흘렸다. 너무 가슴 아프고 슬프기도 하지만, 성령의 역사가 함께한 감동의 사연이었다. 기록하고 정리하면서도 몇 차례나 일손을 놓고 숨을 몰아쉬어야 했다.

김연숙 권사님은 죽으면 죽으리라고 결단한, 이 믿음을 가진 이가 네 명만 있다면 교회가 산다고 주장한다. 이 글을 볼 즈음에는 남편이 온전히 헌신하게 되었기를 기도드린다.

부족한 나에게 맛있는 식사를 베풀어 주신 허종필 목사님과 사모님께도 감사드린다.

오매, 그렇게 좋은 예수
나도 믿을라요

국경희 권사 • 1928년생
전남 담양군, 금성교회

"허허 참, 내 인생 이야기? 추접스러. 그래도 굳이 이야기를 하라고? 그라믄 예수님 만난 이야기부터 헐까요? 호호."

우리 친정은 방에 팔뚝만 한 부처를 두고 사는 불교 집안이었다. 그런데 내가 일곱 살일 적에 조삼수라는 동네 총각이 돈 10전을 나누어 주며 교회로 어린이들을 데리고 갔다. 철없는 나도 그 돈을 보고 교회에 따라갔다. 그 10전짜리로 과자를 사 먹으라는 줄 알고 가게에서 눈깔사탕 두 개 사서 먹는 재미로 교회에 갔다. 물론 헌금은 안 했다. 그러다 차츰 성장하면서 더 이상 교회에 안 다녔다.

스물둘 되던 해 초에 결혼을 했다. 남편은 불신자였다. 우리 친정도 불교인데 신랑도 시댁도 예수를 싫어했다. 그 당시 남편은 전남 방직공사에 근무하며 이북 사람들 틈에서 기획과장을 했다. 남편은 똑똑하고 나만 좋아해 주는 정말 괜찮은 사람이었다. 결혼하자마자 아이가 들어섰고 해가 바뀌자마자 아주 잘생긴 아들이 태어났다. 참으로 꿈같이 행복했던 시기였다.

그때 내가 살던 집은 광주시 임동 100번지. 내가 너무 행복하게 살고 있었던 것일까? 지금도 잊지 못하는 그 집에서 내 인생의 회오리바람이 몰아치기 시작했다.

6·25 사변이 일어났다. 내 귀한 아들이 돌도 맞이하지 않은 시점, 7월 23일에 남편이 회사에서 일찍 집으로 돌아왔다. 남편의 얼굴은 심상치 않다 못해 먹구름이 드리워져 있었다.

"오늘 일찍 끝났는갑소."

남편은 나의 말을 듣는 둥 마는 둥 하며 내 손목을 붙잡았다.

"어이, 내 말 잘 듣소. 자네가 알다시피 내가 북녘 사람들과 일한 게 문제가 되어 여기 있으믄 안 되겠네. 내가 잠시 자리를 피하는 동안 자네는 우리 집에 좀 가 있으소. 한 달쯤 있으면 올 것이네."

무슨 날벼락같은 소리냐고 되물을 틈도 없었다. 날벼락이라고 생각했으면 죽어도 함께 죽자고 했을 것이다. 그러나 남편은 금방 돌아올 사람처럼 잠시 시댁에 가 있으라고 하면서 자기는 피난을 떠나겠다고 했다. 전쟁을 겪어 본 적도 없는 터라 피난이 뭔지도 몰랐고, 남편 말에 미처 답변할 겨를도 없었다. 더구나 아직 핏덩이인 아들이 딸려 있는 처지라 함께 피난을 가겠다고 말할 수도 없었다.

"당신 없이 어짜고 살겄소? 곧 돌아오시겄소?"

이런 말이라도 한번 해봤으면 좋았을 텐데, 그런 이별의 말을 건

넬 시간조차 없었다. 남편은 마치 내일이라도 돌아올 사람처럼 김영남 사장을 비롯해 과장들과 함께 쓰리쿼터에 몸을 싣고 떠났다. 한 달 뒤에 돌아오겠다고 말하며 그렇게 허망하게 떠난 남편은 그날 이후 영영 돌아오지 않았다. 그날 떠난 남편, 마치 내 인생의 어느 날 한여름 밤의 꿈처럼 나타났다가 사라져 버렸다.

그게 1950년도의 일이다. 나는 가슴이 미어지도록 남편이 그리웠다. 당시는 도처에서 사망 소식이 들려오고, 소식이 없는 사람은 으레 죽었거나 북으로 갔다고 생각하던 시절이다. 2년이 넘어도 소식이 없자 나는 1952년도에 남편이 다니던 회사에 취직을 했다.

당시 남편과 친하게 지내던 전남 방직공사 노무과장이 언젠가 그런 말을 한 적이 있었다.

"아짐씨, 혹시라도 회사에 좋은 자리가 나면 그 자리에 부를 테니 어디든 가까운 데 계시오."

그래서 체면 불구하고 부탁을 했다. 아무 곳이나 회사에 좀 넣어 달라고. 노무과장은 참 좋은 사람이었다. 아니다. 내가 평생 만난 사람들, 다 좋은 사람들이었다. 하나님이 나에게 좋은 사람만 붙여 주신 것이다. 어쨌거나 노무과장이 남편과의 정리(情理)를 생각하여 나를 한 군데 천거했다.

그곳은 실 감는 일을 하는 곳이었다. 나는 여자 경비원 아니면 사감 일 중 하나를 택해야 했다. 남편 체면을 봐서라도 실 감는 일은 못 시키겠으니 관리직에 넣어 주려는 것이었다. 그래서 입사를

오빠, 그렇게 좋은 예수 나도 믿을라요

위해 시험을 봤고, 머리가 좋은 편인 나는 필기시험에 무난히 합격했다. 그 후 서무부장에게서 면접시험을 봤다. 그분은 이북 출신 김 씨였는데 그분과 책상 하나를 사이에 두고 앉았다. 그분이 내 이야기를 소상히 들으며 이것저것을 물었다. 왜 회사에 들어오려 하는지, 재산은 없는지 등을 물었다.

"그전에 내가 경리를 봤으니 나에게 돈이 아주 없는 것은 아닌디, 그래도 사감을 할라고 합니다."

그러자 이분이 아주 진지하게 되묻는다.

"예수 믿습네까?"

너무나 엉뚱한 질문이었다. 사감을 뽑는데 왜 갑자기 예수를 믿느냐고 묻는 건지 이유를 알 수 없었지만 나는 솔직하게 대답했다.

"아니요. 예수 안 믿으요."

그러자 그분이 눈썹을 추켜올리며 무겁게 입을 열었다.

"안 되갔소."

아예 일언지하에 거절해 버리는 것이다. 나는 도무지 이해가 되질 않아서 다시 물었다.

"왜 예수 안 믿으면 안 된대요?"

그분은 더 이상 대답할 마음이 없다는 듯 고개를 돌렸다. 그래서 내가 다시 물었다.

"부장님은 예수 믿는갑소?"

그랬더니 이분이 더 엉뚱한 대답을 한다.

"나래 안 믿소. 우리 안사람이 열심히 믿소."

나는 어이가 없었다. 자기는 믿지도 않으면서 예수를 안 믿으면 뽑을 수가 없다니 기가 찰 노릇 아닌가? 나는 속으로 '자기도 예수 안 믿으면서 예수 믿는 사람은 좋아하는 갑네' 이렇게 생각했다. 동시에 이런 생각이 들었다. 그 부인이 예수를 믿기에 예수 믿는 사람을 뽑는다니. 그 부인은 얼마나 대단한 여자이며, 그 여자가 믿는 예수는 도대체 얼마나 훌륭한 분이기에 이러는 걸까. 당시는 아내가 남편을 따라가지 남편이 아내를 따라가는 시대가 아니었다. 대체 그 부인이 얼마나 대단하기에 저렇게 말할까 싶었다. 그것은 곧 부인을 보면서 예수 믿는 사람의 향기를 느꼈다는 말 아니겠는가?

나는 생각의 꼬리를 자르고 다시 물었다.

"부장님도 안 믿는 예수를 안 믿으면 안 된대요?"

안 된다고 대꾸하는 그분의 대답은 단호했다.

나도 끈덕지게 물고 늘어졌다.

"어째 안 된대요? 기숙사 사감은 다 예수 믿는대요?"

그랬더니 이분이 인자한 목소리로 답변해 주었다.

"우리 회사 상황을 좀 보십시다. 여기 있는 애들이 삼천 명이우다. 내가 낳지 않은 애들이 기숙사에 삼천 명이라. 이 기숙사에 있는 삼천 명 중 절반 가량이 열다섯 열여섯 살이우. 아시겠지만 이 아이들이 일하는 건 노동법에 위배됩니다. 인마들 노동법에 안 걸리려고 열여덟, 열아홉 짜리 아이들 도민증을 빌려 갖고 옵니다. 어딜 가도 이 불쌍한 아이들이 보호를 받을 수가 없는 처지요. 이렇게 어린 애들이 혹시라도 실이 떨어질까 봐, 만일 실이라도 떨어지면 이 직장에서 쫓겨날까 봐, 소변 줄을 다투면서 돈을 버는 아이들이오. 이 아이들은 배가 고파도 말할 곳이 없고 몸이 아파도 갈 데가 없소. 이런 애들이 아프면 머리도 만져 주고 머리가 뜨거우면 병원에 데려가고 밥 못 먹으면 식당의 식모들에게 누룽지라도 갖고 오라고 해서리 배고픈 애들 먹이고, 그렇게 내 새끼처럼 사랑해 줄 사람이 필요하우다. 그런 사랑을 누가 하갔소? 그런 사랑으로 애기들을 맡으려면 예수님을 믿어야, 예수님의 사랑으로 감싸 주고……."

가만히 그 말을 듣던 나는 그분의 말이 미처 끝나기도 전에, 책상을 두 손바닥으로 냅다 치면서 일어났다.

"오매! 그렇게 좋은 것 같으면 나 예수 믿을라요."

나는 마치 괴성을 내듯 소리를 쳤다. 나는 지금도 그 말을 내 입으로 했다고 생각하지 않는다. 나도 모르게 그 말이 튀어나온 것이다. 그리고 나는 딱 그 말 한마디에 합격했다.

그날부터 기숙사 사감으로 들어가 20년간 사감으로 일했다. 나는 원래 아이들에게 참 잘하는 편이다. 그런 데다가 면접 때 그 말을 들었기에 아이들에 대한 막중한 책임과 사명을 느꼈다. 실제로 아이들이 많이 아팠다. 그도 그럴 것이 이제 중학교 다닐 아이들이 집 떠나와서 환경도 열악한 기숙사에 삼천 명이 모여 산다. 이제 막 사춘기 열병을 앓아야 할 아이들, 이제 막 삶에 대한 고민을 하고 미래에 대해 아리따운 꿈을 꿔야 할 열다섯 열여섯 살 소녀들 삼천 명이 모였으니 어디 편안할 날이 있었을까? 나는 아이들이 아프면 서무부장 말대로 참말로 내 자식처럼 사랑했다. 아이들 머리가 뜨끈뜨끈하면 병원에 업고 가기도 했고, 아이들 힘들지 않게 하려고 일부러 부속 병원 의사를 왕진 오게 하면서까지 지극정성으로 아이들을 돌보며 생활했다.

생각해 보면 나는 정말 재미있게 예수를 영접한 거다. 사실은 완전히 가짜로 받은 것이다, 가짜로. 그렇게 예수님을 만났으면 내가 가장 정직하게 예수님을 잘 모시고 살았어야 했다. 그랬으면 내 인생이 참으로 찬란한 인생이 되었을지 모른다. 하지만 나는 그렇게 살지 않았고 온갖 잔꾀를 부리며 지냈다. 그렇기에 오늘, 내가 여기에 있는 것인지 모른다.

나는 그 뒤로도 예수님을 가짜로 믿었다. 예수 믿는다는 약속으로 취직이 되었으나, 십일조도 충실히 하지 않았다. 그래서 내 몸이 이렇게 마구 아픈 것이다. 나는 한 이십 년 동안을 앓고 지냈다. 몸이 너무 아파서 도저히 회사에 있을 수가 없었다. 그래서 사표를 냈는데 사장님이 사표 수리를 하지 않았다. 나는 일을 하기보다 퇴직금을 타서 쉬고 싶었는데 사장님이 누워서 돈을 벌어먹으라고 했다. 심지어 무슨 사고가 나면 말로 지휘만 해줘도 괜찮다고 하며, 아이들 상담이라도 해주면서 누워서 월급을 받아 가라는 것이다.

사람이 아프면 핑계가 생기게 마련이다. 그래서 늘 이런 식으로 내 책임을 회피했다.

"하나님, 나 아픈 거 다 알제라. 근게 나를 쪼까 봐주시오잉."

이런 기도를 하면서 지금 생각하면 부끄럽기 짝이 없을 만큼 정말 야비하게 헌금을 했다. 그때는 돈 10원짜리 헌금을 많이 냈다. 지금은 가방을 들고 다니지만 그때는 다 책을 들고 다녔는데, 나는 성경 속에 10원을 넣어 옆구리에 끼고 가다가 콩나물 집에 들렀다. 10원을 5원짜리 두 개로 바꾸기 위해서다. 그냥 잔돈만 냉큼 바꾸면 콩나물 장사한테 미안하니까 이렇게 말했다.

"할무니, 다음에 콩나물 살게요. 돈 좀 바꿔 주시오."

그렇게 10원을 5원으로 바꾸어 5원은 가져가고, 나머지 5원은 나중에 콩나물을 살 계획으로 할머니에게 맡겨 둔다. 내가 자주 돈을 바꾸니 콩나물 장사 할머니가 나에게 이렇게 말한다.

"선생님, 그냥 갖고 가이다. 기억하기도 성가시러븐께 그냥 두 장으로 바꿔서 가시오잉."

할머니는 기숙사 사감인 나를 선생님이라고 불렀다. 그러면 나는 두 장을 다 받아갈 수 있어 기분이 좋았다. 사실 돈을 바꾸기 위해 꼭 필요하지도 않은 콩나물을 사야 하는 때도 있었으니까. 나는 못 이기는 척 두 장을 다 받아서 나왔다. 그리고는 기분 좋게 교회로 가서 5원짜리를 헌금으로 냈다. 그것도 그냥 내는 게 아니고 내가 헌금하는 것 좀 보라는 심사로 꼭 남이 볼 때 냈다. 혹시라도 나중에 사람들이 나더러 헌금 안 했다고 할까봐 사람이 없으면 기다렸다가 냈다. 내 헌금생활이 그 모양이었다.

오늘날 성도들 중에 자기는 교회생활을 제대로 안 한다면서 자책하는 것을 볼 때면 나는 이 헌금에 관한 이야기를 종종 한다. 내가 그렇게 엉망으로 교회를 다녔음에도 하나님이 쓰시려고 하니까 나를 이렇게 사용하셨다는 사실 말이다.

그런가 하면 교회 가기 싫어질 때가 한두 번이 아니었다. 그러면 또 아픈 것을 핑계로 안 갔다. 그때 이북에서 피난 오신 우상필 목사님이 전화를 하셨다.

"국 선생, 왜 교회 못 나왔어?"

"네, 몸이 아파서 못 갔어요."

"그래? 그러면 내가 심방을 가지."

굳이 오지 말라고는 할 수 없어서 그러시라고 하면 목사님은 정말로 심방을 오셨다. 그러면 얼마나 미안하고 쑥스러운지 쥐구멍에라도 들어가고 싶었다.

그러다 우 목사님이 떠나시고 박봉민 목사님이 오셨다. 참 좋은 그 목사님 역시 이북에서 피난 오신 분이었다. 어느 날 목사님이 나에게 이렇게 말씀하셨다.

"핑계대지 마. 이 정도 병으로 핑계대면 안 돼."

그러면서 빙그레 웃으신다. 그런데 참으로 이상한 게 교회 안 갈 핑계만 대고 나면 몸이 그야말로 솜털처럼 가벼워진다. 아파서 교회에 못 간다고 할 때가 세상에서 가장 편안한 순간이었다. 그러면 마음 한 구석에 생긴 죄책감을 무마하려고 얼른 다른 사람을 대접했다. 기숙사에 있는 애들 중 몇몇을 "순자야, 옥자야" 하고 불러, 가게 가서 과일 사오라고 하여 아이들을 대접했다. 그렇게 하면서도 교회 안 갈 핑계는 얼마나 잘 댔는지 모른다.

그로부터 근 20년, 정확히 말해 18년 뒤, 예수 제대로 믿겠다고 아주 작정을 한 뒤로 비로소 회개를 했다. 내가 스물다섯에 취직을 했으니, 마흔 셋이 되어서야 진실한 회개를 한 것이다

1970년, 마침내 나는 회사에 사직서를 내고 자유의 몸이 되었다. 사실은 자유의 몸이 아니라 죽음을 준비하기 위한 퇴사였다. 언제부터인가 신장이 나빠졌는데 더는 손을 쓸 수 없을 만큼 병이 악화되어 버렸다. 몸이 퉁퉁 붓고 눕지도 못할 처지였다. 정말이지 온몸이 풍선처럼 부어올랐다.

퇴사하기 일 년 전부터 이미 기숙사에 누워서 생활했는데도 회사에서 사직서를 받아 주질 않았다. 퇴사는 안 되고 휴양을 갔다가 다시 오라고 했다. 어느 날, 내가 누운 채 노무과장에게 말했다.

"과장님, 나가 초상 치를 돈이 필요헌게 사표 수리해서 퇴직금을 주시오잉."

퇴직금을 받아서 쉬고 싶은 마음이 없지는 않았으나, 그보다 아픈 몸으로 회사에 앉아서 빚 지는 것이 더 싫었다. 오갈 데 없는 여

자가 월급 받아먹으려고 누워서 일한다고 뒷공론하는 소리도 듣고 싶지 않았거니와 내 양심상 그렇게 있을 수도 없는 노릇이었다. 노무 과장도 사장도 모두 반대했지만 나는 끝내 회사를 나오고 말았다.

드디어 병에 찌든 자유인이 된 것이다. 그런데 막상 퇴사를 하고 나니 갈 곳이 없었다. 그동안 기숙사에 살았으니 집도 없었고, 하나 있는 아들은 어렸을 때 이미 서울로 올라가 학교를 다니고 있었다.

당시에 나는 큰오빠랑 돈 관계가 좀 있었다. 큰오빠가 내 돈을 거의 다 빼앗아 갔던 것이다. 내 돈을 그냥 빼앗은 게 아니라 어디에 얼마가 필요하니 좀 내봐라, 이런 식이었다. 그러면 나는 돈을 얻어다 오빠를 줬다. 결과적으로 그게 나에게는 빚이 되었다. 그래서 나는 퇴직금으로 그 빚을 다 갚고 이자까지 다 정리했다.

그러다 보니 돈도 없고 갈 데도 없었다. 내가 죽으면 큰오빠에게 내 초상을 치르게 하리라는 마음으로 큰오빠에게 가려고 택시를 탔다. 당시 큰오빠는 여수에 살고 있었는데, 네 사람이 함께 택시를 타고 갔다. 내 아들이 군대 가서 의형제로 삼아 온 청년을 아들로 맞았는데, 바로 그 아들을 포함해서 나보다 두 살 더 먹은 친언니와 언니의 아들까지 이렇게 셋이 택시 뒷좌석에 앉았다. 나는 바로 그 세 사람 무릎에 깔린 담요 위에 누워서 이동했다.

광주에서 도동고개를 넘어 여수를 가려고 했다. 그런데 열이 너무 나니까 가질 못하고 차를 돌려 계림동 쪽 병원으로 갔다. 그곳 여관에 방을 얻고 간호사를 불러서 주사를 맞았는데 작은오빠댁 둘째 올케가 나를 찾아왔다. 올케가 내 손을 잡고 묻는다.

"자네 어디로 갈란가?"

"여수 큰오빠한테 갈라요."

"큰오빠한테 가지 마소. 큰오빠네는 자네랑 아예 정도 안 들었네. 그래도 나하고 자네는 정들었네. 우리 신랑이 헤프고 늘 놀러나 댕겼어도 평생 부모님 모시고 살다가 안 돌아갔는가? 자네 작은오빠는 그런 사람이네. 자네는 나하고 정들었지 큰오빠와는 정 안 들었어. 그러니 나한테 와야지 왜 큰집에 갈라고 그러는가?"

"성님, 나가 초상비가 없은 게 초상 치러 갈라는 거요."

"자네 그런 소리 마소. 자네 작은오빠 돌아갈 때 자네가 조카들에게 관심 적게 가졌는가? 내가 자네 초상 쳐줄 거여. 내가 어떻게든 해줄 것이네. 자네 죽으면 방에 있는 시체 무서워서라도 쳐주고 더러워서라도 쳐줘. 절대 방에 안 썩콰. 염려 말고 나 따라가세."

작은오빠는 이미 돌아가신 뒤였다. 올케 혼자 사는 것도 어려운데 나까지 올케를 힘들게 하고 싶지 않았다. 그래서 한사코 마다했다. 그러자 올케가 다시 나를 설득했다.

"어이, 딸 못되면 친정 찾네. 딸이 못되면 시가는 없어져 부네. 나도 자네 오빠 돌아가신게로 시가는 없어지고 없대. 자네는 시방 내가 친정 아닌가? 근게 염려 말고 나 따라가세."

그렇게 말하니 고맙기도 하고 부담이 덜 되었다. 그래서 그 작은오빠댁을 따라 내 친정이기도 한 담양으로 왔다. 마흔셋의 젊은 나이에 내 몸은 완전히 망가져 있었다.

잠시 성수 장로에 대해 이야기하겠다. 내 아들이 군대에 가서 선배 병사 하나를 만났다. 우리 아들보다는 여덟 살 더 먹은 청년이었다. 그러니 나랑 나이 차가 열세 살밖에 나지 않았다. 아들이 그 청년을 자기 의형제라고 집에 데려왔는데, 이 청년이 넉살 좋게 나를 어매라고 부르는 게 여간 불편하지 않았다. 그래서 아들에게 성수를 의형제 삼지 말라고 했다. 그러나 내 아들이 성수를 너무 좋아해서 결국 형으로 삼았고, 그 바람에 나는 내가 낳지 않은 아들 하나를 얻었다. 그 아들이 지금 장로가 되었는데, 평생을 친아들보다 더 친아들 노릇하며 효성을 다하고 있다.

담양으로 온 지 얼마 안 되었을 때, 나는 24시간 피를 토하고 또 토했다. 체내에서 가장 가느다란 식도 혈관이 끊어져 버린 것이다. 그 혈관이 끊어져서 분유통의 절반이 찰 만큼 피를 쏟았다. 지금 같으면 레이저 기술로 쉽게 고쳤을 텐데 돈조차 없어서 병원은커녕 특별한 약을 먹을 수도 없었다.

내가 퇴직하기 전에 성수가 월남전에 갔다. 그때 성수가 그곳에서 번 돈을 친부모에게 부치니 다 써버리고 말았다며 나에게 돈을 부쳤는데, 그것을 모은 것이 삼십만 원 좀 못 됐다. 그러고서 내가 퇴직한 뒤, 그 돈 삼십만 원을 채워서 성수에게 돌려줬다. 그랬더니 내가 친정으로 들어오자 성수가 그 돈을 우리 친정에 내놓았다.

"제 성격에 남의 돈을 빚내서 드릴 수는 없습니다. 하지만 이 돈은 내 통장에 있는 것이니 이 돈 다 쓸 때까지 약 지어 드시오."

전쟁터에서 번 돈을 나에게 다 내놓은 것이다. 그 돈으로 송화당 한약방이라는 데서 약을 지어다가 달여 먹었는데 그 돈을 다 쓰도록 병이 낫질 않았다.

결론부터 말하자면 내 병은 하나님이 낫게 해주셨다. 마치 혈루병을 앓던 여인이 많은 의사를 찾아다녔지만 더 괴롭기만 했다는 성경 말씀과 꼭 같은 이야기다. 병원에 다녔어도 차도가 없던 나를 예수님이 고쳐 주셨다. 바로 그때가 내 나이 마흔세 살이었다. 그때 나는 그동안의 내 신앙을 회개했고, 그 일을 계기로 하나님의 도구로 쓰임받게 되었다.

시간이 지나면서 조금씩 걸음마를 할 수 있었다. 몸이 좀 나아지니 친정에 있을 수가 없었다. 거기 있는 것이 몹시 부담스럽고 미안했기 때문이다. 그래서 이번에는 언니가 나를 데려갔는데 거기는 사돈네가 있으니 더더욱 힘들었다. 그래서 지금의 금성교회가 있는 석현리로 갔다. 걸을 수도 없고 버스를 탈 수도 없어서 마치 시체나 짐짝처럼 리어카에 실려 갔다. 담양에서 석현리까지 십 리가 넘는 길을 성수가 끄는 리어카에 실려 가는데 그날따라 뙤약볕이 강렬했다. 길가에 심긴 건강한 삼나무들이 무척이나 부러웠다.

동네에 들어와 금성교회에 갔다. 그때까지만 해도 나는 온갖 잔꾀를 부리며 교회를 다녔지만, 이제는 의지할 데가 예수님밖에 없다고 생각해서 교회로 간 것이다. 교회에 가니 젊은 목회자가 계셨다.

사실 전날 나는 환상을 봤다. 누군가 나에게 방을 주는 환상이었다. 그래서 이날 방을 얻을 것으로 믿고 있었다.

"목사님이세요?"

"강도사 박병원이라고 합니다만, 어디서 어쩐 일로 오셨어요?"

"네, 제가 일심방직 기숙사에 사감으로 있던 사람이요. 나는 효림교회 집산디 가짜 집사요. 나가 방 하나 얻을라고 왔는디요."

그 당시 회사는 일심방직이라는 이름으로 바뀌어 있었다. 내가 그렇게 말하자 몰골이 말이 아닌데도 강도사님이 사모님에게 "신해남 선생 집 방이 비었으니 거기를 알선해 주시오" 하고 말했다. 나는 사실 눈만 뜬 송장이었다. 몸이 젓가락처럼 말랐고 얼굴도 앙상하게 야위었으며 손에 살 하나 없이 뼈만 남은 상황이었다.

사모님을 따라 그 집에 들어갔다. 그때 주인은 파를 다듬고 있었다. 나를 힐끗힐끗 보는 주인아주머니는 몹시 놀란 표정이었다. 비록 나를 경계하긴 했으나 아주 착하게 생긴 분이었다. 네 시간이 지나도록 그 집 주인인 신해남 권사님을 졸랐다. 물론 그때는 권사가 아니었다. 그런데 아무리 졸라도 요지부동이었다.

"나가 집에 있음서 삥아리 물도 잘 주고 돼지 밥도 잘 주고 집도 잘 지킬 텐게 방을 좀 주시오."

"아니어라. 내가 다시는 작은방 안 내놓겠다고 결심을 했은게 안 되겠소."

"왜 그런 결심을 했다요?"

오매, 그렇게 좋은 예수 나도 믿을라요

"작은방을 한번 보시오."

작은방을 보니 권사님의 시어머니가 살아 계실 때 영정을 딱 모셔 놓았다. 올봄에 돌아가신 것이다. 그래서 포기를 하고, 이거 어째야 쓸까 하면서 다른 집으로 돌아다녔다.

나중에 안 사실이지만 그날 방을 거절한 데는 다 이유가 있었다. 신해남 권사가 내 행색을 보니 딱 송장 치게 생겼더라는 것이다. 당시 새마을운동으로 동네가 전부 새집처럼 단장했는데, 새집 지어서 송장 치르면 안 된다는 생각에 방을 안 내준 것이다. 결국 나는 방 얻는 것을 포기하고 언니 집으로 돌아왔다. 그런데 자꾸 파를 다듬던 그 착한 주인, 신해남 권사가 뇌리에 떠올랐다. 그 집과 내가 왠지 필연으로 이어져 있다는 생각이 들었다. 그래서 조카딸에게 이불과 석유곤로를 달라고 하여 언니네 머슴에게 그 집에 갖다 놓으라고 했다. 거기 두면 내가 언젠가 그 집을 찾아갈 거라고 생각했다.

그런데 심부름 갔던 머슴이 돌아와서 의외의 말을 한다.

"이모님, 방 얻으러 안 가도 괜찮허겠습디다. 내가 가니까 주인 할머니가 그냥 짐을 받아 줍디다."

"그래? 뭣이라고 하시더냐?"

"그 할매 말이, 나가 방 들인다고도 안 했는디 그냥 밀고 들어와 부요잉. 그랍디다. 인자 가시믄 쓰겄소."

비포장도로를 지나온 터라 이불과 곤로 위에 눈 내린 것처럼 먼지가 하얗게 쌓여 있었는데 그 먼지를 다 떨더란다. 그리고 버리려고 내놓은 책상을 다시 들이면서 방에 신문지를 깔고 이불을 개켜 두고 곤로는 뒤안에 갖다 두면서 기울어지지 않게 돌로 괴더란다. 그러면서 "그 아짐씨 잘못하면 넘어지기 쉬운게 돌로 괴야 잘 쓰겄제?" 했단다. 머슴이 한마디를 덧붙였다.

"그라고 그 아짐씨 착합디다. 이모가 덕 보겄습디다."

나는 이튿날 당장 그 집으로 들어갔다. 그 집 큰애기는 얼굴이 얼마나 예쁜지, 키도 크고 성격도 너무나 착했다. 교회 풍금도 잘 치고, 어디 나무랄 데가 없었다. 그 처녀에게 내가 이렇게 말했다.

"신 양, 딴 방에 불 때지 말고 내 방에 불 때주면 좋겄어. 내가 추우면 힘이 든게."

그러자 그때부터 불 땔 일만 생기면 내 방에 불을 넣어 줬다. 덕분에 방이 썩썩 끓어서 내가 얼마나 잘 지냈는지 모른다. 그렇게 시작된 인연으로 그 처자가 내 양아들 성수와 결혼하는 날까지 방에 불을 넣어 줬다. 하나님이 그렇게 좋은 이들을 나와 묶어 주셨다.

그 뒤로 인허진 목사님이 1973년도에 치유 사역자인 현신애 권사님 집회를 내게 소개해 주셨다.

"너무 똑똑한 사람은 하나님을 안 믿어. 집사님이 그런 것이여. 그런데 이제는 병들었으니까 어서 가봐."

그래서 현신애 권사님 집회에 가게 되었다. 당시 광주 청기와 주유소 뒤에는 동명 카바레라는 곳이 있었다. 거기서 현신애 권사님이 자리를 빌려서 집회를 했다. 이분은 매우 바쁜 분이었다. 1일부터 6일까지는 광주, 7일부터 15일까지는 대구, 16일부터 30일까지는 서울 집회가 잡혀 있었다.

내가 광주 집회에 가서 놀란 점이 있다. 그곳에 온 사람들이 당시 한국에 있지도 않은 일제 밥통이나 보온병, 밍크 담요 그런 것을 가져와 사용하고 있는 것이다. 가진 것을 보니 다들 부자다. 그 사람들을 보니 이런 생각이 들었다.

'저 사람들이 돈이 없어서 병원에 안 가고 여기 왔겠나. 하나님께 고침 받으려고 다 저렇게 나온 거다.'

내가 그들의 물건을 보고 놀란 것이 어쩌면 인간의 한계인지도 모른다. 하지만 하나님은 나의 그런 얄팍한 한계를 이용하신 것인지, 그 집회에서부터 나는 하나님을 진심으로 만나기 시작했다.

내가 앞에서 18년 만에 하나님을 만났다고 고백한 것은 바로 이날의 깨달음 때문이다.

"네가 내 앞에 안 나올 핑계로 아프다고 하지 말고 차라리 진짜 아파 봐라. 그러면 거짓말은 안 할 것 아니냐."

딱 이런 마음을 하나님이 주신 것 같았다. 그렇다. 나는 그동안 아프다는 핑계로 예배에 빠지고 교회 일에 게을렀다. 그런 나에게 하나님이 말씀을 주신 것이다. 그 순간 나는 바닥에 엎드려서 울며 이렇게 말했다.

"오매, 하나님. 내가 왜 아픈지를 몰랐소. 인자 다시는 뒤돌아서지 않을게요."

이때 더욱 믿음이 생겨서 현신애 권사님의 대구 집회를 갔다. 집회는 가난한 나에게 치료비, 병원비 달라고도 안 하고 기도만 하면 되는 곳이지 않은가. 현신애 권사님을 따라온 사람이 아마 수천수만 명은 될 것이다. 권사님이 이동할 때마다 전국에서 관광버스를 대절하여 몸 아픈 사람들이 몰려왔으니까.

집회에 가서 보니 몸이 아픈 사람들이 아니라 치유 사역을 하는 현신애 권사님이 짠해 보였다. 권사님이 환자의 얼굴이나 어깨를 찰싹 때리면서 안수기도를 하고 다니는데, 그렇게 많은 사람을 안수하면 손바닥이 부풀어 오를 것 같았다. 문득 내 안에 긍휼한 마음이 들었다. 어떤 사람들은 여기서 기도 받고 빠져나가서 저기 가서 또 받고 돌아가서 또 받고 했다. 나는 그런 사람들이 괘씸했다. 자기 할머니 같으면 짠하지도 않을까. 그래서 나는 그냥 엎드려 있었다. 권사님이 나에게 안수를 하려고 하면 엎드려 버리고 했더니 권사님이 내 등을 툭툭 쳤다.

"자, 일어나요."

그래서 내가 권사님을 보고 이렇게 말했다.

"권사님, 이미 강당에서 기도는 다 받았는디 꼭 여기 손을 대야 쓰겄소? 그 손 안 아프요? 나는 권사님 손이 짠헌게 손은 대지 마시고 그냥 기도만 해주시오."

그러자 권사님이 미소 지으며 "믿음이 좋네" 하고 지나가셨다.

그런데 대구 집회 장소에서 불이 나서 사람들이 죽거나 부상을 당했다. 수많은 사람이 화상을 입어서 다들 분산하여 입원 조치를 취했다. 그러자 사람들이 더욱 열심히 기도를 했다. 입원한 병원마다 의사들이 놀랄 만큼 다들 빨리 낫는다는 소문이 돌았다. 그 모든 것이 뜨거운 기도 덕분이었다. 하나님의 능력은 헤아릴 수도 없고 측량할 수도 없다. 나는 그때 분명히 하나님의 놀라운 능력을 체험했다.

당시 나는 돈 잘 버는 조카한테서 3만 원을 받아 돌아다녔다. 나는 그때도 대절한 버스의 가장 넓은 자리에조차 앉지 못해 통로에 누웠다. 통로에 누워 가려고 작은 요를 만들어 가지고 다녔던 것이다. 그때가 40대 중반인데도 너무 말라서 사람들이 나를 할머니라고 불렀다.

대구 집회를 마치고 광주로 가는 길이었다. 나는 여전히 버스 통로에 누운 채 추풍령 고개에 이르렀다. 그때 어떤 분이 나를 할머니라고 부르면서 사진 한 장을 보여 주었다. 그 사진 속에 저수지가 있는데 버드나무가 물 위에 비친 그림이 참 좋아 보였다.

"지난번 봄에 왔을 때의 사진이오. 이렇게 풍경이 좋으니 어서 일어나 나가서 구경도 하고 바람도 쐽시다."

이러는 것이다. 그 순간, 지금은 가을이니 그 나무에 가지만 남았겠구나 싶었다. 문득 내 안에서 이런 기도가 나왔다.

'하나님, 여기 경치 좋은 곳에서 나를 죽여 주시오. 여기서 죽여 주시면 도민증도 없으니까 내가 누군지도 모르고, 자식들은 어디

가서 죽은지도 모를 테니 여기서 죽는 게 좋겠소.'

나는 그 당시 이미 세 번이나 수술을 받은 적이 있어 후유증으로 오른쪽 다리를 뻗지 못했다. 그날도 다리를 쭈그린 채 이런 생각을 하고 있는데, 그렇게 얼토당토않은 기도를 하는 동안 다리가 쭈욱 펴지는 것이다. 그래서 또 생각을 했다.

'곱사도 죽을라고 하면 등이 펴진다는디 내 다리가 펴지는 걸 본게 인자 죽을랑갑구나. 잘되았어. 하나님, 나를 죽여 주믄 얼마나 좋겠습니까?'

그러나 나는 죽지 않고 집으로 돌아왔다.

세월이 흘러 1979년 11월이 되었다. 11월 치고는 너무나 추운 날이었다. 광주 집회에서 하나님께 고백한 뒤로 나는 새벽기도를 안 가면 죽는 줄 알았다. 그래서 한 번도 빠지지 않고 새벽예배에 나갔다. 그 사이 성수랑 결혼을 한 주인집 딸이자 천사같은 며느리가 새벽마다 나를 깨웠다. 그날도 시간이 되자 그애가 나를 깨웠다.

"엄니, 새벽기도 갈 시간 되었소."

그래서 일어났는데, 배가 막 숨도 못 쉬게 틀어 올랐다. 끔찍하리만큼 배가 아픈 와중에 현신애 권사님의 말이 기억났다.

"어디가 못 견디게 아프거든 '성령님이 고쳐 주신 줄 믿습니다' 해야지 내가 왜 이렇게 아픈가 하고 원망의 마음먹지 말아야 해."

배가 아파 죽을 것 같았지만 나도 그렇게 기도했다.

"배가 이렇게 아픈 것은 성령님이 수술해 주신 걸로 믿습니다.

성령님이 수술해 주신 걸로 믿습니다."

견딜 수 없이 배가 아파서 변소에 갈 시간이 없었다. 급한 김에 며느리가 요강을 대주기에 거기에 똥을 누고 앉았다. 그야말로 한정 없이 앉아 며느리가 교회 갔다 올 때까지 변을 봤다. 그때도 그 집에서 며느리의 친정어머니랑 함께 살았는데 집주인인 그분이 학교 앞 공중 변소에 가서 요강을 비웠다. 그날 새벽 이후로 오늘까지 더 이상 배가 아파 본 일이 없다.

그 후 12월 초에 현신애 권사님 집회를 다시 갔다. 그때 권사님이 이런 말을 했다.

"속에 있는 암이 나도 모르게 녹아져 나오면 여자들이 월경하는 데로도 나오고 뒤로도 나오고 입이나 코로 혹은 눈이나 귀로 나올 때도 있습니다. 그러면 놀라지 말고 성령이 수술해 준 것으로 믿습니다, 그러세요."

그 말을 듣고 돌아와서 며느리에게 그 얘기를 했다.

"아이 아가, 나가 요강 빈 것을 좀 볼 것을 그랬어야."

내가 권사님 말씀이 이러저러하다고 말했다.

"암이 몸 밖으로 나올 때는 계란 덜 익은 것 같이 흐물거리고 태아같이 그런 것도 나오고 그런단다."

그랬더니 며느리가 의외의 대답을 한다.

"어무니 그런 것 나왔소. 친정 어무니가 요강 비운 날 그럽디다. 남편 있는 젊은 여자 같으면 유산한 것이 나왔다 하겠다고. 피가 그렇게 쏟아졌다고 합디다."

"아, 그래야? 하나님이 나를 진짜 수술해 주셨다잉."

그날 이후로 아직까지 배가 안 아프다. 죽을 작정으로 기숙사에서 퇴사를 했는데 죽기는커녕 이제는 내 모든 건강이 회복되어 버렸다. 하나님의 은혜로.

해가 바뀌고 1980년의 봄도 어느 정도 무르익었을 때, 하나님이 대체 나를 어디에 쓰실까 싶어서 장순복 권사님을 찾아갔다. 권사님은 나더러 기도를 받으러 가자고 한다. 그래서 기도는 아무한테나 받으면 안 된다는데 가도 되는 거냐고 물었다.

"이분은 기도 할머니니까 암말도 말고 와."

그래서 권사님을 따라 나갔다. 가서 기도 할머니를 뵈니 마치 점쟁이처럼, 나를 다 알고 있는 듯이 말을 한다.

"하나님이 여종의 입술에 칼을 주셨으니까 말 함부로 하지 말고, 하나님이 쓰실라고 건강 주셨으니까 주의 종이 명령하면 순종만 해야 써. 아니라고 말하면 안 돼."

이렇게 야단을 친다. 나는 속으로 '내가 아무에게도 말한 적이 없는 일을 이분이 어떻게 알고 있을까' 싶었다. 실로 이분이 얼마나 대단한지를 그 기도가 끝난 뒤 이틀 후에 알았다.

그분이 기도 중에 갑자기 "오따메, 광주 시내에 똥을 찌끄러부네. 뭔 똥을 저렇게 찌그러분다냐" 하시더니, 기도를 마치고 이렇게 말하며 한숨을 쉬었다.

"광주에 뭔 일이 벌어지는 가벼. 광주 시내다가 똥장군을 그냥 찌끄러부네."

바로 그날이 1980년 5월 16일이었다. 그 기도를 한 지 이틀 뒤인 5월 18일 광주에 그 난리가 난 것이다.

그 기도 할머니는 강 씨였다. 강 씨 할머니를 만나기 전 나 혼자 간직한 비밀이 있었다. 할머니를 만나기 얼마 전, 당시 우리 교회 담임인 황덕연 목사님이 나더러 단돈 50만 원을 가지고 교회를 개척하라고 했던 것이다. 나는 그 목사님의 말씀이 전혀 이치에 닿지 않는 것 같아 망설이고 있던 차였다. 그런데 강 할머니가 주의 종의 말에 순종하라는 충고를 한 것이다. 마치 직접 보고 들은 사람처럼 내가 가장 힘들어하는 부분을 알아차리고서 날카로운 창으로 찌르는 것 같았다. 그래서 내가 나중에 장 권사님에게 물어봤다. 권사님이 혹시라도 그 할머니에게 귀띔한 것 아니냐고. 장 권사님은 입이 무겁기로 유명한 분이라서 설마 그러지 않았을 것이라고 생각은 했으나 기도 할머니가 너무 정곡을 찔렀기에 권사님께 물었던 것이다. 아니나 다를까 장 권사님은 일언반구 언급한 적이 없다고 한다. 장 권사님은 거짓말할 리가 전혀 없는 철저한 분이다. 결국 나는 그 할머니의 기도에 무릎을 꿇고 말았다.

내가 무엇을 순종해야 하는가. 자초지종은 이러하다. 지금은 돌아가고 안 계신 구 장로님께 가서 30만 원을 달라고 부탁드렸다가

50만 원을 얻었다. 장로님은 믿음으로 돈을 내놓는 분이셨다. 장로님은 돈을 주시며 어디에 쓸 것이냐고 물으셨다. 당시 나는 어린이 예배를 인도하고 있었다.

"이 근처 대지리에 빈 집이 하나 났는디, 그 집을 얻어서 주일학교를 해야 쓰겠습니다."

내가 처한 상황을 말씀드렸다. 나와 손창열과 또 다른 한 사람, 이렇게 세 사람이 힘을 합해 주일학교를 인도했다. 주일에는 아이들이 교회로 오고, 금요일에는 우리가 대지리로 갔다. 대지리에는 마땅한 집이 없어서 누에를 키우는 방에서 성경 공부를 시켰다. 누에를 키우는 방이라 언제나 방바닥에 열이 펄펄 났다.

당시 석양 무렵에 풀을 뜯으러 가던 동네 청년들이 공부 가르치는 우리를 그냥 지나친 적이 거의 없었다. 그들이 도랑에서 물을 퍼다 냅다 뿌리면 우리는 고스란히 물벼락을 맞는데, 그러고 나면 잠시 후 등에서 김이 뭉실뭉실 피어오르는 것이 옆 사람 눈에 보일 정도로 방이 뜨거웠다. 저물녘인데도 그토록 뜨거웠던 것이다. 그런 일이 하루 이틀 벌어지는 게 아니라 거의 매일 일어났다.

또 비가 오는 날 토방에서 아이들을 가르치면 노인들이 "장이야, 군이야" 떠들어 대서 아이들이 말씀을 듣지도 못하게 한다. 그러면 또 다른 빈집을 찾아가서 아이들을 가르쳤다.

그러던 차에 빈집이 하나 났다. 바로 그 집을 30만 원이면 살 수 있다고 해서 장로님을 찾아간 것이다. 나도 이제 성수에게서 분가하

오매, 그렇게 좋은 예수 나도 믿을라요

려던 터라, 그 집에서 살면서 아이들을 가르치면 될 것 같았다. 그 집은 대밭이 한 열 평이 있고 소막과 돼지막도 있고 토끼집 닭집 염소집이 다 있었다. 방이 두 개에 잠실(누에 치는 방)도 있으니, 그 집을 사서 어린이들 예배 인도하는데 쓰려고 한다고 말씀드렸다.

그러자 장로님이 나에게 다른 질문을 했다. 식생활을 어떻게 할 것이냐고. 나는 걸레를 만들어서 팔면 된다고 대답했다. 재료를 어디서 마련하느냐고 물으시기에 광주에서 쓰레기통을 뒤지면 헌 옷감 같은 게 많으니까 그것을 주워다가 바느질을 해서 팔겠다고 답했다. 그렇게 얘기하니까 장로님이 알겠다고 허락하신다.

"굶게 생기면 하나님이 채워 주시니까 염려 말고 해보시오."

이렇게 말씀하시고선 앉은 자리에서 50만 원을 주셨다. 그래서 내가 황덕연 목사님께 그 돈을 드렸다.

"목사님, 이 돈은 나를 주는 것이 아니고 하나님께 내놓은 것입니다. 하나님을 위한 집을 사라고 했은게요. 그래서 금성제단에 내놓으니 알아서 집을 사서 잘 고쳐 주시오잉."

그러자 황 목사님이 돈을 받기는커녕 더 황당한 말씀을 하신다.

"안 돼, 안 돼. 국 집사님 그러면 안 돼. 한쪽에다가만 개척해 놓고 애기들만 인도하면 안 되제. 동네가 아홉 동네인디 구동리가 있는 데다가 교회를 하나 개척을 해야제."

이러신다. 그래서 내가 기도 안 막혀서 목사님께 따졌다.

"목사님, 개척이라고라? 돈 50만 원으로 어찌게 개척을 한다요?"

"개척? 빈주먹으로 손바닥 치고 가서 개척하는 것이여. 돈 50만 원이면 부자여. 그런 소리 허들 말어. 거기다 땅을 사서 개척을 해."

그래서 내가 그렇게는 못 한다고 딱 잡아떼고 있는 판인데, 그 기도 할머니가 그런 지적을 한 것이다. 정말이지 아주 그냥 딱 보고 들은 것처럼……. 그래서 순종했다. 예전에 인허진 목사님이 그런 말을 하지 않았는가. 교회를 건축하면 하나님이 나에게 여건을 다 마련해 주신다고.

세월을 거슬러 올라가면 또 다른 사연이 있다. 1975년, 황 목사님과의 사이에 있었던 일이다. 어느 날 목사님이 내게 말했다.

"점심 사. 밥 먹게."

목사님이 내가 돈이 좀 생긴 걸 알고 그러시는 것이다. 당시는 내가 만병에 좋다는 진득찰(한약재의 일종으로 진두찰 혹은 희첨이라고 한다)을 만들어 팔아서 경제적인 여유가 생기기 시작한 때였다.

밥상머리에 앉으니 목사님이 입을 여신다.

"집사님, 신학생 하나 맡으제."

"그건 또 뭔 소리라요?"

"신학생 가르치면 하나님이 다 줘."

신학생 한 명의 학비를 제공하라는 말이다.

"돈이 있어야제라."

"아, 진득찰 팔리면."

"아이, 안 팔리면 어쩌고요."

"안 팔리면 휴학계 내고, 팔리면 학교 보낼란게 내 말만 따라."

그래서 몇 개월째 버티며 그것은 도저히 할 수 없다고 했더니 목사님이 막 야단을 치는 것이다.

"하나님이 건강을 줄 때는 하나님이 필요해서 쓸라고 주신 건디, 당신만 혼자 묵고 건강하지 말고."

목사님이 계속 열변을 토했다.

"하나님이 진득찰을 사람을 통해 주시지 않았냐. 당신 그놈 묵고 건강하고 그놈 묵고 똥 잘 싸고 그놈 묵고 소화 잘 시키고 저혈압도 정상되어 불고."

내가 75/90의 저혈압이었는데 지금은 120/80이 되었다.

"혼자 묵고 건강하면 안 돼. 하나님이 이뻐하지 않아. 하나님이 이뻐하는 짓 해야지."

마침내 내가 항복 선언을 하고 말았다. 내가 그랬다.

"목사님, 팔리면 주고 안 팔리면 못 주요잉."

"그래, 아 그러라니까."

이래서 나는 쉰 떡을 받다시피 그 신학생을 받았다. 흡족하게 못 받은 것이다. 신학 공부를 하기 위해 돈을 벌려고 몸부림치던 그 청년은 상업고등학교를 나와 주산학원에서 학생을 모아 놓고 가르쳤는데, 본래 그 동네에서 주산을 가르치던 사람이 와서 뺨을 때리며 "너는 부모 잘 만나서 고등학교를 다녔지만, 나는 못 배워서 부모까지 먹어 살려야 하니까 내 밥줄 빼앗아 가면 안 된다!"며 호통을 쳤다. 바로 그 신학생이 최병효, 현재 광주 금호지구 성광교회 목사님이다.

당시 나는 억지 순종을 하긴 했다. 마지못해 니느웨에 간 요나에게 역사가 일어난 것이 이런 경우일까. 내가 순종한 그때부터 거짓말같이 진득찰이 팔려 나갔다. 누가 그것을 알고 사가겠는가?

하나님의 역사는 늘 작은 데서부터 시작하는 게 아닐까 싶다. 나에게 돈을 주신 구 장로님께서 어느 날 "당신 뭐 먹고 건강해졌어?" 물으시기에 내가 웃으며 "하나님 말씀 묵고 건강해졌지라" 하고 대답했다. 그러자 장로님이 다시 묻는다.

"하나님 말씀은 영적으로 묵는 것이고. 뭐 먹었어?"

"장로님, 귀신이요잉. 진득찰 묵었소."

"그래? 당신 혼자 좋은 것 먹지 말고 우리도 좀 맨들어 줘."

그래서 내가 대뜸 물었다.

"돈 줄라요?"

"돈 주제. 얼마면 돼?"

"닷 근을 만들어 줄 텐게 쌀 세 가마니 값만 주시오."

1975년 당시에 쌀 세 가마니면 8만 원이 못 되는 돈이다. 쌀 세 가마니가 8만 원이 못 되는데 장로님이 현장에서 8만 원을 주신다. 진득찰 닷 근 만들어서 보내라고 하시면서.

그리하여 진득찰을 가루로 만들어서 보내면 자기네들이 경동시장에서 환으로 만들어 먹었다. 그렇게 닷 근을 시작한 것이, 구 장로님 가정을 통해서 믿음의 가정들에 소개되어 잘 팔려 나갔다. 나는 그 돈을 꼼꼼하게 모아 신학생을 학교에 보냈다. 신학생의 아버지는 아들이 신학 공부하는 것을 이해하지 못해 단돈 백 원도 주지 않았다. 그래서 내가 차비, 교복, 책값에 용돈까지 다 조달을 했다. 아니, 내가 한 것이 아니라 하나님이 진득찰을 통해 조달을 하셨다. 그러다 신학생이 군대를 갔다. 그리고 나니까 아, 진득찰이 더 이상 안 팔리는 것이다. 덜 팔리는 것이 아니라 전혀 안 팔린다.

"목사님, 안 팔리요."

"군대 갔으니 안 팔려도 괜찮아. 제대하면 또 팔리겠지."

아, 그런데 얼마 후 하나가 팔렸다.

"목사님, 하나가 팔렸소."

그렇게 안 팔리던 것이 하나 팔려서 냉큼 자랑을 했다. 내가 그렇게 자랑을 하고 나면 놀랍게도 신학생이 휴가를 나온다. 그렇게 하나 팔린 돈이 휴가비로 고스란히 들어간다. 그리고 휴가가 끝나면 더 이상 안 팔리다가 또 하나가 팔리면 다시 휴가를 나온다. 그 과정 가운데 깨달은 바가 있다.

'이것은 최병효를 위해 하나님이 준 것이구나.'

그러다가 몇 개를 팔았다. 닷 근에 십만 원이나 했을까? 그런데 계속 잘 팔린다. 그렇게 모아서 학비 주고, 여름 되면 새 옷도 사주고, 교통비도 주고, 서점에 가면 책도 사주고 그랬다.

세월이 흘러 신학생이 제대하고 나왔을 때가 1980년이었다. 최병효 목사님과 내가 힘을 합쳐 남부교회를 개척했다. 그때 구 장로 님이 주신 50만 원이 종잣돈이 된 셈이다. 곽강흠 집사님이 한뎃부 엌(마당에 있는 부엌)에 짚 깔고 애들 앉혀서 주일학교부터 시작했다. 아이들이 한 삼십 명 나오는데 그렇게 좋을 수가 없었다.

그러자 황 목사님이 석현리 신작로를 중심으로 동네를 두 개로 쫙 갈라서 교인들을 분리시켰다. 신작로 동쪽 여섯 명은 절대로 금 성교회에 못 나오게 했다. 그야말로 여섯 명을 남부교회에 떼어 준 것이다. 요즘 도회지 대형 교회에서 부목사님들이 개척할 때 성도 들 보내 주듯이 그렇게 보내 주었다. 알고 보면 우리 금성교회는 한 국 현대 교회가 시도하는 여러 목회 방식을 가장 초기에 시작한 셈 이다. 처음에는 학교를 이용해서 예배를 드렸고, 이번에는 개척 교 회에 교인들을 파송하기까지 했으니까.

당시 겨울 추위에 고드름 어는 날씨일 때도 지푸라기로 짠 문을 열면 부엌 안이 후끈후끈하여 김이 연기처럼 모락모락 피어올랐다. 바로 그 교회가 성장하여 이 지역에서 내로라하는 지금의 남부교회 가 된 것이다.

최병효 목사님과 함께 집을 다 교회로 짓고 나니 800만 원 빚이 남아서 최 목사님 아버지 명의로 대출을 했다. 그러다 세월이 흘러 최 목사님이 신대원을 가려고 수원으로 떠나갈 때 나는 그 교회에 돈을 대줘야 했다. 그때 진득찰도 잘 팔렸고 내 건강도 완전히 회복 이 된 다음이었으므로 자신 있었다.

'하나님이 다 갚아 주지 안 갚아 주실라디야, 진득찰 팔아 주실 것이다' 하며 미더운 마음으로 지냈다. 그러나 사는 게 늘 그렇듯 예상치 못한 암초를 만났다. 최 목사님 아버지가 아들을 붙든 것이다.

"너 대출 800만 원 갚기 전에는 절대 못 간다."

앞으로 큰 일을 해야 할 목사님의 길을 돈 때문에 막을 수는 없었다. 성수 장로가 다른 곳에서 800만 원을 얻어서 갚아 주고 내가 그 돈을 떠안았다. 그리하여 1981년부터 시작해서 1987년까지 7년 동안 내가 그 돈을 갚았다.

남부교회는 그렇게 지어졌다. 지금은 능력 있는 교역자가 와서 아주 좋은 건물로 재건축했다. 나는 하나님이 쓰시려고 하면 무엇을 통해서든지 그것을 들어 쓰신다는 사실을 다시 한 번 깨달았다. 내가 하는 게 아니라 하나님이 나를 사용해서 일하심을 알게 된 것이다. 그러고 보면 나같은 가짜 예수쟁이가 하나님의 도구가 된 것이 참으로 감사한 일이었다.

진득찰을 먹고 많은 사람이 나았다. 대부분은 노인들인데 이제는 많이 돌아가셨다. 나도 늙어서 더 이상은 진득찰을 만들 수가 없다. 그것은 오직 하나님 일을 하기 위한 수단이었는데, 이제는 진득찰도 나도 때가 다 되었나 보다. 잎사귀의 말린 털 때문에 코피가 나기도 해서 이제는 그만두기로 했다.

최근에 솥단지가 터져 버려서 끝낼 때가 되었다 싶었는데, 그래도 미련이 남아서 누군가 먹고 싶은 사람이 있으면 스스로 해먹으라고 13만 원 주고 솥단지 하나 사다 걸어 놨다. 누구든지 스스로 달여 먹을 사람은 내 집에 와서 만들면 된다.

이 동네 덕성리에는 덕성교회가 있다. 지금은 대전에 계신 최기현 목사님이 전도사 때 개척한 교회다. 원래 점집을 하던 작은 방을 공짜로 얻어서 거기에 개척을 했다. 그러자 금성교회에 다니던 덕성리 사람들이 금성교회를 그만 다니고 덕성교회로 옮기려고 마음을 먹었다. 그래서 내가 이렇게 말했다.

"서 집사님, 이 집사님. 한 달에 성미를 고봉으로 대싱 한 되씩 낼 것 아니면 그 교회로 가지 마시오."

나는 그분들이 성미를 안 내는 것을 알고 한 말이었다. 꼭 그 교회로 가지 말라는 뜻이라기보다는 개척 교회로 가려거든 헌신할 준비를 하라는 뜻이었다. 몸만 교회에 다니는 것은 건강한 신앙이 아니다. 교회에 나가서 제비새끼처럼 얻어먹기만 하는 것은 어린이 신앙이다. 자기 신앙이 성장했으면 스스로 먹이를 구해 와야 한다. 진정한 신앙생활은 받아먹으러가 아니라 헌신하러 다니는 것이다.

나는 전도사님께도 부탁을 했다.

"전도사님, 금성교회서 사람들 떼어 주기 전에는 받지 마시오."

덕성교회가 잘되는 꼴을 보기 싫어서 그런 것이 아니라 이 교회가 제대로 성장하기를 바라는 마음이었다. 교회는 하나님의 집이므로 주변 교회가 잘 안 되면 당연히 서로 도와야 한다. 사도들이 그랬던 것처럼.

그런데 결국 전도사님은 금성교회 교인들을 받아 버렸다. 그리하여 스물다섯 명이 교회를 옮겼고, 그들 중 상당수가 죽거나 다른 곳으로 떠났다. 이제 덕성교회에는 열 명만 남았다.

현재 금성교회 담임인 황 목사님이 1989년에 나더러 덕성교회로 가라고 했다. 그러면서 덕성교회 전도사님을 대학원에도 보내고 교회도 건축하라는 명령을 주셨다. 나는 순종하는 마음으로 교회를 옮겼다. 와서 보니까 먼저 온 사람들은 아니나 다를까 성미를 대싱 한 되씩 내지 않고 있었다.

덕성교회로 옮긴 나는 1993년도에 교회 건축에 참여했다. 물론 내가 교회를 지은 것은 아니고 하나님이 지으신 것이다. 하나님이 나를 사용하신 것이지 나는 한 것이 없다. 하나님의 집을 지어야 하니까 서울 가서 일을 벌였다. 지금은 돌아가신 신앙 좋은 분들을 찾아가서 설득을 했다.

"하나님이 써묵을라고 한게 진득찰을 팔아 주셔. 헌금만 해주시믄 공짜로 드리께. 15만 원만 헌금하면 닷 근 줄게."

사실 닷 근이면 100만 원에도 사간다. 특히 한약 장사가 고객 관리하려고 사 가기도 한다. 그분들이 그런 것을 알든 모르든 나는 오직 기도하는 마음으로 싼 값에 팔아서 그 돈을 고스란히 교회 짓는 데 사용했다. 주시는 이도 하나님이시요 거두시는 이도 하나님이시며, 이 세상 만물의 주인이 하나님이신데 내 소유권을 주장할 이유가 없었다.

이제 나는 다시 금성교회로 적을 옮겼다. 덕성교회에서 내가 할 일을 다 했기 때문이다. 하지만 덕성교회가 발전하지 않는 것이 안타까워서 여전히 그 교회를 위해 기도하고 있다.

우리 집에는 늘 태극기가 달려 있다. 처음에는 집 앞 중학교 학생들이 태극기 달린 것을 좋아해서 달았다. 그런데 이상하게도 태극기가 날리면 기분이 좋았다. 깃발이 펄럭이는 모습에는 묘한 힘이 있는 것 같다. 그래서 나도 매일 기쁨으로 살려고 태극기를 달았다. 그리고 덕성리로 이사를 와서는 수세미를 만들어 팔았다. 그것 판 돈으로는 건축헌금을 많이 했다. 진득찰도 팔고 수세미도 팔고. 그때 물건을 사려는 사람들이 나를 찾아올 때 표지가 있으면 쉽게 찾을 것 같아서 태극기를 달기 시작했다.

나는 이 동네에서 권사님으로 통한다. 믿는 사람이든 아니든 나를 권사님이라고 부른다. 내가 이 동네 처음 왔을 때 나더러 누구냐고 묻기에 내가 이렇게 대답했다.

"내가 권산디요. 님자 하나 더 붙여 권사님이라고 불러 주시오."

그날부터 누구든지 권사님 집을 찾으면 동네 사람들이 "저 태극기 있는 집으로 가시오" 그렇게 말한다. 그 태극기가 꼭 일 년에 한 개씩 떨어진다. 올해는 웬일인지 일 년이 안 됐는데 떨어졌다. 서울 아들 올 때 사오라고 해야겠다.

내 친아들은 서울에 있다. 광주에서 조선대학교 부속 기술중학교 다니다가 2학년 때 할아버지 따라 서울 숭실고에 들어간 뒤로 줄곧 서울에서 산다. 내 아들 나이가 벌써 65세다. 서울 묵동에 살고 있는데 태릉입구 예림교회 집사다.

아들 이야기를 하려면 너무 길어지니 간단히 말하고 싶다. 아들은 과거에 〈매일경제〉 사회부 기자로 근무했다. 청렴결백한 기자였는데 그만 교통사고가 나서 기자를 그만두었다. 퇴직 후에 새로 생긴 신문사 편집국장으로 가기도 했으나 오래 쉬다가 지금은 가락시장에서 일한다. 참으로 정직하고 좋은 아들이다. 어쩌면 나는 내 아들을 도와줬어야 했는지도 모른다. 하지만 하나님께서는 아들 하나 건사하는 대신 이 지역의 하나님 나라 건설을 위해 나를 사용하기를 더 원하셨던 것 같다.

내 아들에게는 딸만 둘이 있는데 하나는 결혼했고 하나는 아직 안 했다. 내 손녀들은 믿음이 정말 좋다. 그래서 내가 너희들이 신앙생활 잘하니까 하나님이 너희를 축복하실 거라고 말한다.

성수 장로는 광주에 있는 농성 삼익아파트에 산다. 성수는 정말로 착하다. 감사하게도 며느리도 권사가 되었다. 자녀는 찬송이, 사라, 신애 이렇게 셋이다. 성수가 낳은 셋째 손녀가 현신애 권사님과 이름이 같다. 이름 지을 때 성경 말씀에서 이름을 받으라고 했는데, 일곱 살짜리 성수 장로 아들이 학교 가려다가 그러는 것이다.

"할머니 현신애라고 짓제."

그 말 끝에 박 씨 성을 붙여 박신애라고 지었다. 신애가 네 살 때

재미있는 일이 있었다. 아빠 박 장로가 회계석에서 헌금을 정산하고 있는데 이 조막만 한 딸이 아빠에게 기막힌 말을 했다.

"아빠, 도둑놈이여."

그 말에 기가 막혀서 박 장로가 물었다.

"내가 뭔 도둑질을 했냐?"

"아빠, 주일날 문방구에서 배드민턴 채 안 팔았는가?"

그랬다. 그래서 박 장로가 회개한 적이 있다.

이제 내 이야기를 접을 때가 되었다. 지금 나는 기초생활 수급자로 산다. 내가 평생 번 돈은 하나님 나라를 위해 썼다. 세상 사람들이 볼 때 나에게 남은 것이 없으나 하나님께서 나를 기뻐하는 자라고 말씀하시기를 바랄 뿐이다.

나는 이 찬송을 좋아한다.

"나 믿노라 나 믿노라 보혈의 공로를. 흠 없어도 피 흘리사 날 구원하셨네."

예수님이 나 위해 피 흘리고 죄 씻어 주심이 얼마나 감사한가?

또 나는 시편 15편 4절 말씀을 특별히 좋아한다.

"그의 눈은 망령된 자를 멸시하며 여호와를 두려워하는 자들을 존대하며 그의 마음에 서원한 것은 해로울지라도 변하지 아니하며."

한번 서원한 것은 해로울지라도 지키라고 하신 구절이 마치 내게 주시는 말씀 같다. 나는 하나님을 만난 후에는 부족한 대로 그렇게 살아왔다.

"저 높은 곳을 향하여 날마다 나아갑니다."

이 찬송가 가사 그대로 나는 딱 반평생을 저 높은 곳을 향해서 살려고 애썼는데 하나님 보시기에는 어떨지 모르겠다. 나는 60년이 넘도록 혼자 살았다. 바울 사도는 가능하면 혼자 살면서 하나님 나라 일을 하라고 했는데 내가 그렇게 되었으니 축복이라면 축복이다.

이토록 오래 혼자 산 이유 중 하나는 기숙사가 금남의 집이이어서 남자 만날 틈도 없었거니와 퇴사 후에는 하나님을 만났고, 하나님 일 하느라고 혼자 살았다. 예수님을 만난 뒤에는, 긴 세월 어떻게 혼자 살았느냐고 누가 물어보면 내 딴에는 이렇게 답했다.

"나 예수님과 살았소. 혼자 안 살았소."

그렇게 말한다. 피난 간 뒤로는 영 소식이 없는 남편 대신 우리 예수님이 내 남편 되셨다.

나는 부족한 것이 전혀 없다. 가난하지만 부족함을 느끼지 못하고 불만도 없다. 하나님이 함께하시니까, 그것이 나의 행복이다.

올해 2월에 허리를 삐었다. 한번 일어나면 눕기가 여간 사나운 게 아니다. 그래서 요즘 거동을 잘 못한 채 방에 누워서 세계를 위해 기도한다. 파푸아 뉴기니, 프랑스, 폴리네시아, 피지 등 하나님 나라의 확장을 위해 기도한다.

마지막으로 사람들에게 당부하고 싶은 말이 있다. 우선은 교회 출석을 잘하는 것이 가장 중요하다. 돈 없다고 핑계하지 말고 교회 못 다닌다고 핑계하지 않아야 한다. 앞서 말했듯 원래 나는 10원짜리 헌금하기 싫어서 5원으로 바꾸어 헌금함에 넣던 사람이다.

나는 헌금 설교 안 하는 목사님들이 하나님 눈치를 보는 게 아니라 인간의 눈치를 본다고 생각한다. 그리고 헌금 설교 싫어하는 사람들은 하나님을 믿는 게 아니라 돈을 믿는 사람들로 여겨진다. 세상의 주인은 돈이 아니라 하나님이다. 그러니까 내가 번 돈 내 마음대로 쓰면 절대 안 된다.

과거에 나는 이렇게 기도했다.

"하나님 나를 어따 써 묵을라고 건강 주셨소?"

아마도 지금까지 이야기한 일에 사용하려고 건강 주신 거겠지 싶다. 허허, 내 나이 올해 여든다섯 살이다. 나는 지금 행복하게 하늘나라 갈 날을 기다리고 있다. 그래도 배짱 좋게 이렇게 기도한다.

"하나님, 나 워디 더 써 묵을 디 없소?"

이 기도 덕에 내 이야기를 이렇게 남기게 되는 듯하다. 또 써 묵으실라고. 이 이야기를 읽을 분들, 하늘나라 갈 때까지 하나님의 도구로 쓰이다가 천국에서 모두 기쁘게 만나기를 바란다.

국 권사님을 만난 것은 행운이었다. 국 권사님은 이 책의 마지막 간증 주인공인 장순복 권사님이 강권해서 만났다. 가능하면 한 교회에서 두 사람을 취재하지 않으려 했으나 나는 이 사연을 싣지 않을 수 없었다.

키 큰 대나무에 태극기가 걸린 권사님 댁. 권사님은 허리를 다친 터라 거동하실 수가 없었다. 나는 병석에 누운 그대로, 권사님 얼굴을 사진에 담았다. 많은 사진을 담기가 죄송했다. 권사님은 아주 느리고 나긋한 목소리로 찬찬히 물었다.

"어찌게 왔소?"

그렇게 묻는 음성이 얼마나 따뜻한지 내 심장이 뜨거워졌다. 권사님은 마치 타고난 이야기꾼처럼 찬찬히 자기 인생을 풀어냈다. 권사님의 삶은 말 그대로 살아 있는 사도행전이었다.

인터뷰를 끝내고 나서는데 권사님이 일어나셨다. 허리가 아픈데 굳이 일어나신 것은 나에게 음료수를 주기 위해서였다. 그날 내장을 타고 내려가던 음료수의 시원한 느낌이 아직도 생생히 느껴진다.

국경희 권사님이야말로 '헌신'이라는 단어가 가장 적합한 분이라는 생각이 든다. 하나님은 우리를 사용하실 때 하나님 혼자 하시는 게 아니라 늘 사람과 함께하신다. 따라서 때로는 인간이 칭찬을 받아도 나쁘지 않은 것 같다. 그래서 권사님을 칭찬하고 격려해 드리고 싶었다.

"권사님이 교회를 두 개, 아니 사실상 세 개를 지으셨네요."

권사님은 자신의 삶을 대단치 않게 여기는 겸손이 몸에 밴 분이다. 이번에도 권사님은 자신을 전혀 드러내지 않았다.

"허허, 내가 지었겠소? 하나님이 지었지."

지금도 권사님의 음성이 내 귀에 울린다.

허허, 내가 지었겠소? 하나님이 지었지.

능력이 부족하면
힘을 합해 하는 거지

이정옥 권사 • 1946년생
강원 신철원, 내대교회

나는 평생 농사만 지어서 특별히 잘하는 것도 없고 잘난 것도 없다. 머리가 좋지도 않아 지난 일을 기억하지도 못한다. 그래서 딱히 간증이라고 할 것이 없다. 하지만 그런 내게도 하나님이 임재하셨기에 그분의 살아 계심을 확신한다.

모든 집안이 그러하겠지만 나도 고부 간의 갈등으로 애를 먹었다. 엄밀히 말하자면 갈등이라기보다는 내가 주로 시어머니께 대든 쪽이었다. 시어머니와 갈등 중에 잊을 수 없는 체험을 했다. 어머니랑 다투기만 하면 어머니는 당신 화를 못 이기셔서 가슴을 마구 치신다. 그러면 목사님을 모셔 와서 기도를 해드리는데 목사님 말씀이 듣기 싫어서 집 밖으로 나가 버리시곤 했다.

아주 혹독하게 추운 겨울, 수요일 오후였다. 그날도 시어머니와 나의 다툼 끝에 목사님이 기도하러 오셨다. 그러자 어머니는 전과 같이 밖으로 나가셨다.

"어머니, 왜 나가셔요?" 하고 물으니 목사님이 계신데도 이렇게 말씀하신다.

"아, 그 말 듣기 싫어서 나가지."

그러면 나는 얼마나 무안한지 모른다. 그때 목사님이 어머니께 "그래요? 그럼 귀를 막고 계세요. 날씨가 이렇게 추운데 밖에 나가지 마시고……." 그러신다.

그렇게 말씀하시면 어머니는 이불을 머리에 뒤집어쓰는 것도 모자라서 아주 똘똘 말고 계신다. 목사님이 예배를 드리고 사택으로 돌아가신 뒤 내가 어머니께 얘기했다.

"어머니, 어서 저녁 잡수시구 저랑 예배드리러 가야지요."

"예배는 왜 드려? 너나 다녀와."

그러면서 알아듣기도 힘든 말씀을 하시고 눈을 못 뜨신다.

"눈 좀 떠 보세요" 하니 "아, 난들 안 뜨고 싶어? 눈이 안 떠지는 걸 어떡해?"라고 하며 여전히 눈을 감은 채 엉뚱한 말씀을 하신다.

진지를 드시라고 하니 "여기 있는 기집애들, 저기 셋이 있으니까 기집애들 먼저 주어. 난 이따 천천히 먹을 테니까" 그러신다.

"어머니, 기집애들이 어디 있어요? 여긴 아무것도 없으니 어서 먼저 드세요."

"없긴 뭐가 없어? 저기 셋이 있잖아. 쟤네들 먼저 줘."

여전히 눈을 감은 채 하시는 말씀이다. 교회 갈 시간은 다가오는데 마냥 씨름만 할 수는 없어 나는 체념한다.

"알았어요. 어머니 먼저 잡수시면 제가 나중에 줄게요."

이미 첫 종이 친 지 오래고 시간은 흘러갔다. 교회는 가야겠는데 상황이 안 되니 내가 찬송가를 부른다.

"아, 그놈의 노래 듣기도 싫으니 썩 그만 둬. 기집애들 밥이나 주라니까 노래는 무슨 노래야."

그때, 목사님 말씀이 기억이 났다. 마귀가 있다고 생각될 때는 대적하라고 하지 않았는가? 그것도 강력하게 대적하라고 했지. 그래서 있는 대로 소리를 질렀다.

"이 쌍놈의 기집애들! 감히 누구네 집에 와서 지랄들이야? 우리는 하나님 섬기고 예수님 섬기는 가정인데 어딜 와서 지랄들이냐구? 내가 장작개비 가져와서 너희들 다 때려서 내쫓을 테야."

소리치면서도 내가 더 놀랐다. 내 입에서 그런 욕이 나오다니……. 나는 할 수 있는 한 큰 소리로 말했다. 그러자 우리 어머니가 눈을 감은 채 두 손으로 허공을 감싼다.

"안 돼. 때리지 말아."

어머니 눈에는 귀신이 보이는 것이다. 어머니는 그 귀신들을 감싸다가 잠시 후 또 다른 말씀을 하신다.

"애들이 노래를 하네. 애들 밥 좀 줘. 노래하니까."

그러면서 귀신들과 함께 노래를 한다. 평생 예수를 믿은 어머니가 찬송가가 아니라 입에 담아 본 적도 없는 유행가를 부르신다.

"오동추야 달이 밝아~"

어머니가 노래를 부르시는데 내 머리카락이 쭈뼛 일어섰다. 그래서 장작개비를 들고 와서 내쫓겠다고 휘저으니까 어머니가 또 허공을 감싸는 것이다. 그 순간 나는 거의 자포자기 심정으로 기도했다. 아니 기도를 한 게 아니라 나도 모르게 기도가 흘러나왔다.

"주여, 모르겠습니다. 말씀으로 함께하소서."

이렇게 기도하고서 어머니 머리맡에 성경책을 펴놓고 교회를 갔다. 집에서 교회까지 가는 길은 허허벌판인데 살을 에는 겨울바람에 뼛속까지 시렸다. 눈과 얼음이 섞여 있는 들판은 밀가루를 뿌려놓은 듯했다.

예배를 마치고 돌아와서 슬그머니 문을 열고 방 안을 들여다봤다. 어머니가 자꾸만 헛소리를 하시니 무섭기도 했다. 이윽고 시어머니가 잠이 드셨다.

다음 날 새벽, 평소처럼 새벽기도를 다녀왔다. 겨울밤이 워낙 길어 좀 더 눈을 붙이려고 눕는데 갑자기 방에서 난리가 났다. 앙칼진 목소리가 어둠을 발기발기 찢어 버린 것이다. 어머니 입에서 온갖 귀신 소리가 다 튀어 나오더니 다시 어머니의 외침 소리가 들렸다.

"주여! 뭐, 살다 보면 이럴 수도 있고 저럴 수도 있지. 그렇다고 사람을 버려요?"

어머니가 있는 대로 악을 쓴다. 들여다보니 성경을 펼쳐 놓은 채 방바닥에서 일어나 앉아 소리 치고 계신다. 어쩔 수 없이 방으로 들어가 어머니 등을 쓰다듬어 드렸다. 한참을 그러고 있으니 어머니가

"아휴" 하고 한숨을 쉬신다. 이제 좀 정신이 돌아오신 것 같아서 내가 여쭤어 봤다.

"어머니, 왜 그러셨어요?"

"아, 네가 저녁에 성경을 펴놓고 나갔잖니? 그러니깐 기집애들이 '아우, 못 있겠다야. 못 있겠다.' 그러고는 나가는 거야. 그 후에 내 눈이 떠지질 않겠니? 거참 묘한 일이야."

"그럼 저녁은 좀 드셨어요?"

"저녁이 다 뭐니? 만사 귀찮아서 그냥 상을 물리고 잤더랬지. 새벽에 성경을 좀 보려구 눈을 뜨니 기집애들이 또 온 거야."

"어머, 그래요? 그래서 어떡하셨어요?"

"어떡하긴. 기집애들이 나더러 '하나님이 어제 이미 너를 버렸는데 책을 뭐하러 보니?' 이러는 거야. 그래서 내가 그냥 화가 나서 하나님께 소리를 지른 거야."

어머니가 그 귀신들하고 한차례 영적 전쟁을 한 것이다. 당시에 시어머니는 80세가 넘으셨고, 나는 40대 초반이었다. 92세에 돌아가신 우리 시어머니는 80세가 다 될 때까지 직장에 나갈 만큼 정신이 멀쩡했다. 아예 치매는 겪지도 않았다. 그토록 아주 정정한 분이 그런 일을 겪은 것이다.

시어머니와의 관계 가운데 가난으로 인한 갈등이 없었던 것은 아니나 안 좋았던 점은 별로 없었다. 시어머니가 문제가 아니라 내가 말대답한 게 문제였다. 내 판단에는 아닌 것을 시어머니가 옳다고 할 때, 내가 아니라고 대답한 것이 곧 반항이었다. 바로 그 때문에 관계를 망치곤 했다. 하나님과의 관계가 꼭 시어머니와의 관계 같다. 하나님이 옳다고 하는 것을 따르기보다 내가 옳다고 생각하는 것을 자꾸 하나님께 요구하는 것이 하나님께 대한 반항이다.

헌금이야 누구나 하는 거니까 내가 한 헌금은 별것도 아니다. 하지만 헌금하는 것으로 보면 시어머니는 신앙이 정말 좋았다. 가난한 시골 살림임에도 추수감사절이면 마차에 몇 가마씩 싣고 와서 헌금을 한다. 또 우리가 농사지은 것 중에 십일조로 가져온 것 말고도 굉장히 많은 양을 내놓았다. 그러면 동네 사람들이 형편도 어려우면서 저렇게 쌀을 몇 가마씩 헌금한다고 트집을 잡는 것이다. 그러나 우리 시어머니는 동네 사람들 눈을 의식하지 않았다. 그저 하나님만 바라보고 사셨다.

내 고향은 황해도다. 전쟁 때 부모님이 가족을 데리고 월남하였는데, 처음엔 전라도 여수 근처에 살다가 이곳 동성리 근처 입금리라는 동네로 이사 왔다. 원래는 고향으로 돌아가려고 올라온 것인데 분단되면서 돌아갈 수 없는 땅이 되어 고향과 가까운 철원에 자리를 잡았다. 이후 나는 입금리에서 성장하여 26세에 결혼했다.

신앙생활을 열심히 하는 친정어머니 영향으로 어려서부터 교회를 다녔다. 그러나 중등부에 올라가면서 서울 약수동에서 가정부 생활을 하느라 교회에 나가지 못했다. 엄마의 만류에도 불구하고 시집 갈 돈을 내가 벌겠다며 굳이 가정부 생활을 했다. 그리하여 실제로 내가 모은 돈으로 결혼을 했다.

결혼 후 처음으로 신철원에 있는 교회에 나갔는데 부흥사경회가 열렸다. 집회 중에 남들은 눈물 콧물을 흘리는데 뭐, 눈물이 나야 콧물도 나지, 나는 아주 맹숭맹숭했다. 다들 엎드려서 울고불고하는데 나 혼자 일어나 앉아 있기도 눈치가 보여서 나도 성령의 감동을 받은 척하느라고 엎드렸다. 일어나지도 못한 채 얼마나 엎드려 있었던지 무척이나 힘이 들었다.

그리고 얼마 지나지 않아 내대교회에서 부흥회가 열렸다. 그때 내 마음에 깊은 감동이 찾아오면서 눈물이 터져 나왔다. 그날 내 가슴이 얼마나 울렁거렸는지 모른다. 나는 참 감정이 메말라서 어떤 일을 만나도 늘 물에 물탄 듯 술에 술탄 듯하다. 그런 내게도 감동의 눈물이 샘솟기 시작한 것이다. 사실 눈물도 하나님의 은혜가 있어야 나온다. 그런 감동의 눈물은 돈으로 살 수 있는 것은 아니니까. 아니, 돈 있는 사람은 오히려 눈물 흘리기가 더 어려울지 모른다.

당시 누구나 가난을 겪었듯 우리도 가난했다. 친정어머니는 신앙생활을 열심히 하셨다. 친정아버지는 피란 온 이듬해, 내가 여섯 살 때 일찍 돌아가셨는데, 그 시절 어머니는 혼자 괴로워서 담배도 피웠다고 한다. 그러다 누군가의 전도로 교회를 다니게 된 어머니는 새벽기도를 갈 때도 꼭 세수를 하고 가셨다. 그때는 물도 귀해서 나는 "그냥 가지 세수는 왜 그렇게 하느냐"고 물었다. 그러면 어머니는

"하나님 앞에 나가는데 대충 나갈 수 없다"고 대답하셨다. 누군가의 말처럼 대통령 만나러 가도 맨얼굴로 안 갈 텐데 대통령이랑 비교도 안 되는 하나님 만나러 가면서 맨얼굴로 가면 안 된다고.

어머니는 봉사도 대단히 많이 하셨다. 오늘날에는 너무나 유명해진 '대한 수도원'을 처음 지을 때, 노력봉사하러 오라고 하면 동성에서 신철원까지, 그 먼 거리를 걸어가곤 했다.

친정어머니는 일자무식이었다. 그래서 글자를 보는 게 아니라 달을 보고 "오늘 초하루 며칠 되었겠어" 이랬다. 그런데 하도 열심히 믿으시니까 성경 찬송을 다 아셨다. 찬송가를 다 외운 것은 물론이고 성경도 웬만한 데는 다 아셨다. 그리고 마침내 글을 깨우치셨다.

나의 친정어머니는 시쳇말로 '부처님 반 토막'이다. 그 정도로 답답하리만큼 말이 없으신데 기도는 얼마나 유창하게 하시는지 모른다. 특히 남에게 절대 신세 지지 않으려 하는 곧은 성품이어서 교회에서 밥을 해도 절대 안 잡순다. 교회 살림 축내지 않으려고.

나는 어려서부터 교회에 대한 반감이 있었다. 아니 교회에 대한 반감이라기보다는 게을러서 교회에 가기 싫어했고, 그 핑계로 자꾸만 교회나 교회 다니는 사람을 비판했다. 그런 나와는 반대로 친정어머니는 참 현명한 여인이었다. 어머니는 체험도 많이 하셨고, 믿음도 아주 탄탄했다. 그래서 나의 어리석은 질문에도 늘 시원하고 현명한 답변을 해주셨다.

"엄마, 난 정말 이해가 안 돼요. 교회서는 왜 하나님을 믿으라고

하는지 모르겠어요. 특히 교회 다니는 친구들이 자꾸만 교회에 나
가자고 하는데 난 그 친구들이 이해가 안 돼요."

이렇게 말하니까 어머니가 피식 웃으며 대답했다.

"너는 그럼 친구가 이짝 길로도 가고 저짝 길로도 가는데, 친구
가 나쁜 길로 가믄 그걸 그냥 둘래? 친구라면 좋은 길로 가자고 인
도를 해야지."

어머니의 말을 들으니 전도하는 사람들이 이해되었다.

한번은 내가 예수 믿는 사람은 말도 많고 불평도 많고 문제가
많은 사람들이라고 투덜거리자 어머니가 이렇게 대답하셨다.

"예수 믿는 사람들이 문제가 아니라, 똑같은 일을 해도 예수 믿
는 사람들이 더 나빠 보이는 거지."

그 말을 듣고 보니 그런 것 같았다.

"엄마 말을 듣고 보니 그러네요. 그런데 왜 예수 믿는 사람들이
더 나빠 보일까요?"

내 질문에 어머니가 잊지 못할 대답을 했다.

"예수쟁이는 다들 새하얀 옷을 입어서 그렇단다. 옷에 먹물이 떨
어져 봐라. 흰옷을 입으면 금방 표가 나잖니? 예수 믿는 건 그런
거다. 하얀색 치마저고리를 입고 사는 거지.

그렇게 말씀하셨는데 나중에 성경을 보니 요한계시록 3장 4절
에 '흰옷 입은 사람'이 나온다.

"그러나 사데에 그 옷을 더럽히지 아니한 자 몇 명이 네게 있어

흰 옷을 입고 나와 함께 다니리니 그들은 합당한 자인 연고라."

친정어머니가 이 성구를 알고 말한 것인지는 알 수 없다. 하지만 말씀에 합당한 자로서 예수를 믿는 자는 마치 흰옷을 입고 사는 것과 같은 일임에는 틀림없다. 평소 말씀이 없으신 친정어머니가 깨달은 바를 내게 가르쳐 주신 것을 지금은 내가 많이 써먹는다.

한번은 친정어머니가 교회에서 기도하는 중에 환상을 보셨는데, 몸은 없고 손만 내려와서 사람을 휘청휘청 들어올리더라는 것이다. 그래서 혹시 혼자 있는 건가 싶어 눈을 떠 보니 다른 사람들 모두 기도를 하고 있었다. 아쉽게도 눈을 뜬 순간 환상도 깨졌다. 이처럼 어머니는 그와 같은 경험을 꽤 많이 하셨다.

나는 너무 농사만 짓고 살아서 그런지 기억력이 약하다. 교회가 언제 지어졌는지도 기억을 잘 못하는데 머릿돌에 새겨진 걸 보니 1982년 3월 28일이라고 기록되어 있다. 이 교회는 그때 준공된 건물로 과거의 작은 교회를 재건축한 것이다. 초가집이던 맨 처음 교회를 헐고 시멘트 블록으로 지었다.

그때는 전교인이 다 나와서 교회 짓는 일을 도왔다. 시골에서는 교회 하나 지으면 전교인이 밤낮으로 일해야 한다. 낮엔 자기 집 일 하고 밤엔 교회 일하고. 벽돌을 날라 놓으면 목사님이 인부 하나 데리고 일을 했다. 교회 건축하는 동안은 목사님도 일꾼이 되어야 한다. 이 땅에서 교회 하나 지은 목사님이라면 천국에서 복이 클 것이다. 교회 짓는 일은 정말이지 보통 일이 아니니까.

내 애가 첫돌 지났으니 삼십 년도 넘은 일이다. 건물 짓기 전 조그만 교회일 때 주일학생들, 특히 중등부 학생이 많았다. 그때 아이들에게 인기 있는 총각 전도사님이 있었는데 평소 잘 놀아 주니까 학생들이 많이 모였다. 그중 한 학생이 아주 특별한 체험을 했다.

그 학생의 이모가 많이 아팠다. 미음을 먹어도 다 게워 낼 정도로 몸이 안 좋았다. 마침 교회에서 부흥회가 열렸는데 그 학생이 이모를 데려왔다. 교회에 나온 그 이모가 강대상 앞에 앉아서 내내 울었다. 그날 밤 성령을 받은 것이다. 교회 강대상 앞에서 입구 저 끝까지 마구 굴러다니는데, 정말이지 얼마를 굴렀는지 모른다. 그런데 그분이 하는 행동이 마치 나비가 날아다니는 것 같았다. 손으로 자기 몸을 안찰하는 그 손길이 얼마나 부드러운지, 깃털처럼 부드럽게 산들바람처럼 가볍게 자기 몸을 두드린다. 그렇게 한참을 때리고 나더니 이내 병 고침을 받았다.

지금 그분은 신앙생활을 아주 잘하신다. 그때는 아주 젊은 나이였는데 지금은 육십이 넘으셨다. 그분은 아직도 이 근처에 살고 있다. 분명한 건 하나님이 고칠 사람은 어딘가 다르다는 사실이다.

나는 이런 일을 보면서 우리 친정어머니가 참 대단하다는 생각을 한다. 어떤 사람들은 믿음이 좋아야 병이 낫는다고 하고 어떤 사람들은 기도를 많이 해야 병이 고쳐진다고 한다. 그런데 어머니는 그렇게 말하지 않았다.

내가 친정에 갔을 때 일이다. 내가 서둘러 집으로 오려니까 어머니가 하룻밤 더 머물다 가지 왜 이리 서두르느냐고 물으신다.

"엄마, 부흥회 있어서 가야 해요. 오늘부터 부흥회예요."

"얜, 여기까지 와서 그냥 가니? 하루 더 놀다가 가려무나."

"아니에요. 어서 가야지. 부흥회에서 은혜 받아야지."

그러면 이렇게 말씀하셨다.

"그냥 놀다 가려무나. 은혜는 기도를 많이 해서 오는 것도 아니고 부흥회 많이 간다고 오는 것도 아니야. 하나님은 너의 중심을 보시니까……. 하나님이 주고 싶으면 주는 것이지. 또 교회가 은혜 넘치고 성령 충만하면 오는 거지."

지금 생각하면 그 말씀이 맞다. 오순절 다락방에 은혜가 넘친 이유는 바로 교회가 은혜 넘치고 성령 충만했기 때문이고, 하나님이 주고 싶었으니까 그분의 주권대로 주신 것이다. 이제 보면 신학을 공부하지도 않은 우리 어머니는 참 대단한 생각을 했던 것 같다.

아무튼 그 학생의 이모는 하나님의 은혜로 병이 치유되었다. 그 학생이 이 아래 살았는데 가정환경이 안 좋았다. 아버지는 약주를 많이 하고 어머니는 남의집살이를 하고 학생은 할머니 밑에서 살았다. 남들이 보기엔 그렇게 어려운 가정이었는데, 그 학생은 애타게 기도를 했다. 그것도 아주 뚜렷한 기도제목을 갖고 구했다.

"하나님이 계시면 나에게 천당과 지옥을 보여 주세요."

이런 기도를 한 뒤 그 학생은 정말 천국과 지옥을 봤다고 한다. 지금은 다른 동네에서 신실한 일꾼으로 일하고 있는데, 무려 그 교회의 전도왕이 되었다. 그는 청년 때에도 환상으로 본 것을 많이 이야기하곤 했다. 하나님은 각자에게 각기 다른 모양으로 살아 역사하심을 그 청년을 통해 보게 되었다.

나는 워낙 한 일이 별로 없기도 하고 기억도 없어서 할 말이 거의 없다. 교회 봉사를 하기는 하는데 늘 부족하게 한다. 이 이야기를 읽는 분들에게는 죄송하지만, 나는 다 못한 것만 생각나고 잘한 것은 생각이 안 난다.

우리 교회 사람들도 크게 잘사는 분이 없다. 다들 농사꾼들이니 특별할 리가 없다. 우리는 능력이 부족하니까 모두 힘을 합해서 일한다. 모두 힘을 합해서 일하라고 교회를 주신 것 아닐까? 하나님은 우리가 힘을 합해 일하는 것을 좋아하시는 것 같다. 옛날에는 권금옥 권사님, 정준희 권사님 등이 교회 초창기에 전도사님 식사를 해드리면서 교회를 섬겼다. 없는 시절에 어른들 눈치 보며 밥까지 해다 드린 그분들이 훨씬 훌륭하지 나는 정말 별로 한 게 없다. 두세 사람이 모인 곳에 하나님이 역사하신다는 구절은 우리 교회를 두고 하신 말씀인 것만 같다.

교회를 재건축했을 때도 나는 많은 돈을 헌금하지 못했다. 그냥 나에게 맡겨진 일이나 했지 더 하겠다는 말도 못했다. 대신 교회에 필요한 물질을 맡기면 한번에 할 수가 없으니까 작정 헌금을 한 뒤 할부로 끊어서 헌금했다. 마음은 많이 하고 싶은데 현실은 그렇질 못했다. 한번 헌금할 때마다 몇 백만 원씩, 그렇게 몇 년을 했다. 사실 일을 좀 했다든지 내가 헌금을 좀 했다고 하려면 교회를 다 내가 지어야 할 터인데 그렇게 못했으니 별로 내세울 것이 없다.

어느 교회나 그렇듯 헌금하다 실족하는 사람이 있다. 교회 건축할 때면 교회에 안 나오기도 하고……. 그렇게 하는 사람들에게는 헌금 안 해도 좋으니 교회에 나오라고 권하지만 보통은 안 나오고 만다. 헌금 안 한다고 해서 없는 사람을 손가락질할 수 없는데 스스로 안 나와 버린다. 하나님이 원하시는 것이 돈이 아니니 와서 일이라도 거들면 되는데, 우리 기도와 믿음이 아직도 부족한 것이다.

나도 적지 않은 체험을 했는데 이제는 많이 잊어버렸다. 자꾸만 잊어버렸다고 말해서 미안하지만 정말로 많이 잊어버렸다.

40대 때의 일이다. 한번은 넘어져서 팔을 접질리고 말았다. 그래서 팔을 움직이거나 돌리거나 비틀지도 못했다. 그게 마침 부흥회 때였는데, 부흥 강사 목사님이 손뼉을 치라고 한다. 그래서 나는 못 친다고 했다. 그러자 목사님이 내 어깨를 툭 치면서 이렇게 말한다.

"믿고 쳐요, 믿고."

그래서 살살 박수를 쳤는데 그 아프던 팔이 감쪽같이 나았다. 이해할 수 없는 일이었지만 치료하시는 하나님이 아픈 팔을 통해 나를 더 붙들어 주셨다.

나는 따지기를 참 잘하는 성미다. 사람에게만 그러는 게 아니라 하나님께도 그랬다. 한얼산 기도원에 가서 집회에 참여했을 때 일이다. 그때 내가 이런 기도를 했다.

"예수님은 내가 태어나기도 전에 돌아가셨는데 왜 나 땜에 돌아가셨다는 거죠?"

그랬더니 놀랍게도 음성이 들려왔다.

"너는 왜 그렇게 따지는 게 많으니?"

기도 중에 그러시는 거다. 허허. 기도 중에……. 나는 그 음성을 듣고 기절할 뻔했다. 너무 놀랐으니까. 그 음성을 듣고 깨달은 게 있다. 이유나 의문 달지 말고 무조건 하나님께 순종해야 한다는 것.

한번은 허리가 아파서 쩔쩔매고 있었다. 정말 너무 아파서 쌀 한 남박(나무바가지) 들고서 일어서질 못했다. 당시 대한 수도원에 계시던 현신애 권사님을 우리 교회로 모셔 와서 기도를 받았다. 감사하게도 그분 기도를 받고 내 허리가 나았다. 이처럼 하나님이 내게 얼마나 많은 은혜를 주셨는지 모른다.

나는 이 동네 내대 초등학교에서 청소를 한다. 그래서 아이들이 공부하는 오전 10시에서 3시 사이에는 개인적인 일을 볼 여유가 약간 허락된다. 그 시간에 학교 일 외에도 농사를 조금 하는데 요즘은 무릎 관절이 아파서 농사도 잘 못한다. 내 나이 올해 66세인데 사람들이 나이보다 더 늙어 보인다고 한다. 고생을 많이 해서 그런가? 나는 하나님 앞에 75세까지만 살다 가겠다고 기도한다. 아이코, 이제 십년도 남지 않았다.

남편은 신앙생활을 아주 열심히 하는 사람이었다. 내 남편, 안준규 장로는 법 없이도 사는 분이다. 내가 남편에게 유일하게 섭섭한 것이 있다면 교회 빠지는 것을 싫어한다는 점이다.

한번은 내가 낙심한 일이 있었는데, 그때 남편이 내 편을 드는 것이 아니라 교회 안 나간다고 다그쳐서 속이 상했다. 사실은 그렇게 해준 것이 너무나 고마운 일이지만.

내가 낙심하게 된 일은 아주 사소한 데서 시작되었다. 전에 계시던 사모님과의 일이다. 교인들 심방을 하는데 사모님이 나더러 심방하는 대원들 점심을 하라고 했다. 동네 앞에 군부대를 지을 때였다. 나는 당시에 목수들 밥을 해서 먹이느라 정신이 없었다. 점심에 일꾼들 밥을 다 주자마자 바로 심방 대원들 밥을 해야 하니 손이 열 개라도 모자랄 판이었다.

그토록 눈코 뜰 새 없는 상황이었으나 순종하는 마음으로 그러마고 했다. 그런데 밥을 해놓고 아무리 기다려도 사람들이 안 온다. 당시는 전화도 없을 때라서 두 시간이 넘도록 무작정 기다렸는데, 하도 안 오시기에 무슨 사고라도 났나 싶었다. 기다림이 길어지면 체념이 되는 법이라서 어느 정도 포기하고 있을 찰나에 드디어 사모님이 오셨다. 기왕 오셨으니 반가운 걸음으로 마중을 나갔다.

"아유, 사모님 왜 이제 오셔요. 밥이 다 식었어."

그런데 사모님이 의외의 말씀을 하신다.

"무슨 밥요?"

그 순간 내 마음이 얼음같이 차가워졌다.

"아니, 밥 해놓으라고 하셔서."

밥보다 예수

"어머, 내 정신 좀 봐. 저기 앞에 식당에서 먹었는데. 이를 어째."

바쁜 와중에 애써서 준비했는데 얼마나 속이 상하던지……. 그 다음 주부터 교회에 나가지 않았다. 이삼 주 지나자 목사님 내외분이 심방을 오셨는데 나는 그분들이 보기 싫어서 옥수수 밭에 숨어 버렸다. 속이 상해서. 허허허. 그런 적도 있다.

몇 주 동안 낙심 가운데 있을 때, 기도 중에 순종이 금보다 귀하다는 마음을 주셨다. 사실 그 사건이 몹시 서운하긴 했지만, 사모님은 평소에 아주 좋은 분이었다. 그런데 때리는 시어미보다 말리는 시누이가 더 밉다고 내가 몇 주 동안 교회에 안 나가자 옆에서 잔소리하는 남편이 더 미웠다. 그것이 남편이 나를 섭섭하게 한 유일한 사건이다.

어쨌거나 교회에 안 나가니 불안했다. 우리 아들도 요즘 교회를 안 나오고 있는데 불만을 털어놓으면서 참 이상하다고 한다. 여느 사람 흉을 보면 속이 시원한데 교회 일을 불평하면 마음이 괴롭다는 것이다. 하나님은 비판하고 정죄하는 것을 안 좋아하시니까.

남편은 원래 예수를 안 믿던 사람이었다. 그러다 군대 갔다 와서 위장병을 심하게 앓았는데 이 동네에 계신 할렐루야 권사님이라는 분이 전도를 해서 교회에 데리고 다녔다. 우리 남편은 체험을 많이 했는데도 자기 이야기를 잘 안 한다.

한번은 남편이 교회 부흥 사경회 중에 천사를 보기도 했다. 우리 교회에 김옥순 권사님이라는 분이 계셨다. 이분이 동네 사람들을 볼 때마다 "할렐루야, 할렐루야" 이렇게 인사를 하니까 '할렐루야 권사님'이라는 별명이 붙었다. 남편은 그 권사님을 따라 기도원에도 다니고 예배도 드리면서 은혜를 많이 체험했다.

결혼 후 나도 남편 따라 새벽기도를 다녔다. 기도를 하기 위해서라기보다는 그냥 남편 따라 다닌 거다. 그렇게 따라다니다 보니 이젠 새벽기도가 은혜의 시간이 되었다. 그런 걸 보면 당장은 은혜가 없더라도 계속 순종하면 어느 날 은혜의 강물에 빠지는 것 같다.

전기가 없던 시절에는 호야불(석유 등불의 일종)에 번개탄 난로 펴두고 새벽기도를 했다. 그때는 힘든 상황에서도 그렇게 열심히 했는데 지금은 교인들이 새벽기도에 거의 안 온다. 생활이 안락해지면서 사람들이 하나둘 줄어들기 시작해서 지금은 한 이십 명쯤 나온다. 신철원에서 오는 사람을 포함하여 백 명 정도 되는 총 교인 수에 비하면 적은 인원이 새벽 제단을 지키는 셈이다.

남편은 평생 종지기를 했다. 비가 오나 눈이 오나 새벽예배에 가서 종을 쳐야 하니 남보다 삼십 분은 일찍 교회에 나갔다. 아무리 몸이 아파도 갔다. 하나님 은혜 아니고선 그런 순종이 가능하겠나 싶다. 아니면 그것이 바로 성령의 열매인지도 모른다.

남편은 농사꾼으로 평생을 살았으나 이제는 그나마도 힘들어서 못 하겠다고 한다. 평생 이 동네 토박이로 살아온 남편은 그 덕에 평생 이 교회에서 헌신하고 있다.

나는 성경도 찬송도 잘 모른다. 알았던 것도 자꾸 잊어버린다. 그래도 확실한 것은 하나님의 은혜 속에 살고 있다는 사실이다. 그 은혜에 가장 깊이 빠지게 하는 찬송 제목은 "내 진정 사모하는" 이다. "내 진정 사모하는 친구가 되시는 구주 예수님" 가사 중에 예수님이 나의 친구라는 말이 특히 더 좋다.

이런 찬송을 부르다 보면 내 삶의 모든 것이 감사해진다. 일하면서도 감사하고 잘 때도 감사하고 아침에 일어나서도 감사하고 밥 먹을 때도 감사하다. 특별히 더 행복하고 덜 행복한 것도 없다. 늘 동일하게 감사하기 때문이다.

요즘은 교통이 좋아졌지만 옛날에는 여기서 서울 가는 길이 정말 멀었다. 차를 갈아타고 가다 보면 거의 하루 거리였다. 서울에서는 멀지만 거꾸로 휴전선에서는 아주 가깝다. 직선으로 하면 비무장지대까지 20킬로미터도 되지 않는다. 물론 여기보다 더 최전방인 양지리 동막리 등도 있다. 동네 주변에는 군부대가 매우 많고 거의 매일 총소리와 포 소리가 울린다.

그러다 보니 군인들과 관계된 일도 많다. 군부대가 있으니 군인들이 물건 등을 훔쳐 가는 일도 심심찮게 일어났다. 닭도 훔쳐가고, 고추장도 단지 통째로 가져가고. 옛날에는 우리만 가난한 게 아니라 군인들도 가난했다. 젊은 애들이 얼마나 배가 고팠을지 불 보듯 빤한 일이다. 하지만 요즘은 그런 일이 전혀 없다. 요즘 군인들은 다들 배운 청년들이고 배고픈 시절도 지나갔기 때문이다. 어찌 보면 군인을 핑계로 동네 사람이나 동네 청년들이 훔쳐 갔을 수도 있다. 누가 했건 이제는 모두 추억이 되었다. 슬픈 추억일 수도 있고 아름다운 추억일 수도 있다.

예전엔 우리 목사님이 군인 교회 설교하러 가시면서 명절 때나 추석 때에 군인들과 함께 식사도 했다. 그런데 군인 교회를 지으면서는 군인들과 관계가 끊어졌다. 하지만 목사님이 아직도 군인 교회 간식을 후원한다. 과거엔 후원도 많았는데 요즘은 후원을 얻기가 힘들다. 그래서 간식비가 모자라면 우리가 헌금을 한다. 나의 경우는 돈이 많지 않으니까 할부로 헌금을 하기도 한다.

동네에서 종소리가 시끄럽다고 말하는 사람이 더러 있다. 그런 사람들에게는 오히려 떡도 돌리고 더 잘하려고 한다. 전도도 반대 정신으로 해야 하고 왼뺨을 치면 오른뺨도 대주라는 말씀에 따라 오히려 그분들께 더 잘해 드린다. 전도용품도 드리고 때 되면 쌀도 드리고, 그러다 보니 다들 불만이 줄었다. 그래서 한동안 못 치던 종을 요즘은 친다. 동네에 종이 울리니 참 좋다.

이곳 사람들은 주로 농사를 지어서 생업을 꾸려 가지만 교인 중에는 직장인이 많다. 탑골의 요양원 간호사들과 신철원 길병원 간호사들도 많이 온다. 그곳 집사님 한 분이 열심히 전도해서 간호사들을 우리 교회로 인도한 덕택에 성가대 구성원도 아주 젊다. 목사님이 이 지역 사회와 교회를 위해 많이 애쓰신다. 목사님은 열정이 넘치는데 우리가 게을러서 못 따라간다. 목사님이 반찬도 좀 해다가 어른들 드리라고 하는데 우리가 게을러서 그것조차 못 한다.

나는 이제껏 특별한 인생을 살지도 않았고 앞으로도 특별한 일 없이 살 것이다. 다만 내 자녀와 손자는 잘되었으면 좋겠다. 다른 사람들은 자기 자녀가 잘되게 해달라고 기도를 많이 하는데 나는 그런 기도를 많이 하지 못했다. 사실 나는 걱정을 안 했다. 우리가 신앙생활을 꾸준히 했으니 내 자식들도 잘하리라고 생각했다. 그래서 이제껏 자녀 기도를 하지 않았는데, 바로 그게 문제인가 보다. 이제는 자녀를 위해 기도해야 했다. 그런데 묘하게도 기도만 하면 자녀 생각이 안 난다. 참 이상하다. 어느 목사님이 그런 말을 했다.

"이 나라 이 민족의 복음화를 위해 기도하면 그 안에 다 들어가는 겁니다. 자녀를 위해 이러쿵저러쿵 기도할 것 없습니다."

그 말씀을 들은 후 민족의 복음화를 위해서만 기도할 뿐 자녀에 대해서는 기도를 하지 않았다. 지금까지 내 자식 내 손자만 잘되게 해달라고 하는 기도가 부끄러웠다. 하나님 앞에서 제대로 헌신하지도 못하면서 내 잇속만 차리는 것 같아 그런 기도는 차마 못했다. 그런데 어떤 분은 자녀를 위해 구체적으로 기도하라고 말한다. 이제 보니 그런 것도 같다. 저마다 하나님 생각을 다르게 이야기하니 헷갈리기도 하지만, 이제라도 자녀를 위해 기도를 좀 해야겠다. 성경속 엄마들은 다 자기 자식 잘되게 해달라고 기도했는데 나는 너무나 죄송해서 그렇게 못한 것이다. 죄송한 건 여전하지만 그래도 이제는 좀 해야지 싶어서 자녀를 위한 기도의 문을 열고 있다.

원주에 사는 외손자는 기독교 유치원에 다니고 있다. 안타깝게도 사위가 신앙이 없어서 딸이 교회에 못 간다. 사위는 원래 교회에 다니다가 상처를 받아 지금은 안 다닌다. 내가 볼 땐 대단찮은 문제인데 그래도 상처를 받은 모양이다. 정말 큰일이면 아예 죽느냐 사느냐의 문제겠으나, 말로 상처를 받았다는 건 대단찮은 문제라는 거다. 그런 작은 것들로 받은 상처를 다 따지자면 우리 세대는 상처받다 못해 정신병원에 가야 할 거다. 요즘 사람들은 너무 쉽게 상처받는다. 아무래도 많이 보호받고 자라서 그런 것 같다.

지금 여덟 살인 손주가 2년 전에 이런 말을 했단다.

"하나님이 얼마나 좋은데, 아빠는 왜 교회 안 나가?"

그 말을 듣고 내가 "와, 최고다 최고!"라고 감탄했다. 엄마 아빠는 안 다니는데 여덟 살짜리 아이 혼자 교회에 나가는 것이 참 대견하다. 사돈이 철저한 불교 집안이라 딸이 교회에 못 나가는 점도 있다. 그건 다 내가 기도를 안 해서 그렇게 된 것이다.

내 아들은 원래 성가대 지휘를 하며 아주 열심히 교회를 섬기는 일꾼이었다. 기타도 아주 잘 쳐서 지금은 기타를 가르치면서 산다. 그러나 최근에 상처를 좀 받았는지 요즘 몇 주 교회를 안 나온다. 나는 이럴 때면 우리 친정어머니 생각을 한다. 친정어머니가 살아 계셨으면 상처받은 내 사위나 아들에게 무슨 말을 해주었을까?

"상처를 안 받으면 좋은데, 사람이 하는 일이라 어쩔 수 없이 상처 받는 걸 어쩌겠니? 그런데 말이다. 상처 받는 것은 자기 문제인 경우가 많단다. 상대는 상처 주려는 뜻이 없었는데 본인이 기분 나쁘게 듣는 것 말이다. 뭐 다 그런 거다. 허허허."

이러시지 않을까? 나는 또 어머니의 말씀을 기억해 본다.

"한 사람만 열심히 해도 교회가 살고, 한 사람만 열심을 다해도 하나님 나라가 사는 법이다."

나는 게으르고 능력이 없다. 하지만 앞으로 남은 인생 내 남편과 자녀가 교회를 살리고 하나님 나라를 살리는 삶을 살게 되길 기도한다.

이정옥 권사님은 모든 것을 모른다 하시며, 자기는 별것 없다고 말씀하시는 겸손 그 자체인 분이었다. 권사님은 자기만 어려운 게 아니라 남들도 똑같이 어려웠다고 하신다. 하지만 하나님은 각자의 어려움에 귀를 기울이시고 각자의 아픔을 가장 큰 아픔으로 생각하신다. 권사님이 어렵지 않았던 게 아니라 어렵지 않게 느끼도록 하나님이 권사님께 은혜를 베푸셨다.

본인은 많은 헌금을 하지 않았다고 하시지만 사실은 할부로 끊어가며 수백만 원의 헌금을 하셨다. 알고 보면 본인 수준에서 엄청난 헌신을 한 것이다. 그 덕에 몇 년씩 할부를 갚아 나가기도 했다. 그런데도 자기가 한 헌금은 모두 작은 돈이라고 한다. 그 모두가 결코 꾸며 낸 말씀이 아니라 진심이었다.

권사님을 만난 내대교회 안에는 늘 찬양이 울리고 있었다. 아무도 없는 교회에 울리는 찬송가가 매우 경건했다. 몇 고개만 넘으면 북한 땅인 마을이라 이따금 대포 소리도 들려왔다. 찬송가와 대포 소리가 참 묘하게 어울렸다.

하루에 버스가 다섯 번 들어가는 마을이어서 서울에서 내대리까지 가는 데 여섯 시간 걸렸다. 문예리 행 버스를 기다리는 데 한 시간이 걸렸기 때문이다. 권사님은 내대교회에는 특별히 돈 많은 사람도 없고 능력 있는 사람도 없이 다들 고만고만하다고 했다. 우리는 너나없이 다 부족한 사람들. 권사님은 이렇게 말했다.

"능력이 부족하니 힘을 합해 하는 거지."

권사님의 말이 교회의 본질에 대한 가장 정확한 정의가 아닐까.

"다들 힘을 합해 하는 거지."

그 겸손하고 수줍음 많은 권사님의 말씀이 아직도 귓가에 쟁쟁하다.

내 모든 것 주께 드리리

원용연 권사 • 1934년생
전남 여수시, 덕촌교회

내 인생은 크게 예수 믿기 전과 예수 믿은 후로 나눌 수 있다. 예수 믿기 전의 내 인생은 고난의 연속이었다. 예수 믿은 후의 내 인생 역시 고난의 연속이었다. 아니 어쩌면 예수를 믿은 후의 삶이 더 큰 고난의 삶이었다. 하지만 예수를 믿지 않았으면 난 아예 고난조차 거부한 채 저 세상으로 가버렸을지도 모른다.

나는 전라남도의 외딴 섬 거문도 덕촌리에서 2남 4녀 중 둘째로 태어났다. 나는 고집 센 성격만큼 고집스럽게 하나님의 딸로 살았다.

내가 소학교 5학년 때, 나보다 두 살 많은 언니가 여수 옆 백야도에 계신 작은아버지 댁에 얼마간 다니러 갔다. 백야도에 가니 당시 국회의원의 딸인 친구 하나가 교회를 다니고 있었는데 언니가 그 친구를 따라 교회에 다녔다.

집에 돌아온 언니는 "참 아름다워라 주님의 세계는"이라는 찬송과 "멀리멀리 갔더니" 이 찬송을 곧잘 불렀다. 나는 금방 그 찬송을 배워서 입에 달고 살았는데, 누가 노래 부르라고만 하면 그 두 곡을 번갈아 불렀다. 그러나 마을에는 교회가 없었기에 가고 싶어도 갈 수 없어 농사짓고 일만 하며 살았다. 하지만 나는 그때 이미 언제든지 예수 믿고 살겠다고 마음으로 작정했다. 그게 6학년 때다.

그러나 내가 본격적으로 신앙생활을 하기까지는 좀더 세월이 흘러야 했다. 하나님은 내가 오직 그분만 바라보며 살게 하시려고 더 많은 시간을 기다리셨는지 모른다.

내 나이 스무 살, 한국 전쟁이 아직 끝나지 않은 1953년 초에 번개같이 결혼을 했다. 처음 본 지 불과 닷새 만에 이루어진 이 결혼은 고집스럽지만 유쾌하게 살던 내 삶을 송두리째 빼앗아 버렸다. 남편과 함께 산 짧은 세월이 내 인생 전체를 고난의 도가니로 몰아갔지만, 한편으로는 하나님만을 의지하게 하는 계기가 되기도 했다.

결혼식 직후, 남편은 일 년 뒤에나 온다고 하면서 군대로 가버리더니 결혼한 지 3년 뒤에야 제대를 했다. 시집 가서 보니 집에 솥단지도 없었다. 그나마 손바닥만 한 솥단지조차 쪼개져 있었다. 밥그릇이나 항아리도 없는 그야말로 오막살이집이었다. 시댁 조카 하나와 어린 시동생까지 그 가난한 집에 함께 살았다. 두 명의 시누이 중 큰 시누이는 늘 쌀을 퍼갔고 우리 집에 있는 옷이나 화장품 등도 다 가져갔다.

시집간 거문리에는 교회가 있었다. 시아버지는 하나님 믿는 것은 좋으나 교회에는 가지 말라고 했다. 그래서 나는 남편이 죽을 때까지 교회에 못 갔다.

사람 좋다는 경상도 사나이인 시아버지는 겉보기와 달리 술만 마시면 심술 사나웠다. 빨래를 널어 두면 그것을 다시 구정물 속에 넣어 버려서 그 빨래를 죄다 다시 빨아야 하기도 했다. 어느 날 새벽에는 내가 하얀 빨랫감을 삶아 가지고 지서 앞 샘에서 빨래를 하고 있는데 나더러 술을 감췄다며 그 새벽에 고래고래 악을 쓰고 소리를 질렀다. 대꾸도 못한 채 얼마나 답답했던지 내 코에서 수돗물처럼 피가 터져 나왔다. 그러자 옆 사람이 "아저씨. 그만 좀 하시오. 을마나 애가 터지믄 저렇게 코피가 터진다요?" 하며 말렸다. 그러자 이번에는 그 아주머니한테 또 주사를 부렸다.

한번은 시아버지가 술을 달라고 하도 난리를 치기에 내가 그 자리를 피하려고 도망을 갔다. 그러자 시아버지가 집 앞 세 갈래 길에 숨어 있는 나를 발견하고는 내 머리채를 한 손으로 휘어 감더니 다른 손 주먹으로 내 머리를 때리기 시작했다. 내가 술을 감춰 두고 안 준다는 것이다. 너무 맞아서 구역질까지 났다. 게다가 얼마나 세게 내 머리를 때렸는지 그때 맞은 곳이 보조개처럼 내려앉아서 지금까지 그대로 남아 있다.

그 모습을 보다 못한 동네 사람 하나가 와서 말렸다.

"형님 이거 왜 이라요. 세상에 자부 머리끄덩이 잡고 주먹으로 치는 일이 어디 있소?"

그날 남편이 삼치 낚으러 갔다 와서 그 사실에 대해 들었다. 좀처럼 시아버지에게 역정을 내지 않던 남편도 그날만은 시아버지에게 심하게 항의를 했다.

어느 노래에 그 길 가라면 다시 못 간다는 가사가 있다. 나 역시 만일 나더러 그 길 다시 가라면 백 번 죽어도 다시 못 갈 것이다. 시어머니가 일찍 돌아가셔서 홀몸 되신 시아버지와 시댁 식구를 모시는 일은 나에게 너무나 벅찬 일이었다.

그토록 나를 힘겹게 하던 시아버지가 저세상 사람이 된 지 3년이 지난 어느 날, 남편도 시아버지를 따라 하늘로 떠나가 버렸다. 급성 간경변 증상을 발견한 지 5개월 만에 명을 달리한 것이다.

생전에 남편은 제대하고 돌아와 여자를 들였다. 내가 첫아들 기홍이를 낳기 전에 아들을 낳아서 데려왔기에 내가 길러 주겠다고 했다. 하지만 그 여자는 우리 부부와 같은 방에서 약 3년을 살다가 아들 철원이만 남겨 두고는 마침내 집을 나갔다. 철원이는 남의 집 창문이나 그릇을 깨는 등 어려서부터 사고를 많이 쳤다. 결국 40대 초반에 젊은 나이로 죽었으나, 살아 있는 동안에는 술만 마시면 갖은 행패를 부렸다. 친엄마에게 버림받은 한을 모두 나에게 풀었다.

남편은 군 제대 후 고등어 배 중개상을 해서 돈을 잘 벌었는데, 당시 돈으로 하루 백만 원을 벌기도 했다. 집 지으려고 그 돈을 다 모았지만 결국 남편 병원비로 다 까먹은 것은 물론 빚까지 얻었다. 남편은 내가 낳지 않은 아들을 포함해 4남 1녀와 가난을 물려주고

1966년 음력 5월 초이틀에 마흔이라는 젊은 나이로 혼자 먼 길을 떠나 버렸다. 내 나이 서른셋, 말 그대로 청상과부가 된 것이다.

돌이켜 보면 그때 나는 이미 너무나 많은 일을 겪은 뒤였다. 모진 시집살이는 물론이고 남편이 첩까지 들인 마당에 첩이 낳은 아들까지 나에게 남겨 두고 젊은 나이에 세상을 등졌으니 그때까지의 고난으로만 해도 보통 사람이 겪을 고난의 몇 배를 당한 셈이다.

그러나 그날 이후부터는 모진 시집살이와는 비교도 할 수 없는 고된 삶이 시작되었다. 남편이 남겨놓은 거라곤 가난과 자식들과 남편이 사다 준 신식 재봉틀 하나였다. 새로 지으려고 벼르고 있었던 집 한 채가 있었으나 그것은 재산이 되지도 못했다.

1972년에 내가 심각한 다리 부상을 입으면서 덕촌리로 이사를 왔다. 그 와중에 거문리에서 살던 집은 5만 원 받고 거의 공짜로 주다시피 팔아 버렸다. 거기 있던 물건들도 다 버리고 왔다. 게다가 건축하려고 사두었던 굉장히 비싼 자재들도 다 헐값으로 줘버렸다. 또 그 집을 팔면서 저금통장도 벽에 걸어 둔 채 와버렸다. 옛날에는 통장을 잃으면 돈을 찾을 수 없었다. 비상시에 쓰려고 남몰래 가지고 있던 적지 않은 돈이 있었으나 모두 날려 버렸다.

남편 사망 후로 시댁과의 관계가 차츰 나빠지다가 마침내 남남이 되고 말았다. 남남이 되기 전까지 시댁 식구들은 참으로 나를 슬프게 했다. 원래 어린 시절 철원이는 나를 친엄마로 생각하며 자랐다. 그러나 고모들이 철원이에게 내가 친엄마가 아니라는 사실을 주지시키면서 나와의 사이가 멀어지고 말았다. 더구나 철원이가 열 살이 넘어 배를 타서 번 돈을 딱 한 번을 제외하곤 고모들이 모두 착복해 버렸다. 철원이는 고모들이 들쑤셔서 더 많은 상처를 받았고 급기야는 술에 빠져 살다가 이른 나이에 세상을 등졌다.

큰시누이 댁 식구들은 나를 포함해 우리 아이들에게도 상처를 주었다. 내가 막노동을 하는 사이 막내가 배가 고프다고 하니까 철원이가 막내를 업고 큰고모네에 갔다. 큰고모의 장녀 선자가 배급받은 옥수수 가루로 빵을 만들고 있었다. 철원이가 그 집에 막 이르렀을 때 선자가 누룽지를 긁어서 밖으로 나왔다.

"누나, 우리 영길이 배고픈께 그것 영길이 좀 줘" 하니 선자가 "느그 먹을 것은새로 우리 개 먹을 것도 없다"면서 누룽지를 돼지 밥통에 부어 버렸다. 철원이가 돌아와서 선자네 집에 절대로 무엇이든 주지 말라고 일러바쳤다. 그러나 나는 그 말을 듣고 일부러 옥수수를 쪄서 그 집에 보냈다. 그것을 갖다 주니까 그 식구들이 낯 두껍게도 그것을 날름 받아먹었다. 그날 나는 가슴에 한을 품고 울었다. 그 집에서는 파리 새끼 하나도 얻어먹지 않겠다고 생각했다. 이제 많은 세월이 흘렀다. 나에게 아픔이 된 일은 헤아릴 수 없으나 이제는 모든 것을 용서할 때가 되었다. 그저 그들도 다 하나님의 자녀가 되기를 바랄 뿐이다.

과부가 된 뒤 그나마 할 수 있는 고급스런 일이 재봉질이었다.

밤에 재봉질을 하는 것 외에 내가 할 수 있는 일은, 여자 몸으로 할 수도 꿈꿀 수도 없는 궂은일뿐이었다. 남의 집 똥도 푸고 밭도 갈고 화물선에서 모래를 푸고 벽돌을 찍어 나르는 등 그야말로 중노동을 하면서 살았다.

남편이 죽은 이후 나는 교회에 나가고 싶었으나 교회엔 갈 수 없었다. 목구멍이 포도청이었다. 친정 식구들이며 남편 친구와 몇몇 이웃이 나를 도와줬으나 먹고살기에는 턱없이 부족했다. 그래서 남편이 남긴 거룻배에 아이들을 다 싣고 멍실여로 홍합을 따러 갔다. 그것마저 없으면 굶어야 하니 먹을 것을 구하러 바다에 간 것이다. 처음에는 잔잔했던 바다에 어마어마한 바람이 불었다. 배가 뒤집힐 듯한 바람을 업고 겨우 집에 돌아왔더니 사람들이 다 와서 난리다.

"죽으려면 너 혼자 죽지 그렇게 지혜 없이 애들을 다 데려갔냐?"

그런 욕을 먹긴 했지만 가서 잡은 홍합 한 바구니를 팔 수 있었다. 당시 홍합 한 그릇에 5원이었는데 한 바구니 팔고 나니 쌀 두 되 값이 나왔다. 어떤 때는 해초를 뜯기도 했고 연탄을 배달하기도 했다. 바람이 많이 불 때면 여객선에서 다른 사람들 연탄은 안 실어 줘도 내 연탄만은 실어 줬다. 누가 그런 은혜를 베풀었는지는 모르지만 하나님께서 그 사람을 감동시킨 것이 틀림없다. 그때 연탄이 한 장에 1원이었는데 그 배달비를 받아서 일 년 넘게 살았다.

돈이 없을 때는 한주먹밖에 안 되는 보리로 죽을 쒀서 며칠을 지냈다. 나물이며 해물이며 각종 재료로 죽을 쒀서 먹었다. 당시에는 정말이지 살기 위해서 먹었다. 인간이 어떻게 그리 생존 욕구가 강한지 지금 돌아보면 참 놀라운 일이다.

내가 경험한 여러 일 중 가장 오래 한 일이 벽돌 찍는 일이다. 거문리 구장 출신인 장 구장 님이 나를 고용해서 일당 5백 원에 벽돌을 찍었다. 어느 날 동네 남정네들이 내가 일하는 장 구장네 공사장에서 모래를 가져갔다. 내가 그것을 가져가면 되겠느냐고 했더니 한 남자가 지서 앞 대로에서 나더러 빌어먹을 년이라며 고함을 쳤다.

아이들 데리고 여자 혼자 살면서 그런 서러운 일을 많이 당했다. 성경에서 왜 과부와 고아를 불쌍히 여기라고 했는지 그 입장이 되어 보면 하나님의 마음을 알 수 있다. 아직 국민학교도 졸업하지 않은 내 아이들이 생존을 위해 얼마나 고생했는지 모른다.

남편이 세상을 떠나면서 남겨 준 덕에 몇 년을 먹여살려 주었던 그 애환 많은 거룻배가 허무하게 사라지는 날이 왔다. 밤새 술 먹고 놀던 사람들이 몰래 우리 배를 타고 가서 배를 깨버린 것이다. 배조차 그렇게 우리 가족을 떠났다.

내가 겪은 고난의 세월만큼 힘든 고초를 겪은 사람들이 더 있을 것이다. 하나님은 각 사람이 견딜 수 있는 시험을 주시므로 저마다가 느끼는 고통의 크기는 똑같을지도 모른다. 하지만 고통을 저울에 달아 볼 수 있다면 내가 짊어진 고통의 무게가 다른 사람보다 가볍지는 않을 것 같다. 사는 게 너무 힘이 들어서 스스로 목을 매려고 산에 간 적도 많다. 하지만 어린 자식들을 두고 나 홀로 세상을 등질 수 없어서 눈물을 쓸어 들판에 버린 후 다시 집에 돌아오곤 했다.

잠시 고난의 세월은 접어 두고 하나님 만난 이야기를 해야겠다. 남편이 죽은 지 일 년 후부터 나는 교회에 나갔다. 가을에 부흥 집회가 열렸는데 이웃이 교회 가자고 들볶았던 것이다. 처음에 나는 바빠서 못 간다고 했다. 핑계가 아니라 정말로 갈 수가 없었다. 나는 낮에도 일하고 밤에도 낮처럼 일을 해야 했다. 그러나 이웃이 하도 가자고 보채기에 어쩔 수 없이 따라갔다.

당시 그 교회 담임은 박석진 목사님이었고, 부흥 강사는 순천 동부교회 이병길 목사님이었다. 그때 이 목사님이 강의를 마치고 나오면서 나를 지목하여 질문을 던졌다.

"원용석이 누나죠?"

뜻밖의 질문에 나는 깜짝 놀랐다. 부흥 강사 이병길 목사님과 내 둘째 남동생 용석이가 매산고등학교 동문으로 서로 아는 사이였던 것이다. 목사님은 나랑 용석이가 닮아서 알아 봤다고 했다.

목사님이 "동생 어디 있어요?" 하고 묻기에 "군대 있습니다"라고 답했더니 "신앙생활 잘하세요"라고 말하며 돌아갔다.

이 목사님은 내게 신앙생활 잘하라고 말했으나 나는 그럴 수 없었다. 내 코가 석자였다. 그래도 그 말이 가슴에 박혀 낮에는 교회에 못 가도 저녁예배에는 꼭 참석했다. 부흥 집회 기간 동안 이 목

내 모든 것 주께 드리리

사님이 성경 구절을 하루 한 개씩 외워 오라고 했으나 나는 외워 가지 않았다. 그런데 부흥회 둘째 날, 목사님이 나더러 일어서라고 지목했다. 그러자 성경이라곤 본 적이 없는 내 입에서 "천지는 없어질지언정 내 말은 없어지지 아니하리라"(마 24:35)는 구절이 나도 모르게 흘러나왔다.

그렇게 2년 동안 저녁예배에 꼬박꼬박 참석하니 박 목사님이 내게 권찰 직분을 맡겼다. 지금은 전화가 있지만 그때 권찰은 금요일 저녁마다 어느 집에서 구역예배를 하는지를 가가호호 알리러 다녀야 했다. 일하고 오면 어두워지니까 아이들 밥을 먹인 뒤, 나는 굶은 채로 구역예배를 알리러 다녔다. 나는 그때 아무런 믿음의 바탕이 없었으나 목사님이 시키는 대로, 내가 할 수 있는 이상으로 뛰어다니며 순종했다. 그러자 나도 모르게 믿음이 자랐다.

특별히 이기근 권사님을 만나서 기도를 많이 했고 황 권사님 안 권사님 이 장로님 등 여러 분이 내게 하나님의 사랑을 실천했다. 그러고서 교회 다닌 지 6개월 만에 구역예배에서 첫 대표기도를 했다. 그 후 여전도회 헌신예배에서 봉헌 기도를 했고, 그다음부터는 주일에도 기도를 했다.

내가 처음으로 대예배 기도를 하려고 강단에 올라갔을 때 내 몸이 하늘로 들리는 것을 느꼈다. 자꾸 내 몸이 뒤로 넘어가는 것 같아서 의자를 붙잡고 겨우 몸을 지탱한 채 기도를 마쳤다. 지금 생각하면 그때 성령 체험을 한 것이다.

나는 신앙생활하면서 꿈으로 많은 계시를 받았다. 하루는 꿈에 사촌 오빠가 나타났다. 내가 이미 시계를 차고 있는데 시계 하나를 주면서 나더러 앞으로 시간을 잘 지키라고 했다. 꿈을 깬 뒤 '이게 무슨 뜻일까' 하고 생각에 잠겨 있었다. 그날 저녁 교회에 가니 광고 시간에 나더러 교회 종을 치라고 한다. 그때부터 내가 새벽기도 종을 치기 시작하여 지금까지 종지기를 하고 있다. 나는 죽기 전까지 걸을 수 있는 한은 계속 종을 치며 하나님의 시계가 되기로 했다.

또 한번은 꿈에서 집 뒤 터에 무덤 셋이 나란히 있는 것을 보았다. 꿈속에서 생각해 보니 시부모님과 남편 무덤 같았다. 그러는 중에 신면장 할아버지가 나타났다. 이분은 내 꿈에 계시적으로 자주 나타나는 분인데 나에게 이렇게 말했다.

"가서 저 묘에 무엇이 있는지를 봐라."

그래서 들여다보니 관이 있는데, 비어 있는 그 안에는 참종이(한지)가 깔려 있었다.

"아무것도 없지야? 묘가 세 번 벌어져서 사람이 하늘로 가버렸다. 그런데 네가 제사를 왜 지내느냐?"

그때부터 나는 제사를 그만두었다.

거문리에 있을 때는 단지 "참 아름다워라"와 "먹빛보다 더 검은" 이 두 가지 찬송으로 은혜를 받았을 뿐 전혀 신앙이 없었다. 그럼에도 그렇게 교회에 가고 싶었다. 내가 하나님을 택한 게 아니라 하나님이 나를 택하셨기 때문이다. 특별히 권찰을 하면서 신앙이 많이 자랐다. 역시 사람은 헌신을 해야 신앙이 자란다.

하나님을 만났다 해서 내 생활의 조건이 바뀌진 않았다. 고난의 세월은 계속되었다.

나는 만 두 살도 안 된 막내를 업고서 일을 하러 다녔다. 그러던 어느 추운 가을, 거문리에서 덕촌리로 가는 나룻배를 타려다가 미끄러져서 물에 빠졌다. 하지만 아이를 업고 있으니 물 밖으로 나올 수가 없었다. 허우적거리다 겨우 몸을 건져서 아들이 다쳤나 살펴보니 다행히도 괜찮았다. 안 다친 것만도 감사한데 주변에서 그런 나를 보며 울지 않는 사람이 없었다.

비록 고난의 세월이기는 했으나 그때의 나는 건강했다. 거문리에서 살 때는 시멘트도 날랐다. 한 포씩 이고 다니면 돈을 못 버니까 한 번에 두 포씩 날랐다. 두 포면 40킬로그램인데 그것을 이고 달음질을 치고 다녔다. 하지만 지금은 나뭇가지 하나만 들어도 힘이 든다. 세월이 흘렀고 내 나이가 많이 들어 버린 탓이다.

한때 공사장에서 벽돌을 찍은 것은 중노동이었으나 훗날 교회나 사택을 건축할 때 두고두고 중요한 자산이 되었다. 돌이켜 생각해 보면 교회를 지으라고 하나님이 이런 일을 시키신 것 같다. 보통 벽돌은 하나의 틀에 다섯 장이 찍혀 나온다. 찍어 놓은 벽돌이 마르면 아직 초등학교도 안 간 막둥이가 와서 벽돌을 날라다 쌓았다. 막둥이가 하루 종일 벽돌을 쌓으면 50전을 줬다. 조막만한 손으로 일을 얼마나 했겠는가만 장 구장이 은혜를 베푼 것이다.

내가 교회에 나간 지 일 년이 채 되지 않았을 때 거문교회에서 사택 건축 헌금을 하라고 했다. 그러나 당시 나는 돈 구할 곳이 없었다. 그때 철원이 월급이 7만 원쯤 되었는데 첫 월급 전부를 봉투째 헌금했다. 그렇게 헌금을 하면서 철원이가 잘되기를 기도했다.

내가 장 구장 공사판에서 벽돌 찍는 것을 보고 교회에서 나에게 벽돌을 찍어 달라고 했다. 나는 장 구장 공사판에 나가기를 중단하고 교회 벽돌을 찍었다. 그러자 이 장로님이 내 일당을 계산해서 주셨다. 하지만 나는 교회 일하고 돈을 받을 수가 없었다. 장로님은 생계를 위해서 받으라고 했으나 나는 끝내 돈을 받지 않았다.

사택을 지을 모래도 필요했으므로 모래를 이고 교회 올리는 일을 했다. 종일 벽돌 찍고 모래를 올리면 일당을 벌 수 없는데 우리는 그날 안 벌면 못 먹고 사니까 밤에 물 긷는 일을 했다. 부두에 들어온 어선에 필요한 물을 공급하면 물 한 동이에 1원씩 벌 수 있었다. 1원은 지금 화폐 가치로 쳐도 오백 원이 채 안 되는 돈이다. 내가 물 한 동이를 이고 가면 국민학교 1학년인 딸이 조그만 물동이를 이고 따라왔다. 추워서 손이 꽁꽁 얼어붙는 날씨에 물은 찰찰 넘쳐서 거의 길바닥에 쏟아 가며 따라왔으나 어부들이 딸을 불쌍히 여겨서 50전을 쳐줬다.

서른아홉 때 다리를 다쳐서 죽을 뻔한 바람에 더 이상 벽돌을 못 찍게 되자 교회는 벽돌을 사서 사택을 지었다. 동네 사람들은 밥벌이도 버려 두고 교회 벽돌을 찍는 나를 정신 나간 여자라고 비난했을지 모른다. 이렇게 말하면 내가 엄청 헌신한 것 같지만 오히려 나는 교회 덕을 봤고 하나님 은혜를 입었다. 내가 아무도 없는 산에서 다리를 다쳤을 때 교회 권사님들 집사님들 아니었으면 그 산에서 죽었을 것이다. 내가 해가 지도록 안 들어오면 우리 아이들은 내가 덕촌에 간 것으로 생각하지 산에 쓰러져 있으리라고는 생각지 않았을 테니 말이다. 나는 안 권사님 덕에 지금까지 살아 있다.

시궁창에도 꽃이 피고 동토에도 싹이 돋듯 가난 속에서도 내가 살아갈 수 있도록 힘이 되어 준 사람들이 있다. 지금까지도 기억나는 고마운 사람들이다. 특히 내 올케는 참으로 고마운 사람이다. 올케는 내가 다리를 다쳤을 때도 친동생보다 더 지극정성으로 나를 돌봐 주었다. 그런 사람이 다시없다.

또 나는 얼음 만드는 공장에도 다녔다. 여자들은 보통 하루에 300원을 받았는데 나는 남자들과 동일하게 350원을 받았다. 냉동실 안에서 생선을 빼냈기 때문이다. 냉동실은 너무나 추웠으므로 50원을 더 받았다. 얼음 공장의 공장장이 혼자 사는 나에게 여러모로 혜택을 주었다.

그때 노원구 구청장인 김성환의 친할머니가 우리 뒷집에 살았는데, 그분이 우리 집에 보리쌀 한 톨도 없는 것을 보더니 보리 한 됫박을 가져다 주셨다. 그러고는 면사무소에 찾아가 창고를 가리키며 "이것 다 뭐하려고 가난한 사람을 안 주느냐. 아이들도 굶는데 안 주는 이유가 무엇이냐"며 따지셨다. 그러자 면 직원이 실사를 나와

서 우리 집을 다 뒤지더니 보리 한 바가지가 전부인 것을 확인하고
는 한숨을 쉬며 말했다.

"아줌마, 이렇게 살면서 면에 한 번도 안 왔소? 그릇 하나 갖고
면에 오시오."

그래서 내가 두어 되들이 양철통 하나를 들고 면 창고에 갔다.
그러자 그곳에 있던 부면장 부인이 내가 가져온 양철통을 빼앗아
버리더니 훨씬 큰 양철통을 가져와 바꾸어 주면서 이렇게 말했다.

"쥐도 먹고 썩히는 양석 이런 데 안 주고 어딜 줄 거여. 여기다
보리 더 담아 주시게."

면직원이 큰 양철통에 보리를 가득 담고 내가 가져간 작은 양철
통에는 서속을 하나 담아 줬다. 보리와 서속은 나 혼자서도 거뜬히
들 수 있는 양이었다. 면사무소에서 나오는 길목에는 폭이 30센티
미터 정도 되는 배수용 도랑이 있었는데 나는 그 작은 도랑을 건널
수가 없었다. 너무 고맙기도 하고 내 삶이 서럽기도 해서 온몸이 떨
리고 눈물이 앞을 가리는 바람에 도무지 걸을 수가 없었다. 내가 한
걸음도 발을 못 내딛고 있자 부면장 댁이 한 여자를 불렀다.

"저 사람 우니라고 눈이 가려서 여기를 못 건너네. 여기 좀 어서
와보소."

그래서 영민네가 보리를 이고 최 목수 부인이 서속을 이고 해서
집까지 바래다주었다. 나는 눈물을 쏟느라 힘이 빠져서 석 되쯤 되
는 서속조차 들 수가 없었다. 그것을 겨우 들고 와서 두어 달 가까

이 먹었다. 그 후 면에서 두 번 더 양식을 주었다.

그분들이 어디 사는지 알면 지금이라도 쌀을 좀 팔아 주고 양말이라도 사주고 싶다. 하지만 그분들에게 직접 갚을 수도 없고, 받은 만큼 다 갚을 방도도 없어서 살아오는 동안 나도 다른 사람에게 그 빚을 갚으려고 노력했다. 그래서 이 외딴 섬까지 흘러온 사람들에게 여러 차례 먹을 것과 뱃삯을 마련해 주기도 했다.

그 시절에는 악착같지 않으면 살아남을 수가 없었다. 나는 성자도 아니고 성화된 사람도 아니었다. 그저 어린 자식들과 살아남기 위해서 때론 험한 말도 했다. 내가 먼저 사람들에게 악한 일을 하진 않았으나 나에게 악한 말을 한 사람들에게는 대거리를 했다. 그런데 정말 무시무시한 일이 벌어졌다. 나에게 악담하는 사람들에게 내가 저주의 말을 하면 그 말이 무섭게 실현되었다. 세월이 흐른 뒤에 깨달은 것이 있다. 하나님께서 과부인 나를 불쌍히 여기사 나와 내 아이들을 눈동자처럼 각별히 돌보셨다는 사실이다.

내가 낳은 첫째 아들 기홍이가 열 살에 배를 따라가서 낚시질로 7만 원이 좀 넘는 돈을 벌었다. 그런데 아무리 돈을 달라고 해도 선주가 안 준다. 먹고살 양식이 없다고 손이 발이 되도록 빌어도 차일피일 미룰 뿐 단돈 천 원도 주지를 않았다. 내가 구걸을 하러 간 것도 아니고 열 살짜리 애가 찬바람 부는 바다에서 번 돈을 달라는데도 들은 척을 안 하는 것이다. 홧김에 내가 저주의 말을 했다.

"그 돈 안 받아도 좋은게 바닥에 가서 그물이나 털어 버리시오."

그런데 정말 그날 샛바람이 대차게 불어서 배추밭이라는 고개 끝에서 그 집 그물을 다 털어 버리고 빈손으로 돌아왔다.

또 다른 사람이 기홍이를 데리고 배에 갔다. 한 달에 만 오천 원씩 받기로 하고 몇 달을 다녔는데도 한 푼의 임금도 주지를 않았다. 내가 임금을 받으러 열 번을 더 가도 안 준다. 우리는 한 끼라도 먹고살아야 하는 절박한 상황이었다. 그래서 그 집에 쫓아가 "바다에 그물이 다 없어지고 거지가 될 것이오"라며 저주의 말을 했다. 아니나 다를까 그 말을 한 뒤 정말로 등대 끝에서 배가 깨지고 그 댁 어른은 죽고 가계는 망하여 모두 거지가 되어 버렸다.

그 후 배 모씨가 기홍이를 데리고 삼치잡이를 다녔다. 아마 그 돈이 몇 십만 원은 되었을 것이다. 그런데 그 돈을 달라고 해도 안 주고 다른 데로 가버렸다. 결국 그 사람은 부인과 어장을 갔다가 배와 함께 행방불명이 되어 버렸다. 나는 그 사람을 향해서는 저주의 말 따위를 하지 않았다. 비록 내가 그렇게 하지 않았지만 하나님이 나의 억울함을 아신 거라고 생각한다. 어쩌면 내 생각이 지나치게 이기적인 해석일 수도 있다. 하지만 하나님은 사랑하는 자녀를 위해 얼마든지 적을 물리치시는 분임을 성경을 통해 알 수 있으므로 나는 그렇게 믿는다.

이와 비슷한 사건이나 더 무시무시한 일도 있었으나 한 가지 사건만 더 이야기하고 싶다. 내가 원 씨 문중에서 10만 원을 빌려 쓴

적이 있었다. 나는 분명 그 돈을 갚았는데 돈을 받은 언니가 자기는 받은 적이 없다며 논쟁 끝에 이렇게 말했다.

"내가 너에게 돈을 받았으면 내가 내 명 못 넘기고 죽는다. 너 예수를 믿느니 내 주먹을 믿어라."

이렇게 말하고 헤어졌다. 그리고 이듬해 봄, 4월 경에 거문초등학교 공사장에서 사고가 났다. 초등학교 건물을 철거하기 위해 한쪽 기둥을 두드렸는데 반대쪽 건물이 무너지면서 그 언니가 거기 깔려 죽어 버린 것이다. 당시 돌아가신 언니와 논쟁하고 있을 때 내 사촌 오빠가 옆에서 이렇게 말했었다.

"동상이 어디에서 돈이 나서 갚았겠는가?"

나에게는 갚을 돈조차 없다고 대놓고 무시를 했던 것이다. 당시는 우리 아들들이 대학교에 다니던 1980년대다. 나는 가난해서 사람들에게 무시당하면서 살았지만, 내 모든 것을 바쳐 교회와 목회자를 섬겼다. 그래서일까. 마치 하나님이 모든 상황을 듣고 있다가 내가 억울한 일만 당하면 그 어떤 공격도 나를 해하지 못하도록 바로 사건을 해결해 주시는 것 같았다.

그러나 내가 그때 깨달은 게 있다. 내 입술을 조심해야겠구나. 내가 한 말이 무섭게 이뤄지는 것을 보며 다시는 그런 말을 하지 않아야겠다고 생각했다. 이제 나는 저주의 말보다 축복의 말을 하며 중보기도자로 살고자 애쓴다.

1972년 10월 1일, 그날을 잊지 못한다. 주일이었다. 교회 다녀와서 산에 칡을 뜯으러 갔다. 칡 줄기는 새끼줄이 없는 섬에서 물건을 묶는 중요한 수단이었다.

동네에서 멀리 떨어진 산에서 오르막을 오르는 중에 무릎보다 높은 납작한 바위를 만났다. 그 바위 끝을 밟고 올라선 순간 바위가 뒤집히면서 내 왼쪽 다리를 짓이겨 버렸다. 순간 나는 짐승처럼 소리를 질렀다. 그러고 나서 주저앉아 내 발을 보니 부챗살처럼 납작해져 버렸다. 나는 신고 있던 고무신과 양말을 벗어던졌다.

사방에 사람이라곤 보이지 않았다. 그대로 있으면 그 자리에서 죽을 것 같았다. 나는 피가 철철 흐르는 다리를 질질 끌며 왼쪽 무릎과 오른발로 겨우 지탱한 채 조금씩 길이 있는 곳으로 올라갔다. 때마침 벌초를 하고 있던 안 권사님이 내 비명 소리를 듣고 왔다. 그 비명이 얼마나 처절했던지 누구 하나 죽었나 보다 하고 한달음에 온 것이다. 또 동네 할머니 한 분이 우리를 발견하여 도우러 왔다. 안 권사님이 나를 업으려고 내려왔으나 업을 수가 없어 옆 할머니의 청 재킷을 찢어서 칡넝쿨로 내 다리를 친친 동여맨 뒤 나를 남겨 둔 채 할머니와 동네로 내려갔다. 나는 나무와 풀뿌리를 잡고 길가까지 기어올라 갔다. 다리에는 여전히 피가 줄줄 흐르고 있었다.

두 분이 동네에 내려가 도움을 청하자 가장 먼저 온 사람이 사촌 동생 용규였다.

"누님, 나에게 업히시오."

이렇게 말한 뒤 용규가 초등학교 아래까지 업고 갔다. 그 사이 몇 사람이 들것을 만들어 와서 나를 싣고 내려갔다. 곧 다리의 감각이 사라졌고, 정신을 잃어버렸다. 어느 정도 시간이 지났을까, 잠시 눈을 떠보니 초등학교 근처였다. 꿈속에선가 내 딸이 부르는 소리가 들렸다.

"엄마아" 하면서 울고 있다. 그때 동네 아낙들의 소리가 들렸다.

"으차끄나, 저 어멈이 죽어 부렀다. 뭐하러 가서 저렇게 죽어 부렀냐? 저 새끼들은 으차끄나."

얼핏 보니 막내아들이 길가에 서 있었다. 내가 어디만 가도 따라나서려고 울고불고 하던 막내는 내가 죽었다는 말에 놀라서 울지도 못한 채 서 있었다. 다시 딸이 "엄마" 하고 우는 소리가 아스라이 들렸다. 나는 또 까무러쳤다.

나는 보건소로 실려 가서 소독을 하고 다리를 꽉 묶어 지혈을 했다. 그래서인지 다리가 너무 저렸다. 얼마 후 덕촌에서 친정어머니가 돈을 마련해서 건너왔다. 밤에 어선이라도 띄워서 형제들이 사는 부산으로 가려 했지만 바람이 불어서 배가 나갈 수가 없었다.

그 당시 거문도에 한일 건설이 방파제 공사를 하고 있었다. 그때 동생 용석이가 한일건설의 모기업인 한일합섬 간부였는데 현장 소장에게 전화를 해서 내 친누나이니 편리를 제공해 달라고 했다. 덕분에 그 공사장 배를 이용할 수 있었다. 그러나 바람이 거세서 발을 다친 지 사흘 만에야 부산의 병원에 도착했다. 발가락은 이미 까맣게 썩어 있었다. 그때 내 썩은 발가락을 자르는 모습을 가만히 보고 있으니 의사가 도리어 놀랐다.

"발가락을 자르는데 어떻게 눈도 깜짝 안 하십니까?"

"어쩔 거요? 썩어 버린 발가락인데. 얼른 낫고 좋지요."

"아주머니 참 간도 크시네요."

의사가 혀를 내두르며 수술을 시작했다. 나는 사람의 발이 그렇게 깊은 줄을 몰랐다. 발등이 아주 깊은 골짜기처럼 패여서 살이 썩고 힘줄도 노랗게 썩어 있었다. 나는 힘줄과 혈관을 묶는 수술 장면을 고스란히 다 봤다.

수술을 한 후 다른 약은 하나도 안 쓰고 바셀린만 발랐다. 이틀째 되던 날, 의사가 깜짝 놀라서 물었다.

"아줌마 이 발에 무얼 했어요?"

"아무것도 안 했어요."

"그런데 밤새 이렇게 살이 차올랐단 말이오?"

의사의 말을 들은 나는 어제 무슨 일이 일어났는지 알아차렸다. 내가 잔뜩 멀미를 한 뒤이기도 하고 절단 수술까지 했으니 긴장이 풀려서 낮잠이 들었을 때다. 하늘에서 빨간 방석이 내려오는데 그 방석 위에 예수님이 앉아 있었다. 예수님이 그 방석을 내 발에 붙여 주시는 순간 내가 잠에서 깼다. 예수님이 내 상처를 직접 어루만져 주신 그때부터 엄청난 치유가 일어난 것이다.

내가 다리를 다쳐서 꼼짝도 못했으므로 거문도를 떠날 때 내 의지대로 무엇을 하기가 어려웠다. 그 와중에 나는 신약성경을 한 권 챙겼다. 병원에서 성경을 다 읽는 동안 살도 다 차올랐다. 그래서 병원 부원장이 날더러 '성경 아주머니'라고 했다.

그 무렵 언니와 크게 다툴 일이 생겼다. 언니가 우리 가족이 살아갈 방편을 나에게 제시했다. 내게 돈이 없으니까 첫째 기홍이는 계속 배를 타고, 둘째 기호는 학교 관두고 점원으로 나가고, 딸 기심이는 언니의 식모로 두고, 막내 영길이는 고아원으로 보내거나 남동생 집에 보내는 게 좋겠다는 것이다.

그 말에 내가 펄쩍 뛰었다. 죽는 한이 있어도 내가 가르칠 것이라고. 내가 먼저 죽더라도 배운 게 있어야 애들이 사람 노릇한다, 누가 그 아이들을 돌보겠느냐고 반대했다. 언성까지 높이며 싸운 뒤로 언니가 사나흘 동안 찾아오지 않았다.

그때 기홍이가 고등어잡이 배를 타고 있었는데 배가 부산에 들어왔다. 아들이 밀렸던 치료비를 병원에 지불하고 나를 여객선 타는 곳까지 업어다 줬다. 10월 3일에 병원에 들어갔는데 12월 중순에 부산을 떠나게 된 것이다. 살은 올랐으되 아직도 뼈가 온전하지 않았고, 혼자서 걷기는커녕 제대로 일어서기도 힘든 상황이었다. 하지만 마냥 병원비를 대며 더 앉아 있을 수는 없는 노릇이었다.

거문리에 도착하여 배에서 내린 다음 덕촌으로 건너오니 아이들이 먼저 덕촌의 내 남동생 집으로 이사 와서 나를 기다리고 있었다. 집에 돌아오니 마음이 평안했다. 집에 돌아오기까지 나를 업어 준 사람만 해도 얼마나 많은지 다 기억하기 힘들 정도다. 하나님께서 나 하나를 살리기 위해 너무나 많은 사람을 동원하셨다. 그 은혜로 오늘까지 내가 살고 있다.

내가 온 지 며칠 지나지 않아 크리스마스가 되었다. 나는 움직일 수 없어 헌금으로 3백 원을 챙겨 아이들만 거문교회에 보냈다. 그러자 거문교회 성도들이 병문안을 와서 친엄마 친자매처럼 나를 위로해 주었다. 하나님 나라는 서로가 한 가족이 되는 것임을 이때 더욱 절실히 깨달았다. 성도는 부족한 게 있으면 채워 주고 모자란 게 있으면 나눠 주며 살아야 한다. 예배는 함께 드리면서도 무얼 먹고 사는지조차 관심이 없는 것은 성도의 삶이라고 하기 어렵다.

나는 그 이후 거문교회를 떠나 덕촌교회로 옮겼다. 문득 거문교회에서 있었던 잊지 못할 추억 하나가 떠오른다.

성탄절이면 동네 집집을 돌며 새벽송을 하던 시절이다. 온 교인이 밤새 새벽송 연습을 했다. 나는 교인들 밤참을 마련하기로 했는데 도무지 가진 게 없었다. 당시 우리는 미군이 밀가루를 배급해 준 것으로 먹고살았다. 다행히 우리 아이들하고 열흘 남짓 먹을 밀가루가 있었다. 다섯 살박이 막내까지 동원해서 밤새 온 가족이 그 밀가루로 교인들 먹을 팥죽을 쒔다. 그 밀가루가 없으면 우리 아이들도 다 굶어야 했다. 내가 대접을 하면 하나님이 다 채워 줄 거라는 믿음조차 없을 때였지만 그래도 밤새 팥죽을 쑤었다.

새벽 네 시가 좀 못 되어 팥죽을 큰 함지박에 담아 머리에 이고

내 모든 것 주께 드리리

교회로 갔다. 당시엔 전기가 없었는데 거문교회는 섬마을 가장 꼭대기에 있었다. 머리에 팥죽을 이었으니 아래를 볼 수도 없고, 그저 발끝으로 어둠을 뒤적이며 계단을 올랐다. 그런데 그만, 다리를 헛디뎌서 넘어지는 바람에 함지박이 산산조각 나버리고 말았다. 그 뜨거운 팥죽이 내 몸을 덮쳤는데 뜨거운 줄도 몰랐다. 교인들 섬기겠다고 밤새 불을 넣어 죽을 쒔는데 그게 다 엎질러지고 말았으니, 그것만이 몹시 안타깝고 서러웠다. 그래서 깨진 독을 안고 그냥 엉엉 울었다. 그 덕에 평생 잊지 못할 성탄절이 되었다.

돌이켜 보면 그 당시에는 팥죽과 삶은 고구마 강냉이 볶음 등으로 간식을 하면서 밤을 꼬박 새고 새벽송을 했다. 하지만 지금은 이런 것들을 내놓아도 아무도 먹지 않는다. 성도들 입맛이 달라진 만큼 사람들의 신앙과 믿음도 달라졌다. 그때는 목사님이 죽으라면 죽는 시늉을 했으나 이제는 목회자와 교회가 사람을 섬겨야 하는 시대가 되어 버렸다.

덕촌으로 갑작스런 이사를 온 뒤에도 나는 3개월 정도 누워 있었다. 집 밖에 있는 화장실까지 걸어가는 것이 내가 할 수 있는 운동의 전부였다. 그 나머지 시간은 눕거나 앉아서 책을 봤다. 그때 읽은 책이 성경, 안이숙 여사가 쓴 《죽으면 죽으리라》, 손양원 목사님의 삶을 기록한 《사랑의 원자탄》이었다. 병상에서 이 책들을 읽는 동안 하나님이 내 마음을 어루만졌고 나는 하나님을 내 아버지로 깊이 만났다.

언제까지나 누워 있을 수는 없는 노릇이어서 다가온 봄과 함께 나도 자리에서 일어났다. 그리고 그때부터는 내 아이들을 교육시키는 일과 교회 일을 내 삶의 전부로 삼았다.

상처가 여전히 다 아물지 않아 다리를 절면서 채소 농사를 지어 거문리로 그 채소를 팔러 갔다. 그때 참 감사한 분이 거문교회 황 권사님이다. 황 권사님은 조그만 가게를 운영하면서 내가 가져간 채소를 꼭 사주셨다. 그것으로 입에 풀칠을 하고 생활비도 벌었다.

그러나 아들들이 대학을 갈 무렵부터는 묘하게 야채 농사가 잘 되지 않았다. 그 잘되던 야채 농사가 전혀 안 되었는데 아마도 힘 많이 들고 돈 안 되는 야채 농사를 하지 말라는 하나님의 뜻이었던 것 같다. 하나님은 늘 우리의 공급을 바꾸어 주시는 분이니까.

그 대신 하나님이 다른 것을 허락해 주셔서 내가 벌꿀을 하게 되었다. 여수 어느 집사님과 전도사님이 벌을 키우러 거문도에 왔다가 겨울이 되자 여수로 떠나면서 그 벌을 나에게 맡겨 두었다. 그러나 다음 봄이 되어도 그분들이 돌아오질 않았다. 유채가 날 때인데 벌이 너무나 잘됐다. 벌통에 바퀴벌레가 들면 안 된다는데 우리 집 벌은 바퀴벌레가 들어도 기적처럼 잘됐다.

그때 세 통의 양봉을 했는데 한 통에서 한 말씩 꿀이 나와 그 양이 엄청났다. 꿀의 품질을 보고 찾는 사람이 날로 늘어났다. 그러나 우리 아들들이 모두 대학을 졸업한 다음 해 봄에 마치 전설처럼 벌 농사가 끝나 버렸다. 벌이 다 어디론가 날아가 버린 것이다. 하나님께서 아들들이 대학을 졸업할 때까지만 마치 만나를 내리듯이 나에게 벌꿀을 주셨던 것이다.

내가 덕촌으로 왔을 때는 교회가 세워진 지 10년째였다. 내가 덕촌교회로 간 지 얼마 되지 않아 전도사님이 부임했다. 그때 덕촌교회에 단돈 1만 5천 원이 있었다. 그 돈으로 교역자 생활비를 드릴 수도 없었을 뿐더러, 생활비를 드려 봤자 전도사님은 그 돈을 다시 헌금으로 넣어 버렸다. 그러면 내가 열심히 일해서 비누, 칫솔 등의 생활용품을 갖다 드렸다. 나는 비록 가진 게 없으나 하나님께서 내 필요를 다 채워 주실 것이라는 믿음으로 갖다 드렸다.

빌리 그레이엄 목사님이 서울 여의도에서 '엑스플로 74' 집회를 할 때 내가 수많은 군중 앞에서 배추 농사에 대해 간증을 했다.

그 내용은 이러하다. 거문교회에서 사택을 짓다가 다 못 짓고 건너왔는데 덕촌교회에서도 사택을 짓고 있었다. 앞에서도 말한 것처럼 나는 다리가 좀 회복될 무렵 채소 농사를 지었는데, 중학교 위에 있는 밭에 배추를 갈았다. 남들은 제철에 배추를 다 베어다 팔았는데 나는 손이 모자라서 배추 뿌리도 캐지 못하고 잎만 베다가 팔았다. 온전히 헌신하면 축복을 받는다는 전도사님의 말씀만 믿고 교회 사택을 짓느라 너무 바빠서 배추를 팔기에 적절한 시기도 놓쳐 버린 것이다. 그러나 며칠 뒤에 가 보니 원래보다 열 배 정도는 되게 배추가 자라 있었다. 열 배라니, 있을 수 없는 일이었다. 그때 배추를 판 돈으로 넉넉히 생활비를 했던 사연을 간증했다.

이런 일은 또 있었다. 언니가 나에게 무상으로 빌려 준 큰 밭에 파를 많이 심었고 어느덧 수확기가 되었다. 다들 파를 캐다가 돈을 많이 벌었는데 나는 사택을 짓느라고 또 때를 놓쳤다. 결국 남보다 뒤늦게 내다 팔았는데, 남들이 팔았던 가격의 열 배 정도를 받았다.

지금의 교회를 지을 때도 비슷한 일이 있었다. 3월이 되어서 다들 파를 내다 팔았으나 나는 교회를 짓느라고 밭에 가지 못하고 있었다. 파는 밭고랑에서 다 물러 가는데 교회 벽돌 찍느라 농사를 팽개쳤다며 동네 사람들이 나더러 정신 나간 년이라고 했다. 심지어 교인들 중에서도 그런 욕을 하는 사람이 있었다. 하지만 내가 손을 놓으면 교회가 지어질 수 없기에 나는 건축에만 매달렸다.

그때 동네 사람들은 파 한 단에 2백 원을 받았다. 나 혼자 철을 놓쳐 버렸는데 웬걸, 나는 한 단에 5백 원씩을 받았다. 나중에 사람들이 얼마에 팔았냐고 물어서 나는 5백 원씩을 받았다고 하니 다들 고개를 갸웃했다. 그해, 교회를 짓느라 너무 바빴는데 채소 농사가 가장 잘됐다. 교회 건축을 해서 더 잘된 것이 틀림없다. 하나님은 그런 분이시니까.

광주 본향교회 채영남 목사님과의 인연을 빼면 내 신앙생활을 다 말할 수가 없다. 덕촌교회에 막 사택을 짓고 있을 때 부임하신 총각 전도사님이 바로 채영남 목사님이다.

새로 전도사님이 오셨으나 거처가 없었다. 오갈 데 없는 전도사님은 교회 맨바닥에서 주무시게 되었다. 도저히 안 되겠다 싶어 내가 우리 집의 창고 같은 작은 방을 정리한 뒤 전도사님을 모셨다.

우리 집은 동네에서 가장 꼭대기에 있는데 사택을 짓기 위해 바닷가에서 모래를 이어다가 집까지 날라야 했다. 대야 가득 담은 모래를 머리에 이고 하루 열 번을 가져오면 시멘트 열 부대를 섞어 벽돌을 찍을 수 있었다. 전도사님 삼시 세끼 식사 챙기면서 벽돌을 찍고 밤에는 샘에서 물을 길렀다. 당시에는 수도가 설치되지 않아 물을 긷지 않으면 음식은 물론 벽돌도 만들 수 없었다. 아픈 다리를 절면서 물을 길으면 이웃에 사는 교인 한 분이 도와주었다.

전도사님은 외모도 잘생겼지만 말씀도 참 좋았고 교인들에게도 헌신적이었다. 그래서 모든 교인이 좋아했다. 전도사님은 덕촌교회에 들불처럼 신앙을 일으켰다.

그러다 1974년, 앞서 언급한 빌리 그레이엄 목사님의 집회가 열렸을 때 많은 교인이 여의도 집회에 가겠다고 나섰다. 서울 땅이라곤 평생 구경도 못 해본 섬사람들이 여의도 집회에 참석했다.

집회를 다녀온 다음 날, 수요예배가 있었다. 내가 교회에 가니 교회가 울음바다가 되어 있었다. 전도사님이 목요일에 군대를 간다고 아이들이 울고불고 난리가 난 것이다. 나조차 몰랐던 사실이다. 온 교인이 바닷물을 퍼다 놓은 것보다 많은 눈물을 흘렸다. 예배를 마친 후 전도사님도 눈물을 참지 못했다.

다음 날, 전도사님은 떠났다. 온 교인들이 여객선 머리로 나가 배가 거문도 포구를 완전히 빠져 나가 수평선 너머로 사라질 때까지 손을 흔들며 울고 또 울었다.

원래 채 전도사님이 거문도에 올 때 채 전도사님의 절친한 친구 임중열 전도사님이 한 배로 와서 서도교회에 부임했다. 그렇게 올 때 한 배로 온 두 사람은 갈 때도 한 배로 돌아갔다. 임중열 전도사님은 여의도 집회에 다녀와서 채 전도사님이 가신다고 하니 동시에 서도교회를 사임했다. 그러고서 한 달쯤 뒤에 임중열 전도사님이 다시 돌아왔다. 그래서 채영남 전도사님은 어딜 갔느냐고 물으니 잘 모른다고 했다. 배에 오를 때는 둘이 같이 올랐으나 배에 타자마자 둘이 등을 지고 돌아누워서 우느라고 헤어질 때까지 한 마디 말도 못 했단다. 채 전도사님 가족도 그 행방을 몰랐다.

우리 교인들은 늘 채 전도사님을 두고 기도했다. 어떻게 지내는지 소식이라도 듣고 싶었다. 어느 날 내가 간절히 기도를 하는데 네가 아무리 기도를 해도 그분에게서 12월 말경에나 연락이 올 거라는 음성이 들렸다. 그러더니 정말로 12월 말에 편지가 하나 날아왔다. 뜯어보니 채영남 전도사님이 청와대에서 보낸 것이었다. 편지에는 청와대라는 말이 언급되지 않았고, 나중에 알게 된 사실이다.

'집사님 채영남입니다.'

이렇게 편지가 시작되었다. 그 편지 봉투에는 전도사님의 한 달 월급이 고스란히 들어 있었다.

"그동안 교역자가 왔으면 그 돈을 헌금하시고, 지금까지 교역자가 없었다면 주일학교 교사들 간식해 주세요."

그때 교회에는 여전히 교역자가 없었다. 간식이라야 주일학교 교사들이 몇 안 되니까 내가 밀가루를 사다가 팥죽을 쒔다. 그리고 교인들 전원을 불러 모아 이야기했다.

"이것은 우리 전도사님이 굶주리면서 모아 놓은 돈이오. 우리 교인들 간식하라고 보내셨소. 우리 맛있게 먹읍시다."

그 죽을 세상에 둘도 없는 성찬으로 생각하며 교인들이 기쁨으로 나눠 먹었다. 그것은 그냥 죽이 아니라 전도사님의 사랑으로 쑨 죽이었다. 교인들 모두 뛸 듯이 좋아했다. 나는 팥죽을 쑤어 교인들에게 나눠 주긴 했으나 전도사님께는 답장도 안 하고 말았다.

세월이 흘렀다. 서도에 계시는 임중열 전도사님이 "영남이 제대했답니다. 마산 병원에 있답니다" 그러더니 얼마 지나지 않아 "폐가 안 좋아서 화순에 있답니다" 이렇게 말을 전해 줬다. 그 말을 듣고 나서 마음속에 전도사님 생각이 가득하던 차에 전도사님 편지를 받았다. 아프다고 한다. 그때 나는 보리밭을 매던 중이었는데, 밭 매는 것보다 목회자를 모시는 게 우선이라는 생각이 들었다. 그래서 나는 당장에 호미를 집어 던지고 화순으로 쫓아 올라갔다.

아침 일곱 시에 여객선을 타고 여수로 나갔다. 여수에서 광주로 광주에서 다시 화순으로 가니 해가 완전히 저물었다. 저문 화순 거리에서 내가 한 아저씨를 잡고 물었다.

"아저씨, 여기 화순읍교회가 어딥니까?"

"예, 바로 여기 넘으면 교회가 있습니다."

이렇게 대답한다. 내가 물었던 바로 그 자리에 전도사님 집이 있었으나 내가 그 사실을 알 턱이 없었다. 그때 전도사님은 방에 있었는데 밖에서 말소리가 나는 것을 듣고 '원 집사님 목소리하고 정말 똑같다'고 생각했다고 한다.

나는 화순읍교회를 찾아가 채 전도사님 어머니를 만났다.

"저, 거문도에서 왔습니다. 전도사님 어디 계십니까?"

"아이고, 거문도에서 여기까지 우리 영남이를 찾아왔어요? 어서 우리 집으로 가요."

그 집은 길가에 있는 아주 조그만 초가집이었다. 권사님이 집 대문에서부터 소리를 쳤다.

"영남아, 거문도에서 원 집사님 왔다."

집에 들어가니 방이 완전히 냉골이었다. 그 추운 방에 있던 전도사님이 몸도 안 좋은데 발을 벗고 뛰어 나왔다. 우리는 거기 앉아서 밤이 깊도록 이야기를 나눴다.

"전도사님, 내가 전도사님을 모시러 왔습니다."

그러자 전도사님이 거문도에 절대로 못 간다고 했다. 밤이 깊었기에 내가 나가서 자고 내일 다시 올 테니 그때 또 이야기하자고 했다. 그러자 권사님이 질색했다. 어디를 가냐고, 여기서 같이 자자고.

냉방에서 셋이 자고 새벽기도를 갔다 와서 또 전도사님을 졸랐다. 우리에겐 전도사님이 필요하니 꼭 오시라고 했다. 그러자 권사님이 옆에서 거들었다.

"영남아, 집사님 말 들어라. 너 가서 봉사하고 공기 좋은 데 가서 있어라."

그래도 절대 안 가겠단다. 내가 전도사님 확답을 못 받으면 거문도에 못 간다고 계속 졸랐다. 전도사님은 자기 몸이 아프니 혹시나 교인들에게 짐이 될까 염려했던 것이다.

내가 거문도에 돌아온 뒤 얼마 지나지 않아 전보가 왔다.

"영남 이사 준비."

전도사님 몸이 아파서 혼자서는 못 올 형편이니까 내가 또 화순에 올라갔다. 전도사님은 동네에 방을 하나 얻어 지내다가 또 우리 집으로 이사를 왔다. 전도사님이 우리 집에 있는 동안 나는 그분 건강을 위해 산을 돌면서 뱀을 잡았다. 그 뱀을 고아서 드리니 절대 안 드시겠다고 했다. 그래서 마늘과 고추 한쪽을 고아서 종이에 받쳐서 드렸다.

"이게 뭐요?"

"아무 말도 말고 잡수세요. 이것이 몸에 최고요."

그래도 안 드시려고 했다.

"제발 아무 말 말고 잡수시오."

먹는 모습을 보고 나오겠다고 버티고 앉아 있으니 결국 한숨을 푹 쉬면서 드셨다. 그리고 그 뒤로는 편안하게 드셨다.

심각한 폐결핵을 앓던 분이 약도 없이 병을 이겨냈다. 그리고 이듬해 3월, 전도사님은 우리 교회를 사임하고 나가서 4월 5일에 결혼식을 올렸다. 여기에 온 지 꼭 일 년 만이었다.

전도사님이 우리 집에 계시는 동안 나는 쌀 한 접시로 밥을 했다. 성미 담당 집사님이 내게 딱 세 수저의 쌀을 줬다. 세 수저면 한 접시다. 그렇게 하루 세 접시를 줬다.

우리 집은 가난해서 쌀을 먹을 수 없어 보리 위에 쌀을 얹어서 밥을 했다. 그게 쉽지가 않았다. 특히 점심을 해드릴 때는 애들이 모두 학교를 가버리니 전도사님 밥만 따로 해드려야 했다. 보리 위에 쌀을 얹을 때는 그나마 나은데 쌀 한 접시로 밥을 하기는 불가능했다. 그래서 없는 살림에 빚을 내서라도 쌀을 더 사야만 했다. 교회 사택 지을 벽돌을 찍다가 와서 점심밥을 해드리고, 점심 드실 동안에는 물을 길어 날랐다.

교회에서 쌀은 줬으나 반찬값은 안 줬다. 그런데 내가 거문리만 가면 반드시 어디선가 생선이 생겼다. 그러면 아이들은 못 줘도 전도사님을 해드렸다. 전도사님은 또 내 자식들을 생각해서 그 생선을 안 드시고 물려 주셨다. 그래서 우리 애들이 그 생선을 먹기도 했다. 정말로 그 부족한 먹을거리로 만족할 수 있었던 것은 오직 사랑 때문이었다. 그 밥상은 모두 사랑의 밥상이었다.

그때 채영남 전도사님 월급은 고작 오십 원이었으나 그 월급마저 헌금을 해버렸다. 요즘 말하는 자비량 선교와는 비교도 할 수 없

내 모든 것 주께 드리

는 선교사 생활이었다. 하루에 한 척의 여객선도 없는 섬에 와서 보수도 받지 않으면서 매일 밤 철야기도를 하며 전도를 했던 채 전도사님이 바로 진정한 선교사였다.

나는 채영남 목사님께 받은 은혜를 지금도 다 갚을 수 없다. 작은 아들이 목사가 된 것도 채 목사님 덕분이다. 작가가 된 막내아들은 채 목사님이 많은 영감을 주었다고 고백한다. 내 인생에 채 목사님이 안 계셨으면 신앙이 온전히 뿌리 내리지 못했을지도 모른다. 따라서 목사님은 우리 가정을 하나님께 인도한 영적 목자였다.

또한 덕촌교회는 채영남 목사님 덕에 오늘이 존재한다. 그리고 그분은 덕촌교회에서 보여 주신 헌신으로 인해 하나님의 기름부음을 받았고, 우리 교회를 떠난 이후 하나님의 사랑과 축복으로 매우 훌륭한 목회자가 되셨다.

채영남 목사님 이후 많은 목사님이 우리 교회를 다녀가셨다. 그동안 좋은 목회자 분들이 많이 다녀가셨으나 채영남 목사님과 견줄 만한 분은 올해로 10년째 계시는 최정훈 목사님이 유일하다. 지금 계신 최 목사님도 참 훌륭하신 분이다. 우리는 최 목사님이 시무하시는 동안 매달 월급을 백만 원밖에 못 드렸다. 자녀 둘이 대학을 다니는데도 월급이 적다는 말씀도 안 한다. 오직 믿음 안에 살며 기뻐하고 즐거워하시는 분이다.

어느 교회나 그렇지만 교회 건축에 얽힌 이야기는 참 많다. 우리 교회는 배기선 전도사님이 부임하셔서 건축을 시작했는데, 적은 재정으로 교회와 사택을 짓다 보니 교회는 자꾸 빚이 늘었고, 그 빚으로 인해 교인들이 시험에 들기도 했다.

그때 나와 함께 헌신하던 분들은 이제 거의 돌아가셨고, 지금 나오는 분들은 모두 얼마 되지 않은 신자들이다. 지금은 교인들이 헌금을 잘 하지 않아 교회 재정이 어렵다.

교회 지으며 힘들었던 일은 말로 다할 수 없다. 돌이켜 보면 우리 교회는 정말 눈물로 지어졌다. 교회 가서 울지 않은 날이 없다. 목사님 사례비는 물론 건축비도 없어서 내가 밤마다 눈물로 기도했다. 그 눈물이 고스란히 교회 벽돌이 되었다 해도 과언이 아니다.

재정적으로 힘든 것보다 사람이 없어서 외로운 것이 더 힘들었다. 덕촌교회 짓는 동안 나는 매일 벽돌을 찍으러 바닷가로 나갔다. 이 세상 사람 다 몰라도 김연임이라는 할머니는 나를 알 것이다. 그분은 동네 바닷가에서 붕어빵을 구워 팔던 사람이다. 내가 전도사님 밥 해드리고 내려가면 해가 중천에 떠 있었는데, 나 혼자 모래 퍼 나르고 시멘트 섞어 벽돌을 찍고 있으면 그분이 다가와서 그랬다.

"그 고생해서 벽돌 찍어 천당 가면 뭐 할라고 그렇게 벽돌을 찍는가? 나 같으믄 그 고생하느니 천당을 안 가겠네."

또 어떤 날 내가 모래를 나르고 있으면 뒤에서 이렇게 말했다.

"기홍이넘 또 와서 모래 푼다."

내가 밤이 늦도록 혼자 벽돌을 올리면 이렇게 말했다.

"저렇게 혼자서 벽돌 올리고 혼자서 저렇게 집을 지으니……. 저 집을 누구 줄라고 저렇게 짓는다냐?"

그렇게 혼자 군소리를 했다. 그때처럼 외롭고 눈물날 때가 없었다. 하지만 이제 그 사람 말을 생각하면 "이제 내가 살아도 주 위해 살고 이제 내가 죽어도 주 위해 죽는다"는 찬송가가 떠오른다. 그 가사대로 나는 사나 죽으나 주의 것이요 내가 지금 죽어도 천국에서 천군 천사가 나팔 불며 나를 마중해 줄 줄로 믿는다. 그러므로 나는 참으로 사나 죽으나 내 주님의 것이다.

그렇다. 나는 주님이 다시 오실 때까지 이 길을 갈 것이다. 나의 십자가 지고 좁은 문 좁은 길로 갈 것이다. 그러면 내가 가는 이 길 끝에서 영광의 내 주님이 나를 맞아 주실 것을 믿는다. 내가 가는 길을 그 누구도 알아 주지 않을지라도 나는 이 길을 가고 또 갈 것이다.

당시 우리 교회 바닥을 할 때, 땅을 다 파헤쳤으므로 가마니를 깔고 예배를 드려야 했다. 그 가마니도 겨우 구해서 예배를 드렸다. 이런 사정을 안 동네 청년들이 교회 바닥을 해주겠다고 왔다. 청년들이 일을 해주니 점심을 먹여야 했다. 나는 교회에서 청년들 뒷수발을 해야 했으므로 어느 집사님께 청년들이 교회에 콘크리트 공사를 하니까 교회에 물 좀 길러 달라고 했다. 그랬더니 당신이 뭔데 나를 시키느냐고 하면서 막 소리를 질렀다.

결국 다른 집사님이 밥을 하겠다고 했다. 그 집사님이 밥을 해

온 걸 보니 반찬이라곤 파김치 하나가 전부였다. 동네 청년들에게 그 밥을 내놓기가 너무나 부끄러웠다. 쌀도 아니고 혼합곡 두 되로 밥을 해서 주었는데, 교회라는 데가 오죽잖아서 물 길어 줄 사람도, 밥해 줄 사람도 없다 싶어 참 부끄럽고 서러웠다. 그날이 내 사는 중 가장 외롭고 부끄러운 날이었다.

하루는 내가 절룩거리며 혼자 벽돌을 올리는 것을 보다 못해 동네 아낙들이 나섰다. 부녀회장이 여남은 사람을 동원해서 우리 교회 벽돌을 올려 주러 왔는데 이 사람들이 다 예수를 믿으면 얼마나 좋을까 싶어서 눈물이 났다. 그것은 그냥 눈물이 아니라 내 몸이 다 녹아서 나오는 눈물이었다.

나는 그때 시간만 나면 교회에서 울었고, 밭에서 김을 매면서도 울었다. 지금 나는 교회 일을 안 한다. 이젠 젊은 사람들이 다들 알아서 한다. 하지만 그때는 내가 눈물로 벽돌을 쌓았고 눈물로 종탑을 세웠고 눈물로 교회를 지었다.

그때가 1970년대다. 그 당시 이장이 동네 월례회를 하면서 이런 말을 했다. 덕촌에 도둑이 셋 있는데 박○○, 김○○, 원용연이 도둑놈이라고 했다. 나를 지목한 이유는 교회의 한 집사님이 동네에서 나를 음해하고 다녔기 때문이다. 내가 교회 돈을 도둑질해서 우리 아이들을 가르친다는 것이다. 그때 교회 돈이 3,331,000원 있었다. 내가 그 교회 돈을 다 훔쳐 버려서 목사님 사례비를 드릴 돈이 없다고 소문을 냈다. 실상은 교회 빚이 천만 원 가까이 있어서 그것으로 이자 처리하고 사례비 드리기도 힘든 상황이었다.

교회 사택을 지을 때는 전에 있던 사택을 39만 원에 팔고 농협에서 200만 원을 대출했다. 그 빚을 갚느라 긴 세월 고생을 했다. 교회에 돈이 없으니 내가 채소 팔아서 목회자 사례비를 드리는 실정이었는데 내용을 알지도 못하는 사람들이 교회 돈을 훔쳐 쓴다고 나를 비난했던 것이다. 그 모든 것은 우리 아이들이 더 좋은 학교에 진학한 것에 대한 시기와 질투에서 비롯된 것이었다.

내 몸으로 낳지 않은 철원이는 사춘기를 넘어서면서 거의 인연을 끊고 살았다. 그러다 30대가 되어 거문도로 돌아왔으나 술을 많이 마셨고 늘 사건을 만들더니 결국 마흔넷 젊은 나이에 저 세상으로 갔다. 한편 첫째 기홍이는 효자다. 그 어린 나이에 고등어잡이 배를 타면서 돈을 벌어 동생들 학비를 댔다. 동생들이 고등학교 졸업하기까지 큰아들이 고생을 많이 했다. 성공한 자녀들도 귀하지만 기홍이는 내 몸처럼 귀한 아들이다.

아들 둘이 대학에 갈 때 송 권사님이 10만 원을 주고, 또 어느 목사님이 10만 원을 줬다. 다른 사람들은 모두 손가락질을 했다. 여자가 혼자 빚내어 살면서 통 크게 대학에 보내고 딸은 고등학교에 보냈다고 얼마나 흉을 봤는지 모른다.

가난과 함께 살았기 때문에 돈을 빌려서 제때 갚지 못할 때가 있었다. 집에는 늘 빚쟁이가 몰려왔다. 그런 상황에서도 공장에 취직하거나 선원이 되지 않고 대학에 다니는 우리 아들들에 대해서도 사람들이 손가락질을 했다.

이런 상황에 있으니 내가 회계 집사를 하면서 돈을 다 횡령한다고 소문을 낸 것이다. 마음고생 끝에 재정을 다른 분에게 내줬지만, 결국 재정을 맡은 분이 두 달 만에 그만뒀다. 교회에 헌금이 들어오면 다 회계 집사가 쓰는 줄 알다가 정작 자기들이 돈을 내야 할 상황이 오니까 포기하고 만 것이다. 결국 내 딸이 그 직분을 맡았다. 내 딸 강기심이는 우리 교회 권사가 되어 내가 젊었을 때 일했듯이 온갖 일을 다 맡아서 한다.

내 남편이 세상을 떠났을 때는 하늘이 무너지는 것 같았으나, 당장 어린 자식들을 먹여 살려야 했으니 서러워할 틈도 없었다. 그러나 교회를 짓고 교회 일을 하면서 외로워지기 시작했을 때는 정말 서러웠다. 내가 이렇게 외로운데 하나님은 얼마나 외로우실까? 내가 세상에 살면서 친구 하나도 제대로 인도 못 하는데 하나님은 나를 얼마나 원망하실까 이런 생각에 눈물이 났다.

내가 가장 좋아하는 성경은 말라기 3장 10절이다.

"만군의 여호와가 이르노라 너희의 온전한 십일조를 창고에 들여 나의 집에 양식이 있게 하고 그것으로 나를 시험하여 내가 하늘 문을 열고 너희에게 복을 쌓을 곳이 없도록 붓지 아니하나 보라."

내가 다리 다쳐서 누워 지낼 때 생긴 일이다. 한번은 생활보호 대상자 돈 4천1백 원이 나왔다. 이래저래 쓰다 보니 그 돈을 다 써버리고 결국 십일조를 못 했다. 그날 밤 꿈에 계시적인 일이 있을 때마다 나타나는 신면장 할아버지가 나왔다. 내가 집에 나무를 쌓아 두었는데 할아버지가 그 나무를 다 들어내라고 했다. 그래서 내가 왜 나무를 들어내느냐고 하니까 네가 내 것을 도둑질해서 쌓아 놨으니 자기가 찾아가겠다고 했다. 내가 꿈속에서 빌었다.

"할아버지, 제가 잘못했습니다. 다음부터는 절대 안 그럴게요."

그러자 할아버지가 나무를 도로 쌓아 주면서 이번만 용서해 주되, 다음부터 그렇게 하면 다 가져가 버린다고 했다. 그날 그 꿈을 꾼 이후로는 어떻게든 철저하게 십일조를 했다.

내게는 친정 가족 모두가 은인이다. 내 남동생은 무상으로 나에게 평생 집을 빌려 줬고 내 언니는 평생 밭을 빌려 줬다. 그동안 내 재산이라고는 하나도 없이 평생을 이렇게 살아왔다. 남동생의 부인인 올케는 내 친형제처럼 나를 걱정하고 내 아이들을 걱정했다. 특히 친정어머니의 희생은 말로 다 표현할 수가 없다.

홀로 사는 내게 늘 일손이 부족했기에 어머니가 평생 나를 도우셨고, 그렇게 내 일을 돕다가 끝내 병에 걸려 돌아가셨다. 어머니는 예수를 믿지 않았으므로 일요일에 보리를 칠 약속을 했다. 그러나 내가 절대로 치지 않는다고 했다. 그때 어머니가 이렇게 말했다.

"네 하내비(하나님) 잡으로 가느라고 안 치냐?"

"내일 비가 올 거니 그리 아소."

"비는 무슨 비. 일하기 싫어서 인자 정신까지 나갔냐?"

큰 밭 보리를 치려면 예배에 갈 수가 없으니 보리를 안 치려고 일부러 밥을 게을리했다. 그러면 어머니는 혼자라도 보리를 치겠다며 사람을 샀다. 그러나 보리를 한 짐도 치지 않았는데 일기예보에도 없었던 비가 오기 시작했다. 이런 거짓말 같은 일이 여러 차례 반복되었다. 그러자 다음부터는 어머니가 아예 주일엔 보리 칠 생각을 안 했다.

어머니는 내가 주일에 일 안 하고 교회에 갈 때마다 구박을 했지만, 실은 숨어서 교회 일을 많이 하셨다. 당시에 나무가 없으니 교회에 땔 나무를 하려면 우리 산에서 해다가 드리라고 허락해 주시기도 했고, 교회 사택 지을 때도 2만 원이라는 큰돈을 내놓으셨다. 또 농사를 지어 좋은 열매가 있으면 늘 이렇게 말했다.

"아나, 이건 느그 교회 하나씨(하나님) 갖다 줘라."

예수를 믿지도 않는 분이 가장 좋은 열매를 하나님 앞에 바친 것이다. 교회 나가는 걸 마땅찮게 여기던 어머니는 내가 믿는 모습을 보면서 교회와 교인 보는 눈을 차츰 바꾸셨다. 부산 남동생 집에 가 계시던 어느 날, 어머니가 내 여동생을 불러 이렇게 말씀하셨다.

"나도 좀 교회를 댕기고 싶다. 거문도 느그 성님을 보게 그렇게 바쁜 통에도 교회를 댕기면서 다 먹고살드라. 이제 나도 좀 교회 다닐란다."

그리고 교회를 나가신 지 3년 만에 돌아가셨다. 그 3년 동안 어머니는 아침에 한 시간씩 기도를 하고 저녁에도 기도했다. 나로 인해 평생 고생한 어머니 생각을 하면 지금도 가슴이 미어지지만 그나마 나를 통해 하나님이 어머니를 구원하신 게 참 기쁘다.

나도 연약한 사람인지라 내 안에 물질에 대한 욕심이나 갈등이 없는 것은 아니다. 하지만 나는 이 세상에 빈손으로 왔으니 빈손으로 간다. 이제까지의 내 삶은 날아가는 새도 먹이시는 하나님이 지켜주셨다.

나는 신앙생활을 하면서도 가난 때문에 정말 많은 무시를 받고 살았다. 그러나 세상 사람들이 먹고 놀 때 나는 하늘에 저금한다고 생각하며 살았다. 나는 하나님 앞에 해드린 게 없다. 내가 하나님께 해드린 게 없는데 무엇을 구하는 건 너무나 이기적인 것이다.

앞에서도 이미 여러 차례 이야기가 나왔듯이 나는 정말로 가난했다. 아들 기호가 중학교 올라갈 때 등록금 2만 원이 필요했으나 돈이 없어서 보낼 수가 없었다. 그래서 주변 사람들에게 돈 있으면 2만 원만 빌려 달라고 했다. 아무도 돈을 빌려 주지 않을 때 거문리 정 집사님 댁의 작은 방에 세 들어 사는 낯선 아저씨가 돈을 빌려 줬다. 그 돈을 갚으려고 어판장에서 일하고 밤에도 산에서 일하고 똥을 퍼서 나흘 만에 이자를 쳐서 갚았다. 그러나 이자를 절대로 안 받겠다 해서 술 한 되를 받아다 갚았다.

그 뒤로 막내가 군대 갔을 때 줄 게 아무것도 없어서 면회를 한 번도 못 갔다. 그래서 막내가 아주 고생하는 부대에 있다는 사실도 몰랐다. 남들이 "자식 군대 갔을 때 무엇을 했네" 하고 말하면 그때

면회를 못 간 것이 지금까지 가슴에 한이 된다.

딸 기심이는 학비가 없어서 중학교를 갈 수 없었다. 우리 집 뒷산 언덕바지에서 보면 중학교 운동장이 훤히 내려다보여서 아이들이 조회를 하고 종례를 하는 모습이 보인다. 어느 날은 딸에게 뒷산에 가래나무를 해오라고 보냈다. 그런데 아이가 가서 나무는 안 하고 종일 울다 왔다. 남들은 학교 가는데 자기만 못 간 것이 너무 서러웠던 것이다. 그때 초등학교 교장 선생님이 뜻밖의 장학금을 줘서 딸이 중학교를 다닐 수 있었다.

자랑거리 하나 없이 이처럼 길고 긴 가난의 터널을 지나는 동안 하나님이 은혜를 베푸셔서 나에게도 자랑할 것들이 생겼다. 그것은 돈도 명예도 아니다. 그저 내 자녀들 모두 멋지게 성장하고 신앙생활도 열심히 하는 것이 내 자랑거리다.

또한 내 신앙의 즐거움은 하나님께 응답받는 기쁨이다. 특히 하나님은 자녀에 대한 기도를 모두 응답해 주셨다. 큰아들은 건강한 어부로 잘살고, 둘째는 목사 되고, 딸은 남부럽지 않게 살림을 키웠다. 영적으로는 내가 늘 하나님과 대화하며 사는 것이 정말로 좋다.

내 아이들은 학창시절에 다 우등생이었다. 특히 막내는 늘 1등만 했다. 또 56개 학교가 겨루는 과학경시대회에서 1등을 하기도 했다. 그런 막내 덕에 나는 학교에 가면 기가 살았다. 그래서 돈 한푼 없는 내가 공부 잘한 아들 덕에 자모회장까지 했다. 나는 거문초등학교, 덕촌초등학교, 거문중학교 자모회장을 한 뒤, 막내가 학교를 졸업한 후에야 그만두었다.

부모라면 누구나 그렇듯이 나도 내 자녀가 축복받은 것이 나에게 가장 큰 축복이다. 내 둘째가 목사 될 때는 기분이 좋다기보다는 눈물이 났다. 이제 진짜 세상길로 못 가고 예수님만 위해서 살아야 한다는 생각을 하니 그 쉽지 않은 길이 걱정되어 눈물이 났다. 다들 축하한다고 하는데도 나는 마음이 무거워서 많이 울었다.

둘째 아들이 교회를 지을 때는 정말 기뻤다. 처음에 충신교회 부목사 소망교회 부목사로 섬길 때, 그리고 개척할 때도 기뻤지만 분당에 드림교회를 건축하고 나서는 정말 기뻐서 자랑도 많이 했다. 그때 거문교회 안 권사님께 평생 처음으로 "우리 강기호가 이처럼 큰 교회 목사가 되었다"고 자랑을 했다.

한편 내 막내는 소설가가 되어 신문에 나왔다. 그때는 더할 나위 없이 기뻤다. 둘째가 목사 되고 교회 지을 때보다 더 기뻤다. 막내가 신문에 나올 때 사람들에게 우리 막내아들 신문에 나왔다고 자랑하고 다녔는데, 그때가 내 인생에서 가장 행복한 순간이었다.

앞서 이야기했듯 내 딸은 덕촌교회 권사가 되어 현재 교회의 기둥으로서 열심히 섬기고 있다. 내 사위가 열일곱 살일 때 수요예배에 한 번 나온 적이 있었다. 그때 나는 이 청년이 장로 되게 해달라고 기도했지만, 그 뒤로 다시는 교회에 나오지 않았다. 그러나 그때의 기도 때문인지 훗날 내 사위가 되었으며, 결혼 후 술 담배 모두 끊고 교회 일을 거의 도맡아 하고 있다.

큰아들 기홍이는 평생을 어부로 살았다. 비록 사회적인 성공은 못했어도 자녀 중 가장 효자다. 후손을 못 본 것이 못내 아쉽지만, 하나님께서 기홍이에게도 그에게 맞는 축복을 주셨다고 믿는다.

이제 모든 게 변해 간다. 옛날에 나는 아무리 바빠도 늘 화장하고 한복을 입고 교회에 나갔으나 요즘은 아무도 한복을 안 입으니 나도 그냥 평상복을 입는다. 그리고 1년에 성경을 3독씩 했는데 요즘은 오전만 지나면 눈이 잘 안 보인다. 햇살이 강할 때는 마치 안개가 낀 것 같은데 저녁이 되면 또 보인다. 성경 읽는 즐거움도 이제는 조금씩 손을 놓아야 할 때가 된 것 같다.

거문도에서 많은 사람들이 나의 인생을 칭찬한다. 과거에는 나를 헐뜯는 사람이 많았으나, 이제는 믿지 않는 자들도 우리 집은 예수 믿어서 축복받았다고 말한다.

내가 지나온 삶은 결코 쉽지 않았다. 돌아보면 내 인생은 메마른 황무지였다. 그러나 찬송 가사대로 메마른 땅을 종일 걸어가도 주께서 나를 피곤치 않게 하셨고 내가 위험한 곳에 이르면 큰 바위 아래 숨기시고 주님의 손으로 덮어 주셨다. 그게 나의 인생이었다.

내 고통스러운 삶은 모두 흘러갔다. 이제 나는 근심 걱정 없이 기쁨만 넘친다. 지금까지 살아온 모든 일이 주님의 은혜요 감사의 조건이다. 죽으면 천국 갈 거고, 세상에서는 내 자녀들이 다 축복받았으니 얼마나 감사한지 모른다.

내 모든 것 주께 드리리

나는 세상 사람들에게 말하고 싶다. 예수 믿어 복 받고 예수 믿어 천국 가라고.

교인들에게는 교회 열심히 나오라고 말하고 싶다. 교회에 와서 아무것도 안 하고 있어도 복은 자연히 들어온다는 말을 꼭 하고 싶다. 어떤 사람은 그렇게 말하면 거짓말이라고 하지만, 나는 겪어 보지 않으면 모른다고 답한다. 나는 우리 아이들을 굶기면서 키웠다. 예수 믿는 것 외엔 아무것도 없었다. 그런 나에게 하나님은 모든 축복을 다 주셨다. 믿으면 된다.

"주 예수를 믿으라 그리하면 너와 네 집이 구원을 얻으리라."

이 말씀이 곧 축복의 말씀이요 언약의 말씀이다. 부모가 할 것은 오직 기도뿐이다.

내 마음에 아쉬운 것은 교회 재건축을 하지 못한 것이다. 우리 교회를 지은 지도 벌써 삼십 년이 넘어서 수명이 다 됐으므로 머잖아 손을 봐야 한다. 돈이 생겨서 다시 교회를 짓는 것이 내게 남은 큰 기도 제목이다.

이제 나는 거동이 자유로운 나이가 아니다. 하지만 아직도 바닷가에 나가 해산물을 채취하고 농사도 짓는다. 돈을 마련해 손주들에게 나눠 주는 기쁨도 있지만, 무엇보다 내 노력으로 헌금할 수 있어서 좋다. 하나님은 헌금하는 손길에 반드시 몇십 배의 축복을 하신다.

지금은 국민연금 9만 원과 노령연금 9만 원이 내 정기적인 소득의 전액이다. 나는 그 돈 전액을 매월 목사님 차 할부금으로 낸다. 지금 내게는 저축한 돈도 없지만, 나에게 있는 돈 전부를 교회에 드린다. 이 사실은 내 딸 외에는 아무도 모른다. 그렇게 된 데는 한 가지 계기가 있다.

어느 날 내 아들이 중보기도를 부탁했다. 어떤 성도가 수십억 원의 헌금을 하겠다고 했으니 그 일이 하나님의 뜻 가운데 잘 이뤄지기를 기도해 달라는 것이다. 그래서 내가 중보기도를 하는데 이런 음성이 들렸다.

"너는 나를 위해 무엇을 하느냐?"

그때 기도 중에 들린 음성에 양심의 가책을 느껴서 나는 가진 것 전부를 헌금하기로 했다.

내 아들의 교회에 헌금하겠다고 한 사람은 결국 그 헌금을 하지 않았다고 한다. 그러나 그 일을 통해 내가 목사님의 차량 할부금을 갚게 되었다. 하나님이 어떤 방향으로 역사하실지 아무도 모른다. 하나님은 내 아들 교회에 헌금하겠다고 했던 사람에게 역사하신 게 아니라 그 사건을 통해 나에게 역사하고 싶으셨던 것이라고 생각한다.

나는 평생 동안 새벽종을 치러 다녔는데 종 칠 시간이 되면 반드시 잠에서 깨어난다. 아무리 깊은 잠이 들어도 네 시가 넘으면 누가 깨워 주지 않아도 일어나는데, 사람이 깨우는 게 아니라 영들이 나를 깨우는 것 같다. 새벽 종을 치면서 받은 은혜가 얼마나 큰지 모른다. 다리가 아파서 걷지 못할 것 같다가도 교회 종을 치러 갈 때는 달음질로 간다. 그래서 내가 죽을 때까지 이 종을 치겠다고 하나님께 작정했다.

내가 치는 종소리가 하늘에 계신 아버지의 귀에까지도 곱게 곱게 들리리라 믿는다. 내가 마지막 종을 치는 그날이 내가 아버지의 품에 안기는 날이 되길 기도드릴 뿐이다.

나는 이 원고를 쓰는 게 너무 힘이 들었다. 이 원고를 쓰는 데 나머지 원고 전부를 쓴 시간에 맞먹는 시간이 들었다. 중간 중간 컴퓨터 앞에서 울어야 했고, 또 종종은 한숨을 푹푹 내쉬면서 화면에 깜박거리는 커서만 보고 있었다. 그런가 하면 찬송가를 불러야 하거나 기도를 해야 했다. 이 후기를 쓰면서도 한 시간 넘게 눈물을 쏟았다.

기구한 한 여인의 인생을 써야 했기 때문만은 아니다. 이 글의 주인공은 사실 글을 쓰고 있는 필자의 어머니다. 나는 내 어머니의 신앙과 인생을 고스란히 몸으로 보고 자란 사람이다. 글을 쓰는 동안 내 어머니의 아픈 인생 때문에 내가 너무나 아팠다. 이미 오십 줄에 들어선 만큼 나도 인생을 만만찮게 살았다지만 내 어머니의 인생 이야기는 나를 참 힘들게 했다.

어머니가 저주한 사람들 이야기를 인터뷰하면서 나는 제발 그 말은 그만하자고 했다. 그리스도인은 축복의 말만 하는 게 좋다면서 어머니의 발언을 저지시켰다. 그 후 녹취를 다 해서 서울로 올라와 내 책상에 앉아 글을 쓰기 시작했다. 그때 열왕기하 19장에서 천사들이 모든 적을 몰살시킨 장면이 기억났다. 그때 하나님께서 나에게 이런 마음을 주셨다.

"나는 내가 사랑하는 자를 극단적인 방법을 써서라도 보호한다."

하나님은 분명히 불공평하게 사랑하신다. 하나님이 선택하고 사랑하는 자녀를 지키기 위해 하나님은 무시무시한 보복까지도 서슴지 않으신다.

내 어머니의 헌신을 청자로 듣고 필자로 쓰면서 깨달은 것이 있다. 나는 많이 배우고 똑똑한 사람인 양 잘난 척하지만 내 어머니의 헌신에는 턱없이 미치지 못한다는 것, 내 어머니의 믿음에 비해 나는 너무나 보잘 것이 없다는 사실을 깨달았다. 믿음은 기도나 말씀이나 찬양보다는 순종과 헌신으로 성장함도 깨달았다.

세상 기준으로 보면 나는 내 어머니보다 잘났다. 하지만 하나님도 그와 같이 생각하실까? 하나님이 보시기에 나는 어머니보다 못나도 한참이나 못난 사람일 것이다. 내 어머니의 헌신을 정리하면서 너무도 부끄러운 마음에 얼마나 많이 회개했는지 모른다.

내 어머니의 글이 가장 길어서 독자들께 죄송하다. 하지만 나는 한 여인의 아들로서가 아니라 하나님 편에 서서 이 글을 정리했다. 자기에게 주어진 마지막 돈까지 전부 하나님께 바친 아름다운 하나님의 딸 이야기를 적은 것이다. 그러니 독자들께서도 이해해 주리라 믿는다.

나는 목사를 만든 어머니다

고미녀 권사 • 1930년생
전북 군산시, 장자도교회

나는 익산 축복교회 담임인 이갑동 목사의 어머니다. 나는 대단한 헌신을 한 사람이 아니다. 평생을 갯마을 아낙으로 살아오면서 내 아들 하나 목사 되도록 세운 것과 내 자녀들을 믿음의 사람으로 키운 것이 내가 한 일이다.

내 이름은 고미녀다. 사람들은 나를 이름 그대로 예쁜 여자, 미녀라고 한다. 너무 뻔뻔하지만 어쩌겠나. 이 나이가 되어도 나는 내가 예쁜 것 같다.

우리 형제는 1남 3녀다. 오빠는 능력 있고 인정 많은 사람이었다. 큰언니는 나처럼 예뻐서 이름이 예쁘고, 둘째언니는 춘희다. 나는 원래 쌀녀였다가 숙자였다가 미녀가 됐다.

나는 건강이 아주 좋아서 지금까지도 치아를 한 번도 바꾸지 않은 생니를 쓴다. 내 나이 83세인데 사람들이 아직도 70대로 보인다고 한다. 내 아들들이 학교 다닐 때 군산에 집을 구해서 살았는데, 우리 부부가 아이들을 만나러 가면 옆에서 사람들이 "조강지처가 아닌가 봐" 그랬다. 영감이 나보다 일곱 살 많은데, 나는 젊고 영감은 나이 들어 보이는 데다 내가 색시 때 인물평을 좀 들었다. 하하. 지금도 아들의 교회에 가면 교인들이 나더러 젊다고들 한다.

과거에는 장자도에 150가구가 있었다. 우리 섬을 '고군산군도'라하는데, 고군산군도의 12도 중 지금 내가 사는 장자도에는 학교가 있었다. 지금은 선유도가 중심이지만 옛날에는 학교만이 아니라 면사무소와 어판장도 장자도에 있었다. 그러니 장자도는 교육과 상업, 행정의 중심지였다. 이제는 면사무소도 선유도로 가고 학교도 거기에 생겨서 선유도가 중심이 되었다.

내가 스무 살에 시집을 가서 첫 출산을 했으니 큰아들과 나는 20년 차이가 난다. 저기 다리 건너 있는 풍경 좋은 섬, 대장도가 우리 시댁이다. 내가 어렸을 때 여자 친구들만 25명이 있었는데, 그 친구들이 지금도 모여서 동창회를 한다. 여기는 섬이라도 인구가 겁나게 많아 사람이 걸려서 다니지도 못할 정도로 붐볐다.

큰아들이 국민학교 다닐 때 교회에 나가더니 엄마도 교회 가자고 이끌어서 내가 교회에 나갔고 결국 온 식구를 다 구원시키게 됐다. 그때가 내 나이 20대 후반이었다. 큰아들은 어려서부터 일꾼이었다. 이 집도 큰아들이 지었고, 돈을 벌어서 제 동생들을 가르치기까지 했다. 남편은 약주만 마실 뿐 아무 일도 안 했다. 말하자면 한량이었는데, 나중에 예수 믿고 78세에 하늘나라로 갔다.

우리 교회는 고군산군도에서 가장 먼저 생긴 교회다. 옛날 교회는 학생들이 돌 주워 나르고 모래를 파다가 지었다. 우리 교회를 처음 개척한 선교사가 학생들과 함께 지은 건물이었다.

지금 교회는 5년 전에 건축했다. 5년 전 건축을 할 때 우리 교회에는 돈이 한 푼도 없었으나 하나님의 역사가 일어났다. 이 동네에 어려서부터 남달리 영리한 홍기춘이라는 학생이 있었다. 그 학생이 학창시절 군산 중동교회를 다닌 뒤, 서울에서 신학을 하고 나중에는 미국으로 갔다. 그분이 6년 전에 중동교회에 집회를 하러 왔다. 그때 섬 교회 교인들을 초청해서 우리도 집회에 갔다.

그분이 우리에게 장자도교회에 무엇이 필요하냐고 물었다. 그래서 교회 지붕이 샌다고 했더니 대뜸 교회를 지으라고 했다. 그때 우리 성도가 노인 열다섯 명뿐이었다. 돈 한 푼도 없고 자재도 없는 상황이라 교회를 건축할 엄두도 낼 수 없었다. 터무니없는 말을 한다고 생각하는 교인들에게 목사님이 한마디 했다.

"교회를 여러분이 짓습니까? 하나님이 지으시죠."

홍 목사님은 그 말 끝에 그 자리에서 천만 원을 헌금하셨다. 군산 중동교회 교인들도 지붕을 올리라며 300만 원을 헌금해 주었다.

교회를 건축한다고 하니 교회 안 다니는 동네 청년들조차 돈이 어디 있어서 짓느냐고 반대했다. 그러나 우리 교회는 예부터 신앙이 좋았고 열심히 기도해 왔기에, 이번에도 밤낮으로 간구하며 가진 물질이 없으니 하나님이 해주시라고 기도했다. 그러자 역사가 일어났다. 하나님의 섭리로 교회를 다 짓고 나니 정확히 50만 원이 남았다.

우리 목사님은 장자도가 좋다고 해서 무작정 오신 분이다. 그분이 오실 당시 우리는 목사님 없이 예배를 드리고 있었다. 그전에 계시던 목사님이 후임 목사님도 정하지 않은 시점에 떠나 버렸기 때문이다. 그런데 50대 목사님 한 분이 99세인 어머니와 함께 살겠다며 배로 짐을 한가득 싣고 오셨다. 그렇게 우연찮게 우리 교회에 오신 분인데, 부임한 지 일 년 되었을 때 본인은 생각지도 않은 건축을 한다고 하니 얼떨떨해하셨다. 목사님은 얼떨결에 장자도교회에 오셨듯 얼떨결에 교회까지 건축하시게 되었다.

우리가 열심히 기도하는 가운데 교회 짓는다는 소식이 여기저기 알려지면서 하나님이 본격적으로 역사하셨다. 우선 장자도 출신 색시들과 청년들, 이 교회 다니던 사람들 중 도시에 나가서 사는 사람들이 서로 다 연락해서 고향 교회를 지은 것이다. 또 우리 권사님들이 평생 모아 온 쌈짓돈을 내기 시작했다. 박 권사님은 목사님 차를 사드렸다. 또 미국에서 피아노도 오고 강대상도 왔다. 또 당시 우리 교인의 자녀들이 하나같이 나서서 도와줬다.

우리가 장자도에서 멸치잡이를 하는 동안 아이들은 군산에서 고등학교를 다녔기에 군산에 방을 얻어 두 집 살림을 했다. 멸치잡이 일로 바쁠 때면 나는 작업복 입고 장화를 신은 채 군산까지 다녀왔다. 여객선에서 내리기만 하면 뛰어다녔다. 그렇게 눈코 뜰 새

없는 세월을 보냈다.

섬 여자들은 정말 일을 많이 한다. 오죽하면 섬 여자를 얻으면 3억은 거저 번다는 말이 있을까. 멸치잡이로도 손이 모자란 판에 나는 군산에 가서 아이들 챙기고 또 산에 가서 땔나무도 해야 했다. 섬에서 남자가 하는 일이란 어장에 나갔다 들어오는 것밖에 없다. 그 나머지 시간은 모두 술을 마시며 지낸다. 우리 영감도 그랬다.

나는 장자도에서 태어나고 영감은 대장도에서 태어났다. 대장도와 장자도 사이에 다리를 놓은 지는 삼십 년쯤 되었는데, 그전에는 다리가 없어서 썰물 때만 섬이 연결되었다. 장자도에서 대장도로 시집간 내가 멸치잡이 잘되는 장자도로 다시 이사를 나왔다. 지금의 '바다풍경'이라는 집이 내 친정이었다. 처녀 때 우리 집은 장사를 해서 잘살았다. 덕분에 나는 어려서부터 장사에 눈을 떴다. 결혼 뒤에도 장사 경험을 살려 멸치 사업으로 성공했다. 하지만 지금으로부터 약 20년 전, 더 이상 어장이 안 되어 멸치잡이를 그만두었다.

지금 내가 사는 집은 우리 큰아들이 스물다섯 살일 때 지었다. 그 당시에 조 권사님 영감님이 이장을 했는데, 이장이 이 집을 짓자고 아들에게 권유를 했다.

"갑동아, 너희 아버지랑 상의해야겠는데 너희 아버지는 집안일에 관심 갖지 않으니 너랑 상의한다."

그 이야기를 듣고 아들이 나에게 와서 말했다.

"어머니, 이장님이 함께 집을 짓자고 하는디 어떻게 할까요?"

"멸치철이나 끝나야 하지 어떻게 한다냐?"

"내가 할 수 있은게 제가 이장님과 해볼라요. 서로 일이 없는 사람들이 품앗이하면 되겠소."

그렇게 하여 큰아들이 집을 지었다. 큰아들은 집안일도 교회 일도 열심히 했다. 목사님이 없으면 교회 재단도 지켰다. 그러더니 독학으로 공부해서 마침내 목사가 되었다.

큰아들이 두 번째로 자그만 배를 하나 샀을 때다. 내가 준 3백만 원에 큰아들이 돈을 보태어 김제 쪽에서 산 배다. 그것을 몰고 군산으로 김제로 잘 다녔다. 한번은 방학을 맞은 넷째아이를 데리고 오는데 엄청난 바람통이었다. 그때 교회 고칠 시멘트 열 개를 싣고 왔는데 흰 와이셔츠가 완전히 검은색이 되어 버렸다. 그런 갑동이를 보고 사람들이 이렇게 말했다.

"갑동이 저놈 전도사님 저놈 미쳤어. 그 바람통에 죽을지 살지 모르고 교회 짐을 싣고 왔어."

너무 바람이 많이 불어서 항해할 엄두도 내기 어려운 날에 무거운 짐까지 싣고 온 것이다. 큰아들은 교회 일이라면 그렇게 목숨 내놓고 했다.

다른 아이들이 들으면 내가 큰아들만 챙긴다고 할지 모르지만, 큰아들과는 특히 애틋한 일들이 많이 있다.

내가 대장도에 살 때 화장품 장사, 가방 장사, 옷 장사를 하며 선유도 다섯 개 부락에서 다양한 물건을 팔았다. 장자도 사람들은 그런 사실을 모른다. 우리 아들이 초등학교도 안 갔을 때니까 내가 아직 예수를 안 믿을 때다. 그때도 여객선은 없었으니 선유도로 가려면 고기잡이 배를 하나 얻어 타고 가다가 선유도에 내려야 했다. 장사하러 가려면 큰아들을 장자도 친정에 맡겨야 했다. 그러면 아이가 나랑 안 떨어지려고 울고불고 뛰고 그랬다. 배가 떠나가면 정말 한없이 울었다. 바위 위에서 펄쩍펄쩍 뛰면서 그렇게 울어 댔다. 그 눈물이 친정어머니 등을 다 적실 때도 많았다.

섬사람들은 아이들을 방치해서 키운다. 바다는 아주 좋은 천연 울타리다. 사람이 막지 않아도 아이들이 어디로 도망갈 수 없도록 막아 주기 때문이다. 하지만 이 울타리는 위험천만한 울타리다. 아이들이 빠질 수도 있으니까. 어느 날 아이가 없어지면 친정어머니는 혹시라도 아이가 잘못되었을까 봐 식겁을 해서 찾아다녔다.

"갑동아, 갑동아!"

목청이 터지게 아이를 부르며 온 동네를 뒤져도 아이를 찾을 수 없으면 장자도와 대장도를 잇는 그 자리로 간다. 그곳이 장자도와 대장도의 가장 가까운 거리니까 혹시나 대장도에 갔을까 싶은 것이다. 아니나 다를까. 바다 건너에서 아이가 손을 흔들며 소리친다.

"할매, 나 여기 있어."

앞에서 말했듯이 장자도와 대장도 사이에 물이 빠지고 나면 사람들이 걸어서 건너갈 수가 있었다. 하지만 물이 완전히 빠지는 건 아니다. 가장 많이 빠져 봐야 무릎 정도까지다. 혹시 발을 잘못 디

디면 물살에 빨려 갈 수도 있는 일이다. 게다가 두 섬 사이는 수심이 깊어서 시커먼 바다가 입을 벌리고 있다. 그런데 이제 대여섯 살밖에 안 된 꼬마가 찰랑거리는 물에 온몸을 담그고 건너간 것이다.

집에 와서 보면 혼자 물을 건너온 아이가 하루 종일 나를 기다리고 있다. 그런 아들을 보면 얼마나 애처로운지 내 눈에서 뜨거운 눈물이 쏟아졌다.

"갑동아, 아이야, 내 새끼야."

꼭 죽었다가 살아난 사람을 만난 것처럼 아들을 부둥켜안고 서럽게 울었다. 그렇게 키운 아들이 평생 효자요, 자기 인생을 씩씩하게 살아가고 있으니 내가 내 큰아들 자랑을 안 할 수가 없다.

큰아들이 국민학교를 마치고 군산의 중학교에 합격했다. 우리는 아들을 크게 키우겠다고 아예 군산으로 학교를 보냈다. 그리고 장자도 집을 팔고 군산에 집을 샀다.

그때까지도 여객선이 없다가 큰아들 중학교 때 생겼다. 여객선이 없을 때 우리는 중선배라는 어선에 물건을 싣거나 사람을 태우고 군산까지 갔다. 중선배는 물때가 조금일 때 장자도에 들어왔다. 큰아들이 중학교 합격했다는 소식을 듣고 쌀 두 되에다가 계란 두 줄을 달아서 중선배로 보냈다. 아들은 친척집에 그것을 팔아 달라고 부탁해서 그 돈을 여비 삼아 집으로 오기도 했다.

조만간 군산에서 여기까지 이어지는 다리가 생긴다. 새만금 방조제가 생김에 따라 육지처럼 걸어다닐 수 있는 것이다. 당시 장자도가 면소재지였음에도 여객선이 없었기에, 육지로는 이렇게 가까운 거리임에도 아주 먼 섬처럼 떨어져 있었다. 어떻게 보면 가까운 섬이건 먼 섬이건 섬은 다 같은 운명인 듯하다.

훗날 친정오빠가 우리더러 군산에 와서 살라며 집을 사줬다. 그러나 도시로 나갈 생각이 전혀 없었던 남편은 오빠가 사준 집을 팔아 버리고 장자도에 눌러앉았다.

우리 교회는 기도하는 교회이고 신앙이 깊은 교회다. 우리 권사님 집사님들이 다들 십일조와 헌금을 열심히 한다. 그래서 옛날부터 교회가 든든히 섰으며 목회자를 잘 섬겼다. 우리 교회 초기에 온 선교사들이 먹을 것을 나눠 주니까 강냉이나 밀가루 타 먹는다고 다들 교회에 나왔다. 그러나 차츰 잘살게 되니까 믿음이 있는 사람들은 남고 없는 사람들은 다 떨어져 나갔다. 믿음은 가난이 문제가 아니라 부유해지는 게 문제다.

새만금 공사를 하면서 우리 동네에 보상금 일 억이 나왔다. 그 돈으로 바다에 모래를 깔았더니 많은 바지락이 나오기 시작했다. 그래서 지금은 젊은 사람들이 하루에 오십만 원씩 벌기도 한다. 물질적 축복을 받는 것은 감사한 일이지만 축복을 받고도 믿음이 더 좋아지지는 않는 게 안타깝다.

우리 교회에는 주로 전도사님들이 오셨다. 그 전도사님들 대부분이 우리 교회에 있는 동안 공부해서 목사가 되어 다시 도회지로

나는 목사로 받은 어머니다

떠났다. 예전에 노 권사님이라는 분이 목회자들을 다 모셨다. 우리 교회의 어머니였던 그분은 이제 돌아가시고 안 계신다. 그분은 너무나 착하고 깨끗하셨다. 또 한 분, 신 권사님도 헌신적으로 섬기다가 돌아가셨다. 신 권사님은 내 큰며느리의 어머니이자 내 사돈이다.

한번은 총각 하나가 이 동네에 선원으로 왔다. 그 총각이 평소에 술을 얼마나 마셨는지 모른다. 술고래가 되어 돌아다니는 총각을 붙들고 두 권사님이 애통하게 기도를 했다. 결국, 그 총각의 인생이 바뀌었다. 예수님을 영접하고 전혀 다른 사람이 된 것이다. "보라 이전 것은 지나갔으니 새 사람이 되었노라"고 말씀하신 그대로 총각은 완전히 새사람이 되었다. 그때 우리 교회에 고등학교까지 졸업한 믿음 좋은 색시가 있었다. 당시 28세로 직장생활을 하던 색시였다. 어느 날, 그 색시가 기도를 하다가 그 총각이랑 결혼하라는 하나님 음성을 들었다. 색시는 그 음성에 의지해서 어디에서 굴러온지도 모르는 총각과 결혼을 했다. 그 술고래 총각이 지금은 장로가 되었다. 현재 그 부부는 군산에서 아주 행복하게 살고 있다.

앞서 언급한 두 분 권사님은 밤이나 낮이나 기도를 했다. 그중 노 권사님은 아이를 못 낳아 아주 아이 없이 혼자 사니까 교회를 위해 온갖 일을 다했다. 사도 바울이 혼자 살아서 하나님 일을 많이 한 것처럼, 노 권사님은 우리 교회를 지키는 충성된 사도였다. 우리 동네 불신자들도 다 노 권사님이 기도하며 전도했다. 정말 대단한 분이다.

처음 교회를 지을 때가 1968년이다. 나는 그때 안 믿었다. 그런데 여학생들 남학생들, 그 어린 아이들이 무엇을 알아서 그렇게 일을 하는지 싶을 만큼 열심히 봉사를 했다. 돌을 나르고 모래를 나르는 봉사를 하면서 그 학생들이 너무나 좋은 사람으로 변화되는 모습을 목격할 수 있었다. 그 사람들을 보며 나도 저 사람들처럼 되기 위해 믿어야겠다고 생각했다. 사실 하나님 나라에 나이가 무슨 상관이 있을까? 그 사람들이 지금은 다들 믿음의 용사가 되어 사방에 나가 있다. 예수 믿어서, 그 믿음 때문에 누군가를 감동시키는 그 사람이 바로 믿음의 용사다.

교회를 짓기 전에는 노 권사님 댁이 교회였다. 동네 사람 모아 놓고 자기들끼리 노 권사님 댁에서 모여서 기도를 했다. 그러다 결국 노 권사님이 자기 집 자리를 내놨는데 그게 바로 오늘의 이 교회다. 사실 나는 내 신앙을 고백하는 게 아니라 노 권사님의 헌신을 전해야 할 의무가 있다. 그분의 겸손과 사랑과 헌신과 믿음은 늘 우리를 부끄럽게 만들었다.

노 권사님은 전도사님들을 경제적으로 다 뒷받침하고 학교도 다니게 해드렸다. 천사도 그런 천사가 없다. 그분이라고 하면 더 이상 말할 것도 없는 믿음의 표본이다. 노 권사님이 50대일 때 나는 10대였다. 노 권사님이 나더러 영리하고 똑똑하고 버릴 것이 없다며 얼마나 추켜세웠는지 모른다. 칭찬은 고래도 춤추게 한다고 하지 않은가. 지금도 권사님을 생각하면 가슴이 아린다.

권사님은 목사님 상 차리는 일은 늘 나를 시켰다. 내가 살림을 깨끗하게 하기 때문이다. 권사님은 음식 하나라도 정말 정성껏 만들었다. 얼마나 반듯하게 준비하는지 그것을 드시는 목사님, 전도사님이 존중받고 사랑받는다는 생각을 안 할 수 없었을 것이다. 나도 빈틈없는 성격이지만 권사님을 보며 더 깊은 섬김의 도를 배웠다.

남편이 예수 믿기 전에는 나를 적잖게 핍박했다. 내가 교회 종을 9년을 쳤다. 마을 청소며 멸치 사업까지 하느라 바빠서 교회 일을 하고 있기에는 시간이 부족했다. 그럼에도 내가 교회에 나가 있으면 남편이 교회에서 사느냐며 아주 구박을 했다. 술을 안 먹을 땐 아무 말도 안 하는 호인인데 술만 먹으면 그렇게 타박을 했다.

어느 날, 네 살 된 우리 딸하고 내가 교회에 갔다 돌아오는데 남편이 우리를 붙들었다. 전기가 없어 석유등을 쓸 때다.

"또 교회에 갔다 오냐? 느가 니 어매 끌고 갔지? 성경책 일로 내라. 내가 성경을 잡아 찢어야 쓰겄다."

그러고선 딸에게 호통을 친다. 네 살배기 딸이 나를 끌고 갈 리가 없음을 빤히 알면서도 그렇게 말하는 게 못 마땅해서 내가 딸 역성을 들었다.

"아니, 내가 마음대로 가는 거지 야가 나를 데리고 간다요?"

그러자 남편이 화를 버럭 낸다.

"여자가 어디 남자 앞에서 큰소리야?"

사실 나는 남편이 죽으라면 죽는 시늉을 했던 여자다.

"아무래도 안 되겄그만. 느그 어매 인자 다리 끊어야 교회에 안 가겄다."

나도 지지 않고 대거리를 했다.

"워디 끊어 봐요, 끊어 봐. 다리 끊는다고 교회 안 가나?"

남편은 할 말을 잃은 표정이다.

"오매, 이 예펜네가 나를 이길라고 대꾸하는 것 좀 봐. 인자 베렀다. 교회 댕게서 베래 부렀어."

이러는 것이다. 나는 끝까지 지지 않고 버텼다.

"베린 게 아니고 사람 되았어. 고숙자 고쌀녀 사람 되았어. 예수 믿어서 사람 되았어. 내가 어째 당신같은 사람에게 시집왔는지 몰라. 다들 육지로 갔는디."

"그야 이녁이 좋아서 온 거제."

"뭔소리여? 당신이 중신애비한테 나 안 오면 죽는다 그랬담서?"

그랬더니 남편이 더 이상 화를 내지 않고 빙긋이 웃는다. 나도 마음이 풀렸으나 끝까지 비꼬았다.

"하이고, 웃으신 걸 본게 약주를 덜 잡수셨는갑네."

"자네 말허는 것이 우스워서 그러네."

65년을 함께 사는 동안 우리는 서로를 영감, 새악시라고 부르며 아주 다정하게 지냈다. 하지만 늘 술이 문제였다. 남편이 얼마나 술을 좋아했는지 이 동네가 다 아는 유명한 이야기가 있다.

내가 남편에게, 아이들 돌보느라 두 집 살림하기 힘드니 다 그만두고 군산으로 나가자고 했다. 그랬더니 자기는 안 간다고 한다. 그런 이야기로 갑론을박하고 있는데 큰집 조카한테서 전화가 왔다. 때는 어둠침침한 저녁이었다.

"작은어머니. 어서 와 보시오. 지금 어떤 엿장수 배가 와서 갑동호를 다 뿌시고 있소."

큰아들이 군산에서 지어온 큰 배 이름이 '갑동호'였다. 전화를 끊자마자 내가 선 길로 나서서 막 달려가니 두 사람이 배를 다 부수어서 기계를 지고 가고 있었다. 이를 발견한 내가 해경 초소 있는 데서 "도둑이 기계 뜯어 간다"고 소리쳤다. 그러자 도둑놈이 기계를 내려놓고 도망을 갔다. 그러더니 잠시 후 나를 쫓아오면서 "저년 죽인다"고 욕을 해댄다.

급한 김에 초소로 뛰어가 자초지종을 말하자 초소지서장이 "아주머니 그 사람들이 설마 도적질 하겠어요? 영감님이 뜯으라고 했는가 알아봐야겠소. 이천만 원이 넘는 것을 그 사람들이 무조건 뜯을 리는 없는 것 아니겠소?" 그런다.

그 말 끝에 내가 영감을 불러다가 물었다. 지금 이러저러한 일이 벌어졌는데 남정네들이 나를 죽인다고 쫓아온다, 당신이 배를 뜯으라 그랬느냐? 그러자 남편은 아무 말도 안 하고 남편을 따라 내려온 술친구가 혼잣말처럼 중얼거린다.

"차라리 내게다 팔지 그 사람에게다 왜 팔아?"

그래서 내가 그 사람에게 물었다.

"그거이 뭔 소리요?"

알고 보니 남편이 그 배를 술값으로 팔아 버렸다는 거다. 이처럼 남편은 그 비싼 배를 술값으로 팔아 버릴 만큼 술을 좋아했다.

남편이 성경을 찢겠다고 했던 것이 딸 미경이가 네 살일 때니까 아들 갑철이 갑령이도 막 초등학교를 다닐 무렵이다. 미경이가 중학교 다닐 때부터는 얼마나 일을 잘하는지 그 아이 혼자 집안일을 다 했다. 그런 딸이 자라서 지금은 익산에서 제법 큰 식당을 한다.

미경이는 현재 마흔두 살인데, 지금도 나를 계모라고 한다. 언젠가 내가 딸에게 잘하면 그 집안은 망한다고 했더니 나더러 그런 말 한다고 야단이다. 요즘이야 딸이건 아들이건 차이가 있을까. 아들이건 딸이건 어려서부터 오냐오냐 키우지 말고 어렵게 훈련시키며 가르쳐야 한다. 그렇게 해야 가정이 잘 유지되는 것 같다.

나는 십일조 생활을 철저히 했다. 또한 하나님이 나에게 꿈으로 보여 준 일이 참 많다. 하지만 나이 들면서 그런 것들을 이제는 많이 잊었다. 내가 오랜 세월 새벽기도 종을 친 공이 다 자녀에게 돌아가는 것 같다. 내 아이들 모두가 훌륭하게 성장했는데, 특히 큰아들 갑동이에게 축복으로 돌아간 것 같다.

갑동이는 워낙 착해서 동네 사람들의 신임을 얻었다. 당시 이장이던 천수 씨가 갑동이더러 이장을 하라고 하자 자기는 능력이 안 되어 못 한다고 거절을 했다. 동네 사람들도 갑동이가 이장이 되기를 바랐다. 그래서 돼지 한 마리를 삶아 함께 나눠 먹으면서 갑동이를 설득했다. 그래도 이장을 안 하겠다니까 우리 영감이 왜 안 하느냐며 화를 냈다. 동네 사람들이 다 하라고 하는데도 안 한다고 거절하니까 나중에는 영감이 술 마시고 와서 돼지 다리를 바닥에 내동댕이친 일도 있었다.

갑동이가 익산에서 전도사로 있을 때 광주로 신학교를 다녔다. 어느덧 졸업식을 앞두고 내가 익산에 있는 아들네에 가서 머물렀다. 그런데 아들 내외 간에 가운 이야기를 한다. 졸업식 때 입을 가운 값 50만 원을 어쩌면 좋으냐고 의논을 하는 것이다. 자기들끼리 한 말을 우연히 엿들은 내가 가만히 있을 수 없었다.

다음 날 나는 새벽 6시 차로 군산에 가서 멸치 장사하는 한일상회 아저씨에게 돈을 빌려 달라고 부탁했다. 그 집과 나는 오랜 인연이 있었다. 멸치 어장은 반년하면 끝인데 내가 꼭 300킬로그램씩 따로 빼서 그 집에 준 덕분에 일 년 내내 그 집이 멸치 장사를 할 수 있었던 것이다. 100만 원이면 큰돈이지만 그동안의 정리가 있어 조심스레 부탁을 했다. 그러자 그 사장이 선뜻 돈을 빌려 주겠다며 전화를 걸어 자기 아들에게 바로 150만 원을 가져오라고 했다.

그렇게 돈을 빌려서 익산에 되돌아가니 아들과 교인들은 이미 출발해 버렸고 나만 떨어져 남았다. 광주민주항쟁이 일어난 그 해에 나 혼자 주소도 없이 신학교를 찾아가야 했으니 내심 겁이 났다.

나는 역으로 가서 광주 가는 기차를 무작정 타고는 기도를 했다.

'하나님, 아들의 학교까지 저를 인도해 주세요.'

기도를 하다가 잠시 눈을 뜨니 옆에 아가씨가 앉아 있기에 "아가씨, 초면에 말 좀 물어봅시다" 했다. 그러자 아가씨가 친절하게 웃으며 "예, 말씀하세요" 그런다.

"아가씨, 대학생 같은디 워디 사시오?"

"네, 제가 집이 광주인데 군산에서 학교를 다녀요."

집이 광주라는 말에 너무 반가워 내 상황의 자초지종을 말했다.

"내 아들이 광주에서 열두 시에 신학교 졸업식을 하는디 이름이 이갑동이요. 내가 장자도에 사는디 군산에서 늦게 와서 시간을 못 맞추는 바람에 아들과 떨어졌소. 근디 주소가 없이 가네요. 나 좀 인도해 주시오."

"네, 걱정 마세요. 제가 학교까지 모셔다 드릴게요."

처음 보는 아가씨가 나를 데려다 주겠다고 서슴없이 말하지 않는가? 그 순간 '아이고 아버지, 감사합니다' 이렇게 기도를 했다. 기차를 탄 순간 하나님이 내 기도를 들어주신 것이다.

아가씨의 안내에 따라 학교에 들어가니까 우리 아들이 있다. 게다가 150만 원을 들고 가니 마음도 든든하고 기뻤다. 그렇잖아도 기쁜데 우리 아들이 상장까지 타서 며느리가 꽃다발을 들고 나오는 것을 보니 얼마나 감사한지 몰랐다.

"어머니, 어떻게 주소 없이 찾아오셨어요?"

아들이 놀라서 묻는다.

"하나님이 인도해 주셨어."

그러면서 내가 눈물을 흘렸다.

"집에 간게 느그가 없어서 역전에 가서 기도했는디, 이렇게 하나님 인도로 왔다."

졸업식을 마치고 내가 교인들 식사 대접을 했다. 그리고 가운 값을 지불하고 난 뒤 아들에게 백만 원을 주었다. 지금 생각하면 그 돈을 며느리에게 안 준 게 못내 아쉽다. 최근에 큰며느리가 금가루 화장품을 줘서 내 얼굴에 검버섯이 없다. 그런 착한 며느리에게 그때 돈을 못 준 것이 너무 미안하다.

나는 지금도 아이들 신세 지지 않고 자력으로 생활한다. 내 자녀들은 "우리 어머께 건강 주셔서 감사하다"고 늘 기도한다. 작년에는 내가 아들 차도 사줬다. 그걸 보고 아는 사람들이 그런다. 지독하게 돈도 벌더니 멋있게 쓴다고. 나는 말띠인데 말마냥 뛰어다니며 일을 했다. 모르는 사람들은 내가 곱게 늙었다고 일을 안 한 줄 안다.

나이 먹을수록 돈이 있어야 한다. 그래야 사람들 구제도 하니까. 나는 독거노인이라 정부 보조금을 받는데, 그 돈을 일 년 열두 달 찾아 쓰지 않는다. 나중에 한꺼번에 찾으면 목돈이 되니까. 훗날 그 돈으로 남을 도우려 한다.

갑동이가 익산교회를 지은 뒤 서울로 대학원을 가려 했다. 그러자 교인들이 대학원에 가지 말라고 했다. 교회 짓느라 이렇게 고생했는데 그냥 가면 어쩌냐며 일 년이나 이 년 더 있다 가라고 했다. 교인들이 돌아간 후 재직들만 남아서 회의할 때 내가 "그러면 아들이 대학원 가지 말까요?" 이렇게 물었더니 교인들이 가라고 했다.

이 교회 사택이 낡아서 다 허물어 새로 짓고 보일러도 놓느라고 갑동이가 고생을 많이 했다. 그 사택에 있는 동안 갑동이가 시험을 보러 갔을 때의 일이다. 시험 전날 갑동이가 서울로 가면서 어머니는 오지 말라며 떠났다. 아들 없는 집에서 새벽기도를 다녀와 살짝 잠이 들었을 때, 꿈에 풍채 좋은 분이 갓을 쓰고 나타났다. 그분 손에는 빨간 장미 꽃다발이 들려 있었는데, 그분이 내게 꽃다발을 내밀며 이렇게 말했다.

"내가 이 꽃다발을 주러 너에게 왔다. 이것을 받아라."

"이것이 뭔지 몰라도 나는 받을 자격이 없네요."

이렇게 말하는데 그분이 꽃다발을 그냥 안겨 줬다. 꽃을 받고 보니 꿈이었다. 나는 이 꽃다발이 아들의 합격을 의미한다는 사실을 바로 알아차렸다. 나는 다시 교회로 가서 울며 기도했다.

"아버지 감사합니다. 아버지 감사합니다. 합격시켜 주셔서 감사합니다."

눈물 콧물을 얼마나 흘렸는지 모른다. 그날 오후 네 시에 합격했노라고 전화가 왔다. 그렇게 기쁜 일이 다시 없었다. 내게 대한민국을 다 줘도 그렇게 기쁘지는 않았을 것이다.

그 후 아들이 목사안수 받을 때 어머니도 오시라고 해서 사돈인 신 권사님하고 서울로 갔다. 서울 큰 교회에서 안수를 받는데 군산 중동교회 담임목사님이 눈물 콧물 쏟으며 "권사님, 감사하고 자랑스럽습니다" 하고 칭찬을 했다.

말이야 바른 말이지 내 신앙은 모두 큰아들과 관계된 일들로 얽혀 있다. 그것이 참 좋고 기쁘다. 아들 하나를 주의 종으로 만들기 위해 하나님이 나를 도구로 쓰신 것이다.

얼마 후 목사 취임을 하게 되어 취임식에 가게 됐다. 그런데 이번에는 아버지도 오시란다. 평소에 영감은 아들 행사에 가지 않아 나 혼자 쫓아 다녔는데 이번에는 영감도 간다고 나섰다.

목사 취임식을 위해 여러 가지를 준비했다. 큰 통 절반 가량의 해삼을 잡았고 굴도 굵직굵직한 것을 꽤 많이 따서 깠다. 100리터는 되는 쌀 자루로 세 자루가 좀 넘는 분량을 까서 가려고 육지에 가는 것을 하루 미뤘다. 아들은 사나흘 일찍 나와서 익산에서 까라고 했으나 일하는 것을 보여 주기 싫어서 하루를 더 머물렀다. 홍합과 게도 적잖이 잡았다. 그런데 취임 이틀 전부터 바람이 거세게 불더니 취임 전날이 되었는데도 여객선이 오지 않았다. 그때는 배가 오늘 와서 내일 가는 식이었으니까 하루 전에는 와야 오늘 나갈 수가 있었다. 그러니 여객선을 타기는 이미 어려워진 셈이었다.

바람이 심하면 이러나저러나 육지에 갈 수가 없다. 걱정을 하면서 새벽기도를 갔는데 바람이 점점 잠잠해지고 있었다. 그래서 신 권사님을 찾아가 "권사님, 누구 배 하나 빌려서 갑시다" 했다. 그리하여 자그만 배를 가지고 있는 조카에게 태워 달라고 했다.

"오늘 갑동이가 열두 시에 목사님 취임식을 하는디, 어제 가야하는디 못 갔네. 내가 돈 달라는 대로 줄 테니 배 좀 대줘. 군산은 못 가도 새만금에라도 가세."

그래서 그걸 타고 갔다. 짐을 다 싣고 가는데 파도가 쳐서 난리도 아니었다. 바람이 잦았다고 하지만 아직 여객선이 뜨지 않을 정도였으니 파도는 아직도 거셌다. 금방이라도 배를 뒤집어버릴 것 같은 파도를 젖히며 새만금으로 갔다. 새만금 근처에 배를 댈 만한 곳은 없었다. 결국 물이 허리춤에 닿는 곳까지 겨우 접근했다.

"고모, 여그서 내리면 되겄소."

나는 조카에게 고맙단 말을 거듭했다. 파도 속을 혼자 돌아가야 할 텐데, 그것이 얼마나 미안하고 고마운지 몰랐다.

이제 사람과 짐을 내릴 차례다. 내가 먼저 바다에 뛰어들었다. 영감은 옷을 망치면 안 되니까 먼저 내가 영감을 업어다 땅에 내려놨다. 그런 다음 짐들을 전부 머리에 이고 뭍으로 내렸다. 영감은 물가에서 짐을 다 옮길 때까지 기다렸다. 짐을 다 내리니 해삼, 낙지, 굴, 이런 것들이 열 통이나 되었다.

나는 신 권사님도 등에 업어서 땅에 내려 드렸다. 신 권사님이 내게 그런다. 하나님이 역사하셔서 취임식에 갔다고. 맞는 말이다. 하나님 역사가 일어났다. 믿기만 하면 하나님이 다 해주신다. 그날은 정말 너무 좋아서 눈에 뵈는 게 없었다. 남편을 업어 날라도 하나도 무겁지가 않았다.

마산에 살고 있는 셋째 아들은 올해 나이 55세다. 그 아이는 학생회장도 지낸 아주 착한 아들이다. 그때 셋째 아들은 우리가 배로 간다고 하니까 차를 가져와서 기다리고 있었다. 그런데 내가 짐을 날랐다는 말을 듣고는 자기가 못한 것에 대해 너무 미안해했다. 그래서 내가 대답했다.

"걱정 마라. 하나님이 다 도와주셨은게."

정말로 그날은 하나님이 돕지 않았으면 갈 수 없었다. 파도 때문에 중간에 사고가 날 수도 있는 상황이었다.

그렇게 아들이 목사가 되고 나서 3년이 지난 뒤, 밤에 꿈을 꾸었다. 내가 예쁘디 예쁜 처녀가 되어서 옷을 아주 곱게 차려 입었는데 친정 어매가 새파란 대바구니에 감자 순을 하나 가득 줬다.

"가서 옥토 밭에 심어라. 그냥 밭에 심지 말고."

그렇게 말씀하셨다.

"예, 더 좋은데 심어야지요."

그렇게 대답을 한 뒤 그것을 보듬고 오면서 감자 순을 많이도 줬다고, 이것을 다 심어야겠다고 생각하고 보니 꿈이다. 바로 이것이 전도하는 꿈이었다. 그날부터 내가 많은 사람을 전도했다.

나는 아들 때문에 예수를 믿었고, 예수 믿으며 아들을 목사로 만들었다. 그러고 보면 하나님은 참 재미있는 분이시다.

그동안 아들이 개척교회를 하다가 최근 익산에 교회를 건축했다. 시내가 아니고 약간 외곽에 교회를 지었다. 교회 짓는 현장에 가 보았더니 아들과 며느리가 리어카에 벽돌을 하나 가득 실어서 밀고 당기며 일하고 있었다. 아들과 며느리 둘 다 하도 일을 해서 뼈만 남았다. 그때가 모를 심을 시기라 교인들이 못 오고 권사님 한 분만 저녁에 와서 도와줬다.

교회 개척할 때 돈이 없어서 빚을 졌다. 돈이 부족해서 힘들어하고 있을 때 새만금 공사로 이 동네에 보상금이 나왔다. 우리 집 몫으로 나온 보상금은 이천만 원이었는데, 자식들 하나하나에게 다 나눠 주려고 하니 하나같이 축복교회에 헌금하겠다고 했다.

"형님 다 주시오. 형이 우리 집 일으켰는데 형 줘야지라."

그래서 내가 아이들에게 말했다.

"느그들이 한 것을 다 천국에서 보상해 주실 것이다."

그 돈으로 땅 문제를 해결했다. 돈이 없을 때는 하나님이 우리가 상상할 수 없는 방법을 동원해서 마련해 주신다.

내가 마흔넷에 낳은 막내는 그때 군대에 있었다. 그래서 막내한테는 말도 꺼내지 않았다. 내가 막내를 가졌을 때 너무 나이가 들어서 애를 지울까 했다. 그런데 큰아들이 말하기를 한 생명이 천하보다 귀한데 왜 지우냐고, 낳으면 자기가 키우겠다고 하며 절대 병원에 가면 안 된다고 해서 낳았다. 그 막내를 업고 큰아들이 모래를 파고 나르고 했다. 혼자서 막내를 다 키운 것이다.

그 보상금이 나오면서 동네의 각 가정이 다 깨지고 형제간에도 의가 깨졌다. 돈이 나오면서 사람들이 얼마나 완악해졌는지 모른다. 어딜 가도 돈이 문제다. 그런데 우리 집은 며느리들도 너무나 착하다. 정말로 고맙다.

여러 섬이 가까이 모여 있는 고군산군도에는 이제 거의 다 다리가 놓였다. 예전에는 섬들 사이를 배 없이는 못 다녀서 바로 옆 동네가 남의 동네였으나, 이제는 하나의 마을처럼 되어 버렸다. 요즘은 이 섬의 아름다운 풍경을 보러 많은 관광객이 온다. 그러나 다리가 연결되고 사람들이 돈을 벌면서 인심이 참 사나워졌다. 수년 내에 새만금과 다리로 모든 섬이 연결되면 이곳은 더 이상 섬이 아니다. 그렇게 되면 사람들이 또 얼마나 변할지 모른다.

앞서 이야기한 것처럼 나는 아직까지 생니를 갖고 있을 만큼 건강이 정말 좋다. 하지만 세월이 흐르듯 내 몸에도 고장 난 곳이 늘어 가고 있다. 무엇보다 눈이 너무나 안 좋아졌다. 안과에 갔더니 나이가 있어서 수술을 할 수 없다고 한다. 돋보기를 쓰면 머리가 아프기도 해서 요즘은 성경을 잘 못 읽는다. 그래서 성경을 못 읽는 대신 내가 좋아하는 찬송들을 더 자주 부른다. 특히 이 찬송가는 아예 입에 달고 산다.

"내 진정 사모하는 친구가 되시는 구주 예수님은 아름다워라.

산 밑에 백합화요 빛나는 새벽별 주님 형언할 길 아주 없도다. 내 맘이 아플 적에 큰 위로되시며 나 외로울 때 좋은 친구라. 주는 저 산 밑에 백합 빛나는 새벽별 이 땅 위에 비길 것이 없어라."

또 "멀리 멀리 갔더니"도 특별히 좋아하는 찬송이다. "예수 예수 내 주여 지금 내게 오셔서 떠나가지 마시고 길이 함께하소서."

예수님과 내가 길이 함께하길 바란다. 나와 길이 함께할 뿐만 아니라 내 자녀들과 손자들에게까지 길이길이 함께해 주시길 바란다. 그게 내 소망이다. 내 자손들만이 아니라 이 세상 모든 사람들과도 예수님이 길이 함께하시길 바란다. 그러기 위해선 내 자녀들, 내 손자들, 또 다음 세대들이 누구든지 하나님을 섬기며 살아야 한다.

특별히 내 후손들에게 남기고 싶은 말은 내가 먼저 잘해야 다른 사람도 나에게 잘한다는 것이다. 더구나 하나님을 섬기는 사람들은 누구보다 자신이 잘해야 한다. 믿는 사람이 본이 되는 게 가장 중요하다. 그러니 물질에 매이지 말고 베풀며 사는 사람들이 되라고 말해주고 싶다.

이야기를 다 하고 보니 내가 너무 자식 자랑, 내 자랑만 한 것 같다. 하지만 나도 내 자식들도 모두 하나님 덕에 살아 있다. 그러니 나를 보여 주는 것이 하나님을 보여 주는 것이다. 하나님이 이렇게 하신 일을 말하고 싶은 거니까. 지금까지 내 삶을 인도하신 하나님께 무한한 감사를 드린다.

고미녀 권사님은 아들 때문에 예수를 믿었고 그 아들이 목사가 되기까지 헌신적으로 살아오신 분이다. 어느새 유명한 관광지가 되어 버린 선유도, 그 끝자락에 있는 장자도까지 가는 길이 결코 쉽지는 않았다. 외진 섬에서 꿋꿋이 믿음을 지키고 계시는 권사님은 그 믿음만큼이나 깔끔하게 집을 정리해 두셨다. 마치 잘 정돈된 카페에 온 것처럼 가지런히 놓인 찻잔들이 권사님의 삶을 들여다보게 했다.

권사님의 가족 자랑은 무궁무진했다. 권사님 가족은 모두 미인이고 모두 호인이고 누구 하나 나쁜 사람이 없다. 자녀에 대한 자랑도 끝이 없었다. 어떤 화제를 제시해도 결국 자식 자랑이었다. 온통 자식 자랑인 이야기를 어떻게 정리할까도 좀 고민이 되었다. 그래서 권사님의 이야기를 좀 걸러서 쓸까 하는 마음도 들었다.

이 문제로 기도하며 여쭈었다. 하나님은 왜 이분을 만나게 하셨을까? 이렇게까지 자식 자랑을 하는 마음을 왜 보여 주셨을까? 그때 얻은 깨달음이 있다. 고미녀 권사님의 마음이 곧 하나님의 마음이겠구나 싶었다. 하나님은 자녀인 우리를 얼마나 자랑하고 싶어 하실까? 헌신적인 자녀를 보면 입에 침이 마르도록 자랑하시지 않을까? 그래서 권사님 이야기도 가능하면 그대로 살려 쓰기로 했다.

권사님의 간증 속에 나오는 큰아들, 이갑동 목사님은 대단히 신실하신 분임에 틀림없다. 그런데 그 목사님은 누가 만들었을까? 아들 하나를 목사님 만들기까지 그 어머니가 얼마나 마음을 졸이셨을지를 짐작하게 된다. 목사님 본인의 힘으로 목사가 된 게 아니라 어머니가 그렇게 만드셨다.

찬장에 놓인 가지런한 찻잔들처럼 권사님의 삶도 장자도의 믿음의 후예들에게 아름답게 추억되길 바란다.

헌신은 축복의 열쇠다

홍순이 권사 • 1938년생
충북 충주시, 소태교회

나와 남편은 저 높은 하늘에서 이 낮은 땅으로 오신 예수님의 사랑과 은혜를 생각하면 감사와 찬송이 절로 나온다. 찬송가 노랫말처럼 하늘을 두루마리 삼고 바다를 먹물 삼아도 한없는 하나님의 사랑을 다 기록할 수가 없다.

　　하지만 내가 살아온 이야기를 해보려고 한다. 내 자랑을 위해서가 아니라 하나님을 자랑하기 위해서 이야기를 시작한다. 이야기를 시작하기 전에 남편 이현진 장로의 소망에 대해 먼저 나누고 싶다. 남편은 입버릇처럼 이렇게 말한다.

　　"농촌 교회에는 이제 노인들만 있고 젊은 사람이 없다. 지금이야 노인들이나마 교회를 지키고 있지만, 백 년 뒤에 이 교회는 누가 지킬 것인가를 우리는 생각해야 한다. 사실 농촌에는 먹고살 수 있는 수단이 많으나 젊은 사람들에게 농촌에 와서 살라고 하면 누가 선뜻 오겠는가? 따라서 믿는 사람들과 교회가 할 일이 있다. 농촌 교인들이 수천 평 땅과 농사지을 수 있는 모든 시설을 갖추면 후일에 누군가 와서 농사를 지을 것 아니냐? 그게 반드시 내 자식일 필요는 없다. 우리는 자신을 위해 농사지을 것이 아니라 한국 교회의 후손이 교회를 지키게 하기 위해 백 년을 내다보고 농사를 지어야 한다."

사실 나는 남편과 생각이 달랐다. 우리가 경제적으로 너무 어려워서 자녀들 사글세도 장만해 주지 못했기에 마음이 무겁다. 특히 막내는 스스로 빚을 져서 전세로 집을 얻었다. 그런데 지금은 그 돈조차 하나님께 드리고 사글세에 살면서 신학 공부를 하고 있다. 막내가 당장 생활 대책이 없으니 며느리가 여섯 살인 아이를 키우며 직장생활을 한다.

나는 평생을 하나님의 딸로 살았다. 하지만 자녀가 바닥에 나앉은 마당에 오직 헌금만 하는 것은 덕이 안 되니 자녀에게도 물려줘야 한다고 생각했다. 하나님이 자녀를 맡기셨으니 그렇게 하는 것을 싫어하지 않으실 줄 믿었다.

하지만 남편 말을 듣고 보니 그 말에도 꽤 일리가 있다. 남편의 뜻이 결코 잘못된 것도 아니다. 그래서 앞으로 자녀들까지 다 모여서 하나님의 음성을 듣는 시간을 가질 필요가 있는 것 같다.

요즘 사람들은 헌금에 대한 부담을 느낌은 물론 헌금에 대한 설교 듣기도 싫어한다. 심지어 도시 교회에서는 목사님이 헌금 설교하면 교인들이 그다음 주부터 교회를 바꾼다는 말도 있다. 우리는 하나님 앞에 갈 때 빈손으로 가면 안 된다. 생활이 힘들어도 내 자식들만 생각지 말고 하나님께 내놓아야 한다. 근본적으로 생각을 바꾸어야 한다. 우리 부부는 하나님 앞에 헌금을 더 드리고 싶은데 돈이 많지 않아서 고민이었다. 그래서 남편이 선포하고 기도했다.

"내가 죽을 때 내 돈을 하나님께 드리겠습니다."

그렇게 기도하고 잔 날, 남편이 꿈을 꿨다. 꿈속에서 남편이 죽었는데 말을 하려고 해도 의사 전달을 할 수 없었다. 잠에서 깨어난 뒤 남편은 죽기 전에 이 사실을 선포하지 않으면 안 되겠구나 싶었단다. 남편은 그 마음을 자식들과 나에게 이야기했다.

"내가 가진 재산이 얼마 안 되지만 너희들에게 안 주겠다. 나는 모두 하나님 앞에 드리겠다."

그때부터 우리는 기도했다. 자녀가 못 살면 마음이 어려우니까 아이들이 잘 생활하도록 하나님이 책임져 달라고 기도한다. 그래야 교회에 물려줘도 덕이 되니까.

나는 남편의 세 가지 소망이 이뤄지길 기도한다. 첫째는 후세에 교회를 이끌 사람들이 와서 농사짓도록 땅을 개발하는 것, 둘째는 남편이 가진 재산을 하나님 앞에 드리는 것, 마지막으로 우리 자녀를 하나님께서 책임져 주시는 것 말이다.

우리 교회는 시골 교회 치고는 아주 깨끗하고 아름답게 지어졌다. 이 성전은 2002년에 완공했는데 지금 보아도 아주 잘 지었다.

어느 교회든 건축을 하면 시험에 들기 마련이듯이 우리 교회도 건축할 때 어려움을 겪었다.

예전 교회가 있던 자리 근처에 땅을 사서 교회를 지어야 했다. 사택과 함께 들어가야 하니까 제법 넓은 땅이 필요했다. 지금 건축한 교회 자리에 300평 밭을 가진 사람이 있었으나 그분은 불신자였다. 그러나 교회를 지으려면 그 땅이 필요했기에 여러모로 궁리한 끝에 우리 논 400평을 그분에게 드리고 300평을 달라고 했다. 사실 시골 마을에서 문전옥답 400평을 텃밭 300평과 맞바꿀 사람은 없을 것이다. 하지만 남편이 그렇게 하지 않고선 교회를 지을 수 없다고 판단하여 결단을 했다. 고맙게도 그 밭 주인이 동의를 해서 땅을 교환하여 건축을 시작했다.

사실 땅을 교환하는 일은 굉장한 모험이었다. 우리는 지금 남부럽지 않게 살지만 논을 살 당시인 1989년에는 가난뱅이였다. 땅 한마지기 사기도 어려워서 논을 살 때 0.4퍼센트 이자를 내는 정부 돈을 20년 상환 조건으로 빌려 썼다. 0.4퍼센트 이자이니 실은 거저 준 거나 다름없는 땅이었다.

300평 땅과 맞바꿀 때 우리에게는 13년간 빚을 갚고 남은 7년치의 잔금이 있었다. 만일 땅을 바꾸려면 잔금 3천7백만 원을 먼저 갚아야 했다. 정부 대출 이자가 0.4퍼센트인데 일반 대출을 알아보니 이자가 7퍼센트나 되었다. 너무나 큰 차액이었다. 그래서 이 문제를 놓고 3년을 기도했다. 그 결과 사채를 쓰더라도 정부 융자를 갚고 땅을 바꾸기로 했다.

결심을 하고 땅 주인을 만나서 저간의 사정을 이야기했다. 사정을 들은 그 사람이 자기가 땅을 교환해 줄 테니 우리더러 남은 기간 동안에 정부 돈을 갚으라고 했다. 할렐루야! 하나님께서 믿지 않는 사람의 마음까지도 움직이신 것이다. 그분이 모든 조건을 우리에게 순순히 맞춰 주었다. 그리하여 땅을 교환하며 남은 빚 3천7백만 원을 모두 우리 빚으로 떠안은 채 교회 건축을 시작했다.

교인들은 원래 있던 교회가 30평이니 50평만 짓자고 했다. 그러나 교회는 한번 지으면 수십 년 혹은 백 년이 되어도 다시 짓기 힘드니 그렇게 짓고 싶진 않았다. 그래서 고민이 많았고 교인들과 갈등도 있었다.

그러던 차에 건축업자인 장로님을 만났다. 그분은 일 년에 교회를 하나씩 짓는 것이 목표인 분이었다. 물론 자기 돈으로 짓는 것은 아니지만, 일 년에 교회 하나씩 건축하는 것을 사명으로 삼고 있어서 이익을 거의 남기지 않고 교회를 짓는 분이었다.

우리에겐 당시에 2천만 원밖에 없는데 그분이 일단 시작하자고 했다. 건축 원금만 7천만 원이니 무려 5천만 원이 부족했다. 그래도 믿음으로 그냥 지었다. 교회는 멋지게 완성되었다. 건축을 마치고 나니 놀랍게도 빚은 3천만 원만 남아 있었다.

교회 짓고 빚이 남으면 안 된다며 남편이 빚을 청산하자고 하니 교인들이 반대했다. 어차피 자신들이 헌금해야 한다는 것을 알고 있기 때문에 부담을 느낀 것이다. 그러나 우리 교회 교인들은 하나같이 믿음의 용사들이다. 우리 모두 기도하고 작정 헌금을 하기로 했다. 그 결과, 빚을 다 갚고도 오히려 돈이 남았다.

힘들게 교회를 짓고 나니 지금도 주일에 성도들이 150명까지 나온다. 이 동네 사람은 물론이고 충주에서도 온다. 이 작은 시골 동네에 150명의 교인이 모인 것은 하나님만이 하실 수 있는 기적이다.

어찌 되었든 교회를 건축할 당시에는 교회 짓는 것을 마치 남의 일처럼 생각하는 분도 있었다. 하지만 남편은 그 일이 마치 자기 몸을 돌보는 일인 것처럼 매달렸다. 평생을 믿음 하나로 살아온 나조차도 남편이 그처럼 건축에 매달리는 것을 별로 안 좋아했다.

땅을 바꿀 때부터 문제였다. 그 땅을 빚까지 짊어지고 바꾸었다. 게다가 양쪽 땅의 측량비, 등기 이전비 등등 땅 주인에게 금전적인 손실이 가지 않도록 모든 비용을 우리가 책임졌다. 교회가 비용을 댄 것이 아니라 남편이 모두 책임을 졌으므로 꽤나 힘이 들었다.

하나님 앞에서 목숨 걸고 일할 때 그분께서 기뻐하신다는 것을 나도 잘 안다. 하지만 남편의 헌신은 혀를 내두를 정도다. 물론 나는 남편의 신앙 하나를 보고 결혼해서 평생을 살아온 것이긴 하다.

남편은 교회를 건축한 다음에 우리 집을 지었다. 남편은 애초에 먼저 교회를 짓고 그 후에 우리 집을 짓는다는 마음을 갖고 있었다. 앞에서도 말했지만 우리는 가난해도 찢어지게 가난했다. 그런데 놀랍게도 교회를 짓고 나자 우리 가정이 경제적으로 크게 부해졌다.

빚까지 떠안고 교회를 지었으니 망해도 시원찮을 텐데 오히려 이해할 수 없는 물질의 축복을 받기 시작했다. 그 결과 지금 우리 집은 시골집으로는 그야말로 대궐 같은 집이 되었다.

건축을 한 뒤에 내가 분명히 깨달은 게 있다. 교회를 지으면 하나님이 특별히 도우신다는 사실이다. 하나님의 집을 지었으니 얼마나 기뻐하셨을까? 성전 건축을 고대했던 느헤미야처럼 남편은 교회를 짓느라 아예 농사조차 다 접고 봉사를 했다. 빚은 졌지, 일은 안 하지, 남편은 도무지 이해할 수 없는 일을 했지만 하나님은 그런 남편에게 축복에 축복을 더해 주셨다.

이 귀한 남편을 만나기 전, 나는 괴산군 감물면에서 태어나 성장했다. 친정 부모님은 교회에 다니지 않으셨으나 어린 시절에 오빠와 여동생이 교회에 다녔는데 두 남매가 헌금하는 게 얄미워서 내가 반대를 하고 훼방도 놓았다.

내가 열일곱 살이던 1954년 10월 15일 수요일, 깊은 산골 우리 동네에 찬바람이 막 불어오던 때에 오빠가 군대를 갔다. 그때는 전쟁 직후라 군대 가면 죽는 줄 알던 시절이다. 학교 운동장에 모여서 대형 트럭을 타고 떠나는데 동네 사람들이 다 모여 환송을 했다.

아버지가 오빠를 보내고 허전했던지 그 이듬해, 내가 열여덟 살 되던 해에 나더러 교회에 나가 오빠의 빈자리를 나더러 채우라고 했다. 평소 교회 가는 것을 반대하던 아버지가 오히려 교회 나가라고 독려한 것이다. 그리하여 조심스럽게 교회를 갔는데 사람들이 전

헌신은 축복의 열쇠다

부 나만 쳐다보는 것 같아서 앉아 있는 것이 말 그대로 가시방석 같았다. 그럼에도 불구하고 처음이니까 그냥 열심히 다녔다.

그러던 어느 날 이런 생각이 들었다.

'기왕에 들어왔으니 제대로 한번 믿어보자.'

원래 나는 무얼 미적지근하게 하지 못한다. 신앙생활도 성격대로 한다고, 이렇게 마음먹은 후부터는 열심을 냈다. 새벽에 친구들을 찾아가서 문을 두드렸다. 그러자 친구들이 교회 다니는 것 반대하더니 이제는 왜 이렇게 들볶느냐고 했다. 처음에는 내 성화에 못 이겨 나오더니 나중에는 대부분 떨어져 나갔다. 억지로 할 수는 없는 일이었다. 그래서 결국은 나 혼자 다녔다.

나중에는 새벽종도 내가 쳤다. 우리 동네는 유교 문화가 강해 믿음에 대해 매우 부정적이었다. 특히 둘째 큰아버지가 반대를 심하게 했는데 주일이 되면 동네가 다 보이는 제방 둑에 앉아서 감시를 했다. 그러면 나는 골목으로 도망가서 몰래 예배를 드리곤 했다. 나더러 교회에 가라고 종용한 아버지는 약주만 드시면 교회에 간다고 오히려 구박을 했다. 그래도 나는 꿋꿋하게 교회에 나갔다.

친정은 집안이 좋아서 혼처 좋은 데가 많이 들어왔다. 그러나 예수 안 믿는 사람들이 내 눈에 들어오질 않아서 좋은 혼처를 다 거절했다. 예수를 믿느냐 안 믿느냐가 내 결혼 조건이 되었다. 그러던 중 차 목사님이 소태교회에 시무하시다가 감물교회로 오셨다. 그분이 한 남자를 중매해 주었다. 그래서 군대 제대한 지 꽤 된 오빠를 대동하고 소태교회에 갔다. 그 당시에 전화가 없으니 피차 연락하고 만나기는 어려워서 목사님 전갈만 들고 갔다. 소태에 가서 보니 남자의 집은 그야말로 초가삼간 오두막이었다. 그러다 연합수련회 때 그 남자를 다시 만났는데 그이도 나도 서로 싫어했다. 수련회 마치고 각기 교회로 돌아갈 때 내 안에 이런 마음이 들었다.

'하나님 뜻이면 만나게 되겠지.'

그런데 오빠가 그 사람을 마음에 둔 것이다. 그래서 오빠가 광목을 몇 필 메고 그 사람의 집에 갔다 왔다. 사실 나도 마음에 없었다면 거짓말이다. 남자 집을 다녀온 오빠가 애매하게 입을 열었다.

"사람이 마음은 착한데 이병찬네 집과 똑같아."

지금 감물교회 이병찬 장로님을 두고 한 말이다. 가난한 걸 빼면 사람이 아주 좋다는 뜻으로 나에게 넌지시 의향을 물어본 것이다. 가난하지만 사람 하나 보고 시집가지 않겠느냐는 간접적인 질문이었다. 그래서 내가 결단을 했다. 믿음의 가정을 택하겠다고. 그러자 그 가난한 집에 가면 고생하며 살 게 빤하다며 가족들이 모두 반대했다. 하지만 오빠가 내 편을 들어 줘서 결혼이 성사되었다.

결혼을 하루 앞두고 큰아버지께 큰절을 하러 갔다. 절을 하겠다는데 어른들이 모두 돌아앉아 있다. 어쩔 수 없이 내가 등에 대고 큰절을 했다. 그러자 덕담은커녕 악담을 한다.

"여수 믿는 데 가서 얼마나 잘사나 보자. 크응."

큰아버지는 예수라는 발음이 안 되어서 '여수'라고 했다. 예수 안 믿는 데 가면 더 잘사는 데 갈 텐데 왜 그런 곳으로 시집가느냐는 것이다. 그 순간 내가 마음으로 눈물을 흘리면서 기도를 했다.

"하나님 저분 마음을 감동시켜서 속히 하나님 믿게 해주세요."

양가의 충분한 축복은 못 받았어도 하나님의 은혜 가운데 충주제일교회에서 혼인을 했다. 내가 원하는 대로 믿음의 가정으로 오긴 했으나 지금 생각해도 눈물이 쏙 빠질 만큼 극심한 생활고에 시달렸다. 삼순구식이라고 그야말로 세끼 밥을 먹을 상황이 아니었다. 가난한 환경 속에서 나에게 위안을 주는 것은 찬송이었다. 아무리 어려워도 찬송을 흥얼거리면 마음에 평강이 찾아왔다.

그 당시 남편이 시제를 지내고 있었다. 가진 것이 하나도 없는 상태에서 오직 시제답을 맡아서 농사하여 가족을 먹여 살린 것이다. 시제답을 맡았으니 첫 열매 새 곡식을 따면 그것으로 곱게 제사상을 차려서 시양을 지냈다. 몇 해를 하고 나니 이건 아니라는 마음이 왔다. 첫 열매는 하나님 것인데 우상 숭배에 협조할 수 없다고 생각했다. 내가 우상 숭배에 협조하는 것이 결코 하나님이 기뻐하는 일이 아니라고 생각해서 남편에게 이렇게 말했다.

"애기 아부지, 우리 언젠가 주일날 시제가 돌아오거든 이 시제를 아낌없이 내놓읍시다. 하나님께 예배를 드리는 날 우상에게 제사할 수는 없는 것 아니겠어요?"

이 문제는 그렇게 간단치가 않았다. 우리가 시제를 모시는 대신 시제답에서 농사를 지었고, 그 논에서 나온 곡식으로 우리 가족이 먹고살았기 때문이다. 그러니까 시제를 내려놓겠다는 것은 사실상 생계를 포기한다는 것과 같은 뜻이었다.

내가 남편 신앙 하나 보고 결혼했다는 말대로 남편은 정말 믿음의 사람이었다. 남편은 내 말에 고민도 하지 않은 채 그러마고 했다. 남편과는 그렇게 약속을 하고 어른들에게는 비밀로 했다. 어쩌면 남편은 그렇게 권리포기를 할 때 하나님의 기적이 시작된다는 것을 이미 알고 있었는지도 모른다.

분명히 약속하기를 주일과 시제가 겹치면 그해까지만 하겠노라고 했는데, 그 이듬해에 바로 주일과 시제가 겹쳤다. 내가 미리 알고 말한 것은 결코 아니었다. 하지만 쇠뿔도 단김에 빼라는 말인가? 더 고민할 틈도 없었다. 광주리에 음식을 바리바리 담은 뒤 남편에게 다가갔다. 나는 복잡하게 말하지 않았다.

"오늘 주일이에유."

그렇게만 이야기했다. 남편은 자기 말을 지키는 사람이다.

"알았어."

내 말을 들은 남편도 이렇게 간단하게 대답했다.

문중 어른들이 모인 제단에 제물을 져다 주고 우리는 교회에 가서 예배를 드렸다. 그날 드린 예배는 나에게 결단의 시간이었고 모든 것을 내려놓는 시간이었다. 미래에 대한 계획도 없이 모든 것을 포기하고 주님 앞에 엎드린 시간이었다. 엘리야에게 마지막 남은 밀가루와 기름을 바친 여인처럼 우리도 우리에게 남은 가족의 양식을 모두 포기한 예배였다. 떨리는 마음으로 예배한 후 우리 부부는 홀가분한 마음으로 시제 자리로 갔다. 다들 음식을 나누며 점심을 먹고 있었다. 그때 남편이 어른들 앞에 가서 담대히 말했다.

"어르신들, 저희 오늘부로 시제답을 내놓겠습니다."

부모님과 친척들이 이 말을 듣고 깜짝 놀랐다. 이렇게 예고도 없이 결정하면 안 된다고 한다. 그래도 남편이 또 한 번 다짐을 두었다.

"어르신들 마음은 제가 알지만 오늘부터 저희는 내려놓을 테니 다른 사람을 구하십시오."

그러자 사람들이 어디 가서 그런 걸 얻느냐고 이구동성으로 말렸다. 동네 사람들도 생명과 같은 것을 내놓으면 어쩌냐며 친척들도 앞다투어 꾸짖었다. 그들은 우리를 정신 나간 사람 취급을 했다.

그 당시에는 남의 땅을 부치면 소작료로 50퍼센트를 낸다. 3천 평이나 되는 시제답을 농사지으면 일 년에 쌀이 서른 가마 정도가 나왔다. 남의 땅을 부치면 절반인 열다섯 가마를 내야 하지만 시제답은 두 가마만 내면 됐다. 사실상 내 땅이나 다름없는 농사였다. 그런데 그것을 내놓았으니 다들 미쳤다고 하는 것이었다. 그러나 우리 부부는 확실한 믿음을 가졌다. 들풀도 돌보시는 하나님이 우리를 책임지실 것이라고 믿었다. 이걸 내놓으면 다른 농토를 주시든 다른 먹을거리를 주실 거라고 믿었다.

안 믿는 사람들이 우릴 흉보는 것은 이해가 됐다. 그런데 믿는 사람들조차 핍박하는 것이 괴롭고 힘들었다. 믿는 시아버지도 화가 나서 당장 쪽박 차고 나가라고 성화를 내셨다. 애들은 다섯이나 되는 마당에 여덟 식구가 어떻게 먹고사느냐며 노발대발이다. 심지어 소태교회 장로님들까지도 그것 내놓고 살면 무얼 먹고 사느냐고 오히려 구박을 한다. 그러자 설움이 북받쳤다. 나는 교회로 가서 몸부림치며 눈물로 기도했다. 거의 푸념에 가까운 기도였다.

"하나님 즈이가 부족하지만 하나님 자녀 하나님이 책임져 주실 줄 알고 이렇게 했는데 잘못된 것입니까? 제 귀에 들리는 말들이 가슴에 못을 박습니다."

이렇게 기도하자 어디선가 음성이 들려왔다.

"딸아 두려워하지 말아라, 내가 너와 함께한다."

그 음성을 듣고 얼마나 감격했는지 모른다. 그 음성을 듣자 평안이 강물처럼 밀려왔다.

그 음성을 들은 후, 누가 뭐래도 굴하지 않고 하나님만 믿었다. 하지만 현실은 힘들었다. 저절로 문제가 해결되지는 않았다. 뾰족한 대책 없이 겨울을 나고 나니, 이듬해 봄에야 우리에게 논을 빌려 줄 사람이 생겼다. 그렇게 하나님이 대책을 세워 주신 것이다. 시제답이 있었다면 우리는 결코 이웃의 논을 부치지 않았을 것이고, 어쩌면 오늘 이날까지 발전 없이 살았을지 모른다. 하지만 하나님 앞에서 권리를 포기한 그 순간이 오늘의 우리 집을 만든 계기가 되었다.

너무 어려운 형편이었지만 시아버지와 남편이 열심히 믿었기에 이미 십일조 생활을 하고 있었다. 그런데 나는 더 철저히 십일조를 해야 한다는 생각이 들었다. 콩 하나 팥 하나조차도 십일조를 해야 했다. 하지만 우리 가족은 그렇게 꼼꼼하게 십일조를 하지 않았다. 특히 마늘 같은 것도 좋은 것으로만 골라 십일조를 하니 아버님이 야단을 쳤다. 왜 좋은 것만 십일조를 하느냐는 것이다. 그래서 내 평생 처음이자 마지막으로 시아버지께 말대답을 했다.

"아버님, 이것은 누가 주신 건가유? 이것은 하나님이 주신 것 아녜유? 적어도 하나님이, 많아도 하나님이 주신 거쥬? 하나님이 주신건 정확히 십일조를 해야지유?"

아버님은 그렇게 말하는 나를 물끄러미 바라보시더니 더 이상 아무 말씀도 안 하셨다. 인간적으로 생각하면 더 좋은 농산물을 더 비싼 가격에 팔아 그것으로 애들과 먹고살아야 했다. 하지만 그것은 우리 것이 아니라 하나님의 것이다. 나는 말라기에 있는 십일조에 대한 말씀을 믿었다. 십일조를 하면 넘치도록 채워주신다고 했으니까. 기왕에 할 거면 철저히 해야지, 어떤 것은 하고 어떤 것은 안 하면 되겠나 싶었다. 그러나 이상하게도 십일조를 한 만큼 더 어려웠다. 그때 약장사를 하는 떠돌이 권사님 한 분이 이러한 말로 나를 격려했다.

"십일조를 하면 육신적으로 힘들겠지만 결국 하나님이 채워 주실 거니까 참으세요."

그러면서 날 위해 기도해 주고 선물을 주기도 해서 많은 힘을 얻었다. 그분은 마치 하나님이 나를 위로하러 보낸 천사 같았다.

내 인생에 적잖은 시련이 있었으나 나는 그때마다 기도로 이겨 내 왔다. 하나님은 내가 힘들 때마다 성령을 체험하게 하셨고 때에 따라 말씀을 주셨다. 내가 아주 힘들었을 때 기도 중에 "나는 너를 위해 십자가를 졌다"는 음성을 들었다. 그 음성이 나에게는 고통을 이기라는 말씀으로도 들렸으며, 예수님이 나와 함께하신다는 말씀으로도 들려서 가장 큰 위로를 받았다.

어느덧 1985년, 나에게 질병이 찾아와 온몸이 퉁퉁 붓고 어깨와 뼈마디가 시렸다. 당시에는 보험이 안 되니 가난한 집은 병원에 갈 생각도 할 수 없었다. 그때 우리 집 재산은 천수답 두 마지기가 전부였다. 시제답을 포기하고 남의 논을 부치면서 조금씩 모은 땅이었다. 나는 감히 병원 갈 엄두도 못 내고 있다가 충주에 사는 언니를 따라 충주의 도립병원에 갔다. 하지만 그 병원에서 병명을 모르겠다며 다시 큰 병원으로 가라고 했다.

큰 병원으로 가라고 하자 옆에 있는 언니가 막 울기 시작했다. 의사가 큰 병원으로 가라고 할 때는 중병임이 틀림없기 때문이다. 그런데 나에게는 전혀 두려움이 없었다. 큰 병원으로 가라는데 죽을지 모른다는 생각이 들기는커녕 마음이 편안했다.

"언니 울지 마셔유. 살고 죽는 것은 하나님께 달렸어유."

내가 오히려 언니를 달래야 하는 지경이었다. 예수님을 믿지 않는 언니는 그 말을 들은 척도 안 했다. 평소에도 '하나님 믿는 것이 그리 가난하냐?'며 구박을 했던 언니다. 그런 사람이니 살고 죽는 것이 하나님께 달렸다는 내 말을 듣고 더 기막혀했다.

큰 병원으로 가기에 우리는 너무 가난했다. 나는 병원 대신 강원도 원통에 있는 기도원으로 갔다. 기도원에 도착하니 그곳 원장님이 나를 위해 기도를 해주었다. 그런데 기도 첫마디가 이러했다.

"사랑하는 딸에게 칼을 댄다는 게 웬 말입니까? 하나님."

그 순간 그 기도가 분명히 나를 위한 기도라는 확신이 들었다. 그 기도가 양의에게 가지 말고 한의에게 가라는 말로 들렸다. 그래서 기도원에서 돌아오자마자 용하다는 소경 한의사를 찾아갔다.

맥을 잡은 한의사의 얼굴이 심각해졌다.

"권사님, 침 맞을 병이 아니니 큰 병원으로 가세요."

그 말을 듣고 집에 와서 곰곰이 생각해 봤다. 내가 서울의 큰 병원에 가서 입원하면 천수답 두 마지기 날리는 건 순식간인데, 그렇게 해서 병을 고친다는 보장도 없다. 내가 그 재산 먹고 죽어 버리면 남편과 다섯 아이들과 시어머니는 무엇을 먹고살 것인가. 아무리 생각해도 그렇게 할 수는 없었다. 그래서 나는 교회에서 기도를 하며 답을 구했다. 그때도 마음에 평강이 넘쳐났다. 그렇게 사나흘이 지난 뒤에 내가 남편과 시어머니께 입을 열었다.

"제가 죽어도 기도원에서 죽고, 살아도 기도원에서 살아 나올 테니 6만 원만 주셔요."

당시 쌀 한 말이 6만 원이었다. 두 모자는 아무 소리도 안 했다. 기도원 한 달 숙박 비용인 6만 원을 받아 가지고 가서, 한 달 동안 기도로 매달릴 계획이었다. 그렇게 돈을 마련해서 경상도 풍기의 기도원을 향해 떠났다. 얼마 되지 않는 여름옷을 싸서 떠났는데 그 가벼운 옷을 들기조차 벅찼다. 내가 도착하자 권사님이 차분한 얼굴로 나를 맞았다.

"안녕하세요."

이 한 마디를 하시더니 나더러 자리에 앉으라고 한다. 그러고는 진찰하듯 손을 얹고 방언으로 기도를 한다. 그런 다음 병명은 물론 병세에 대해서조차 일언반구도 없이 씨익 웃는다.

"권사님, 제가 무슨 병인가유?"

이렇게 물으니 대답을 하진 않고 종이 한 장을 내놓는다. 각서였다. 여기에서 죽어도 기도원에는 책임이 없다는 각서, 이곳에서 한 달 안에 죽을 수도 있다는 그 각서를 쓰라는 것이었다. 내가 싱긋이 웃으며 각서를 써내려 가자 권사님이 미소를 띤 채 나를 내려다본다. 그래서 내가 물었다.

"왜 글키 쳐다보는 거유?"

그랬더니 권사님이 이런 대답을 한다.

"내가 삼십 년 넘게 기도원에 있으면서 각서 쓰라는데 이렇게 씩씩하게 쓰는 사람 처음 봤어. 누구든지 각서 쓰라고 하면 처음에 망설이고 눈물 흘리고 찌푸리고 하는데 이렇게 씩씩하게 쓰는 사람은 처음이야. 기가 막혀서 웃음이 나와. 그래서 쳐다보는 거야."

그 말 끝에 내가 대답했다.

"아, 죽고 사는 게 하나님께 달린 것 아녀유? 생명이 하나님께 달려 있는데 내가 왜 걱정을 하겠시유? 내가 살고 싶다고 사는 거고 죽고 싶다고 죽는 거유? 하나님이 원하는 대로 되는 거지."

"나 참, 별 환자 다 봤네."

늘 나처럼 병든 사람들만 봐온 권사님조차 내가 별난 환자로 보인 모양이다. 사실 각서는 씩씩하게 썼지만 나는 거기서 정말 힘들었다. 식사라곤 꽁보리밥에 양념도 없이 질경이만 뜯어서 간장에 먹었고, 저녁은 찐 감자를 먹는 게 전부였다. 보통 사람도 그런 음식을 먹기 힘든데 환자가 그걸 먹기란 여간 힘든 일이 아니었다.

어느 날, 기도원 옆의 사과 밭에 가 있는데 내 몸에 힘이 하나도 없었다. 이렇게 있다간 쓰러지고 말 것 같았다. 그래서 방에 들어갔더니 그때부터 내 몸의 왼쪽은 얼음장이고 오른쪽은 불덩이가 되어 갔다. 그러면서 견딜 수 없는 통증이 몰려오기 시작했다. 그렇게 앓기 시작한 지 사흘째가 되자 곧 죽을 것 같았다. 이제 나는 천국에 가는구나 싶어서 기도를 했다.

"하나님, 주시는 이도 주님이시고 거두시는 이도 주님이시니 주님 뜻이라면 이제 죽겠습니다."

그러고 있는데 기도원 총무가 오더니 약을 먹으라고 했다. 하지만 나는 약을 거부했다. 그러자 총무가 여기서 죽으면 하나님의 영광을 가리니 어서 약을 먹고 건강해지라고 권한다. 그래서 내가 총무에게 대거리를 했다.

"내가 약 먹을 거면 병원에 가지 왜 여기 왔겠시유? 죽든 살든 내가 이곳에서 아버지 영광은 안 가릴 테니 걱정 마세유."

그러자 총무는 아무 말도 못하고 입맛을 다시며 나갔다. 오후에는 원장 남편 되시는 장로님이 왔다. 그러나 나는 상태가 너무나 심각해서 이미 눈을 뜰 수도 없고 말대답을 할 수도 없었다. 장로님이 병원에 가자고 나를 설득했으나 나는 한사코 병원 안 가겠다며 고집을 부렸다. 그러자 밖에서 원장님이 수군거리는 소리가 난다.

"어휴, 일났네. 일났어! 내가 삼십 년 넘게 기도원을 했어도 이런 일이 없었는데, 오늘에 와서 하나님 영광 가리는 일이 있겠구나."

원장 권사님은 내가 사흘 안에 죽을 것이라고 예측하고 있었다. 그러나 나는 이미 죽고자 하는 각오를 한 터라 심경의 변화가 없었다. 그러나 장로님은 병원으로 가자고 끈덕지게 설득했다.

"나는 안 가유. 아니, 못 가유."

이렇게 버텨서 결국 병원에 안 가고 말았다. 병원에는 안 갔으나 얼마나 몸이 아픈지 몸 여기저기 근육이 뜯겨져 나가는 것 같았다. 몸이 반씩 차갑고 뜨거운 증상은 여전했다. 그래서 한쪽은 문을 열어 둔 채 시원한 바람을 맞았고, 다른 한쪽은 뜨거운 방바닥에 지졌다. 그렇게 버티자 원장님이 흰죽을 쑤어 주었다. 기도원에서 별도로 음식을 만들기는 처음이라고 했다. 그러나 고통이 심해서 그 음식을 한 숟가락도 먹을 수가 없었다.

아파서 굶기는 했어도 마냥 누워만 있어선 안 되겠기에 예배당까지 기다시피 하여 기도하러 다녔다. 나는 몸을 겨우 가누면서 이렇게 기도했다.

"하나님, 어느 것이 하나님 뜻입니까? 하나님 원하는 대로 저를 사용해 주세요. 제가 남아서 할 일이 있으면 저를 살려 주시고 아무 쓸모없으면 데려가 주세요."

사흘째 되던 날에도 담벼락을 붙들고 예배당으로 가다가 쓰러지기를 반복하고 있었다. 당시 나는 기도원에 살고 있는 어떤 권사님을 알게 되었다. 이날, 그분이 빨래를 하러 개울에 가다가 쓰러진 나를 발견했다. 나는 그때 너무 굶은 데다 몸이 아파서 차마 눈뜨고 볼 수 없는 꼴이었다. 그런 내 모습이 안타까워 그분이 개울로 가면서 하늘을 향해 서럽게 통곡을 하며 이렇게 외쳤다.

"아버지, 저 젊은 권사가 너무나 안타깝습니다. 저 젊은 권사는 자녀가 다섯이나 있는데, 저 사람을 데려가면 남겨진 아이들은 어떻게 합니까? 차라리 병을 나에게 주세요."

기도원에서 며칠 얼굴 본 사이일 뿐 나와는 아무 상관도 없는 분인데 내 병을 자기에게 달라고 통곡하며 하늘에 대고 기도를 하신 것이다. 우리가 기도하지 못할 때 성령님이 말할 수 없는 탄식으로 기도하신다더니 성령님이 그분에게 말할 수 없는 탄식을 주셨던 것일까? 그분의 탄식어린 기도를 듣는 순간 이상하게 내 온몸에 힘이 생기는 것이 느껴졌다. 물이 식도를 타고 내려가는 것이 느껴지듯 내 몸에 새 힘이 부어지는 것이 느껴졌다.

"주여."

아직 힘이 없어서 소리가 제대로 나오지는 않았지만, 내 입에서 나도 모르게 주님을 향한 외침이 흘러나왔다. 예배당에서 기도를 하는데 어디선가 힘이 바짝 올라오는 것 같았다.

그렇게 다시 사흘이 흘렀다. 그러니까 내가 아무것도 먹지 못한 지 닷새째이고, 빨래터에서 권사님이 통곡하며 기도를 한 지 사흘째 되던 날이었다. 그런데 나를 보는 사람들 눈이 다 휘둥그레졌다. 제단에서 기도하고 나오는 나를 보며 원장님이 싱그레 웃으시더니, 내 뒤를 밟아 방까지 따라 들어와 웃으며 입을 열었다.

"권사님 승리했습니다. 참 대단합니다. 보통 대단한 게 아닙니다."

나는 나를 볼 수 없지만 사람들은 내 얼굴을 보고 내가 살아났음을 깨달은 것이다. 모두가 나더러 대단하다고 하지만, 내가 무슨 힘이 있나. 하나님이 힘 주신 것이다. 나중에 원장님이 그렇게 말했다. 그때가 최고의 발악을 하는 때라고. 최고 발악할 때 인내하지 못하고 집으로 가면 생명을 거둬 간다고. 사실 그때 집으로 가라고 권면하면서도 많이 불안했다고.

"권사님, 처음에 한 달만 있다가 가겠다고 하더니 정말 그렇게 되었네. 각서 쓰는 것도 오는 것도 가는 것도 다 자기 마음대로야. 호호호. 참으로 대단해요. 축하해요. 다 하나님께서 권사님에게 임하셔서 이렇게 살리신 것이네요."

일주일 후 기도원에서 집회가 열렸는데, 일개 부대가 병문안을 왔다. 아무래도 집사람이 객사할 것 같다면서 남편이 사람들을 끌고 온 것이다. 나와 삼총사인 신 권사님과 허 집사님, 그리고 권경택 목사님, 그리고 당시에 군대에 갔다가 휴가 온 큰아들, 남편 이렇게 다섯 명이 나를 찾아왔다. 이게 마지막이라고 생각하고 찾아온 것이다. 내가 밖으로 나오니 신 권사님과 허 집사님 얼굴이 눈물범벅이 되어 있었다. 기도원에 진즉 도착했는데 죽어 가는 꼴을 볼 수가 없어서 망설이다가 이제야 들어왔다는 것이다. 우리는 서로를 끌어안고 울음을 터뜨렸다. 남편과 아들까지 보니 더더욱 눈물이 났다.

"걱정 마. 나 이렇게 살아 있어. 나 이제는 살았어."

그렇게 말하는데 하나님의 은혜가 얼마나 감사한지 눈물이 주체할 수 없이 쏟아졌다.

내가 기도원에 도착한 지 딱 한 달이 되었다.

"원장님, 나 갈래유."

나는 원장님께 씩씩하게 인사를 하고 기도원을 나섰다. 한 달치 숙박비 6만 원 들고 죽을 각오로 들어가서 딱 한 달 만에 살아서 돌아 나왔다. 내가 돌아오니 병문안을 왔던 신 권사님과 허 집사님이 기도원에 방문했을 때의 이야기를 했다. 그때 내가 듣지 않는 데서 원장님이 두 분에게 이런 말을 했다고 한다.

"권사님은 하나님이 너무나 사랑하시고 함께하시는 분입니다. 성령의 불을 받은 사람이니 그것을 잘 사용해야 됩니다."

나는 성령의 불로 치유되었음을 이미 깨닫고 있었다. 하나님이 주신 이 선물을 잘 사용해야 함도 알고 있었다. 내가 남아서 할 일이 있으면 살려 달라고 기도했으니 내가 살아 있는 동안 할 일이 있는 것이다.

한 달 동안 기도원에 있었더니 내 얼굴은 희어졌고 못 먹어서 그런지 살도 빠져 있었다. 내가 창백한 몰골로 나타나니 모든 사람이 수군거렸다.

"저러다 다 죽어. 기도원 갔다 오면 다 죽는다구."

친척 시동생이 남편에게 와서 걱정을 했다.

"형님, 암이라도 초기에 발견하면 괜찮으니 병원에 보내세요. 형수처럼 기도원에 다녀와서 다들 죽습니다."

그러나 남편도 나랑 같은 마음이었다.

"나는 그런 것 개의치 않는다. 하나님이 살려 주시면 사는 거다. 하나님의 딸인데 하나님 마음대로 하는 것이지."

나도 남편도 죽고 사는 문제가 오직 하나님 손에 달린 것에 일말의 의심도 없었다. 우리는 아무것도 하지 않고 오직 완전히 주님께 맡긴다는 기도만 했다. 하나님께서 우리 부부의 그 마음을 예쁘게 봐주신 것 아닐까도 싶다.

내가 그렇게 치유받은 지 삼 년이 지나서 아줌마들에게 말했다.

"이녁들 나 죽는다고 수군거린 거 다 알아. 하지만 나는 하나님의 자녀야. 나는 하나님이 살아 계신다는 사실에 증인이 된 거야. 보라구, 난 이렇게 살아 있어.

한 가지 놀라운 비밀을 빠뜨린 게 있다. 기도원에서 내려올 때 내 몸은 완전히 회복되었다. 그런데 그 권사님, 빨래터에서 하늘을 보고 통곡하며 기도하셨던 그 권사님은 그 기도를 한 뒤 사흘 동안 죽을 만큼 앓았다. 그렇게 꼬박 사흘을 앓은 뒤 나와 함께 일어났다. 하나님은 그 권사님의 짧은 기도대로 권사님을 아프게 하신 후 나와 권사님을 다 살려 주셨다. 나는 그 권사님의 중보기도로 살아났다고 생각한다. 이 일을 통해 중보기도의 힘이 얼마나 놀라운 건지 체험했다. 아무리 짧아도 애통하는 기도, 하나님이 들을 기도를 해야 한다는 사실을 그때 깨달았다.

남편도 하나님께서 병을 고쳐 주셨다. 우리는 요즘 복숭아 농사를 한다. 6년 전 일이다. 봄에 거름을 주고 땅을 고르고 난 뒤, 남편이 갑자기 허리가 아팠다. 약을 써도 안 됐다. 남편은 아주 건강한 체질이어서 몸이 전혀 아프지 않았는데 갑자기 앓기 시작한 것이다. 계단을 한 층 오르는데도 90세 노인처럼 올라갔다. 예배도 간신히 드렸다. 가벼운 짐도 들 수 없을 만큼 허리가 아파, 복숭아는 아예 딸 수도 없었다. 결국 일 년 농사를 고스란히 포기하고 말았다.

농사를 포기하고 100일 작정기도를 결심하여 아침 금식을 시작했다. 그런데 사람이 얼마나 약아빠진 존재인지, 평소에는 식탐이 없는데도 금식을 하니 오히려 더 먹고 싶었다. 남편은 약을 하나도 쓰지 않고 병원에도 한 번을 안 갔다. 백일기도를 딱 마치자 하나님이 허리를 고쳐 주셔서 아픈 적이 없는 것처럼 아주 말짱해졌다.

그 건강하던 사람이 일 년 동안 농사를 안 지으니 사람들 사이에 소문이 파다했다. 그러다 어느 날 갑자기 멀쩡하게 나타난 것을 보고 다들 궁금해했다.

"어떻게 나았어?"

"기도했더니 하나님이 고쳐 주셨지."

"그게 뭐 말이나 되는감? 진짜로 어떻게 나았어?"

"정말이야. 100일 금식 기도했더니 딱 100일째에 나았다니까."

"헛 그 사람 참, 된밥 먹고 쉰소리하네."

다들 이렇게 콧방귀를 뀌었다. 교인들은 물론이거니와 장로님들조차 하나님이 고쳐 주셨다고 하면 외면하곤 했다. 기도 기간 동안 남편이 점심식사 전까진 아무것도 먹지 않았는데, 장로님들이 모이면 계속 남편을 유혹했다. 만날 때마다 보약을 먹어야 낫는다, 금식해서 낫겠냐, 너무 맛있는 게 많다, 이런 식으로 자꾸 부추겼다. 그분들 중 누군가 혹시라도 이 글을 보면 섭섭하겠지만, 우리가 믿음을 가질 때 정말로 큰 시험은 안 믿는 사람보다 믿는 사람들 사이에서 생긴다는 것을 깨달았다.

장로님들이 그렇지는 않겠지만, 많은 사람들이 하나님의 역사에 대해 질투를 한다. 왜 너에게만 하나님이 나타나는가를 질투하는 것이다. 하지만 하나님께서는 질투보다 서로를 격려하고 위로하는 마음을 더 기뻐하실 것이다.

남편은 치유를 받은 후 이렇게 말했다.

"아프기 전엔 아픈 사람 마음을 몰랐는데 아프고 나니 병자의 마음을 알게 되어서 너무나 감사하지. 모든 것을 합력하여 선을 이루시는 하나님은 내가 아픈 것을 통해서도 나를 깨우쳐 주셨어. 그런 걸 알게 해주셔서 정말 감사할 뿐이지."

앞서 말한 것처럼 정말 나는 시집 와서 고생을 많이 했다. 생활이 너무 어려워서 안 해본 장사가 없다. 2남 3녀인 5남매를 가르치느라고 갖은 고생을 했다.

내 첫째 아들은 서울 보광교회 담임으로 시무하는 이원봉 목사다. 이 첫째 아들이 중·고등학교 다닐 때만 해도 살림이 너무 힘들었다. 나는 혹시라도 애들이 중퇴하면 '교회 다니면서 다 퍼다 주고 아이들은 중퇴시킨다'는 말을 들을까 봐 열심히 벌어서 아이들을 가르쳤다.

화장품 장사, 약장사, 그릇 장사, 솜 장사 별일을 다 해봤다. 남편은 농사에 전념했으나, 나는 여름엔 농사짓고 겨울엔 화장품 장사를 했다. 일종의 보따리 장사를 하다 보니 겨울이라고 따뜻한 아랫목에 앉아 보질 못했다. 머리에 이고 등에 지고 손으로 들고 걸어다니며 장사를 했다.

지금은 맨몸으로도 결코 걸어갈 수 없는 거리를 이고 지고 걸었다. 거의 30리나 되는 덕은리까지도 걸어가곤 했는데, 짐을 진 아녀자 걸음으로 부지런히 걸어도 세 시간, 오가는 데 여섯 시간 남짓 걸렸다. 덕은리까지 하루에 세 번 차가 다녔으나 차비를 아끼려고 걸어다녔다. 아침에 나가면 저녁에 집에 들어올 때까지 쉬지 않고 걸었다. 중간에 쉬고 싶어도 쉴 수가 없었다. 아무도 없는 길에서 짐을 내려놓으면 다시 짊어질 수가 없으니 어쩔 수 없이 끝까지 걸어가야 했다. 오죽하면 그 물건들을 언덕바지에 냅다 버리고 가고 싶은 충동이 들며, 내가 왜 이런 고생을 해야 되나 화가 날 때도 있었다.

우리 큰아들 대학 졸업할 때까지 십 년을 그렇게 살았다. 추억은 아름다운 거라지만, 그때 고생했던 일은 기억조차 하기 싫다. 이처럼 아주 힘들고 어려울 때면 '좀 하나님을 믿지 말아 볼까' 그런 마음이 드는 순간이 아주 없었던 것도 아니다. 하지만 나는 치유는 물론 수많은 체험을 했다. 그래서 힘들 때마다 '그분이 내게 어떤 하나님인데 내가 하나님을 부인해' 하고 생각했다. 나는 하나님을 떠날 수가 없다. 하나님이 나를 붙들어 잡고 계시기 때문이다.

사실 힘든 노동보다 더 견디기 어려운 일이 있었다. 제당숙이라는 분이 교회 다니는 것을 너무 반대했던 것이다. 조카가 교회에 다니는 것도 싫은데 조카며느리가 한술 더 뜨니 속이 상한 거다. 당시 교회에서 선교회장을 맡고 있던 내가 행사 준비를 위해 다과 사러 주막에 가니 그곳에 당숙이 계셨다. 그분이 나를 보더니 불러 세우고선 소리소리 질렀다.

"아, 여편네가 살림을 잘해야 되는데 한술 더 떠서 십일존지 십의 이존지 교회에 다 갖다 주고 있으니 살림 꼬라지가 뭐가 되니?"

내가 잘못을 했으면 조용히 가정에서 선후 따지며 말을 해야 할 것이다. 나는 당혹스러웠지만 최대한 공손히 말했다.

"당숙님, 여기는 주막 삼거리인데 이러지 마셔유. 화가 나시더래두 집에서 조용히 말씀하셔유."

그랬더니 도리어 더 큰소리를 내신다.

"내가 너를 망신 주려고 작정했어. 작정을 했다니께."

그런 창피를 당한 뒤에 교회에 가서 묵묵히 섬기고 집에 오니 자꾸 분한 생각이 들었다. 결국 그날 밤 나는 한잠도 못 잤다.

다음 날 제당숙 두 내외가 왔다.

"어제 서운했지?"

그렇게 물어본다고 해서 어른에게 서운했다고 말할 수는 없는 노릇이었다. 반갑지는 않았지만 안으로 모신 뒤 내가 말했다.

"아저씨, 저는 다른 것은 하라는 대로 다 하겠어유. 하지만 교회 다니는 건 절대 물러서지 않을 거에유. 내가 시집을 온 이유가 뭔 줄 아시잖아유? 내 남편이 돈이 많아유, 지식이 많아유? 무엇이 좋아서 왔겠어유? 저는 단지 예수 믿는 것 하나 보고 남편에게 왔어유. 그러니 저한테 교회 다니지 말라는 소리 절대 하지 마세유."

그랬더니 다시 같은 말을 한다.

"내 안타까워서 그랬다. 신랑이 그러면 너라도 반대해야 하는데 네가 오히려 더 설치잖니? 말하자면 네가 아주 미쳤지 뭐니?"

"맞아유, 전 예수에 미쳤어유. 그런데유 미칠라믄 아주 미쳐야 해유. 설미치면 아무것도 되지도 않아유. 그러니 아저씨는 교회나 나오세유. 저희랑 같이 미치도록유."

"얘가 아주 미쳤네."

"그럼요. 아주 미쳤지유. 아주 미쳐야 되유. 난 미쳤어유."

당숙은 머리를 절레절레 흔들고는 돌아가셨다. 그 이후 그분은 다시는 그런 말씀을 안 하셨다. 그런데 이번에는 그 아들이 술만 먹으면 방해를 놓았다. 그래서 내가 서방님께 말했다.

"서방님이 무슨 권리로 저를 방해하세유?"

"아, 교회 다니는 게 싫어요. 그냥 교회 다니는 게 싫다니까요."

"그래유? 그러면 내 남편이 교회 가자고 하는데 내가 남편 의견 무시하고 서방님 비유 맞추어 살아야 하나유? 이러나저러나 내가 교회 안 나갈 리가 없으니 이런 말 하려면 우리 집에 오지 마세유."

그런 식으로 내가 워낙 세게 나가니 뒤로는 욕을 해도 직접적으로는 더 이상 말하지 않았다.

내가 올해 71세, 남편이 70세다. 결혼은 내 나이 스물 셋에 했다. 나는 30대에 권사로 취임했고, 남편은 1987년에 장로 안수를 받았다. 우리 교회는 1957년 5월 20일에 창립했는데, 그 이듬해 남편이 교회에 나갔고 시아버지가 1, 2년 후에 믿으셨다고 한다. 시아버지는 68세에 암으로 소천하셨다. 시어머니는 1984년에 치매가 와서 90세에 돌아가셨다.

지금 우리는 오천 평 정도의 땅을 가지고 있다. 그뿐만 아니라 이처럼 좋은 집도 지었다. 이제 와서 돌이켜 봐도 이 재산이 어떻게 생겼는지 답이 안 나온다. 우리가 어디 가서 돈을 주운 것도 아니고 훔친 것도 아니다. 농사지으면서 조금씩 땅을 사다 보니 이렇게 되었는데, 아무리 생각해도 하나님이 축복하시지 않았다면 도저히 이렇게 될 수가 없다. 그 와중에 애들 다 가르쳐서 아들들은 대학 나오고 딸들은 다 고등학교 나왔으니 모든 것이 하나님의 은혜다.

그토록 가난했지만 한때 우리 집에 목회자를 모셨다. 당시 교역자는 전도사님이셨다. 교인들이 보리쌀 서 말만을 성미로 주었지만 목회자께 꽁보리밥을 드릴 수는 없었다. 그래서 꽁보리밥 위에 쌀을 얹어 밥을 해드렸다. 집안에서는 아버님보다 전도사님이 먼저였다. 언제나 가장 먼저 전도사님, 그다음에 아버님을 드렸다. 그러니 아이들 몫으로 줄 것이 없었다.

우리에게 쌓이는 것은 빚밖에 없었다. 그런 가난을 벗어나서 지금처럼 살게 되리라고는 꿈도 꾸지 못했다. 그러나 하나님은 늘 우리의 계산이나 기대보다 위에 계심을 내 삶을 통해 증명해 주셨다.

내 소망은 자녀가 잘되는 것이다. 그 첫 번째 기준은 신앙생활 잘하는 것이다. 내 자녀가 믿음의 사람으로 성공하는 것이 내게 가장 행복한 일이다.

큰아들이 목회자가 되면서 며느리도 교편을 내려놓아서 물질적인 어려움을 겪었다. 그때 크게 도와줄 수도 없는 형편이라 마음이 많이 아팠다. 하지만 하나님께서 길을 열어 주셔서 보광교회 담임 목사로 가게 되었다. 그때 아들 취임예배에 갈지 말지를 놓고 남편 과 의견이 엇갈렸다. 나는 아들이 당회장에 취임하는 예배이니 가 자고 했으나, 남편은 주일에 다른 곳에 갈 수 없으니 가지 않겠다 고 했다. 요즘은 다들 이 교회 저 교회 떠돌며 다른 교회 가서 예배 를 드리는 일이 다반사지만 내 남편은 이날 평생 본 교회 주일예배 를 빠지지 않았다. 그런 남편을 내가 설득해서 취임예배에 참석했 다. 그 자리가 얼마나 감사했는지 모른다. 하나님께서 내 모든 어려 운 과거를 한순간에 다 갚아 주셔서 감사의 눈물을 흘렸다.

우리는 결혼식이다 장례다 해도 주일날은 꼭 예배를 드렸다. 토 요일 저녁에도 먼 곳에 가지 않았다. 자칫하면 주일에 못 올 수도 있 으니까. 그래서 우리를 아는 사람들은 우리가 주일에는 안 올 것이 라고 아예 제쳐 두었다. 처음에는 그런 일로 손가락질하는 사람도 있었으나 이제는 다들 우리를 인정한다. 하지만 인간이 인정하는 것보다 우리에게 중요한 것은 하나님께 인정받는 것이다.

후손들에게도 그렇게 말하고 싶다. 그 무엇보다 하나님 앞에 인 정받으라고. 하나님의 자녀 되는 것이 모든 가치보다 우선 되어야 한다. 나는 자녀를 위해 기도할 때도 "하나님, 믿음의 장부가 되게 해주세요" 하고 간구한다.

우리는 5남매를 다 여의었다. 며느리든 사위든 믿지 않는 사람은 아예 보지도 않았다. 막내며느리는 우리 아들 만나서 믿기 시작했다. 막내가 안 믿는 아가씨를 사귄다고 하기에 "예수 믿지 않으면 얘기 꺼내지도 마라"고 하며 탈락이라고 했다. 그랬더니 막내가 지켜보시라며, 지금은 교회 안 나가지만 앞으로 신앙생활 잘해서 결혼하겠다, 그렇지 않으면 과감하게 교제를 그만두겠다고 했다.

둘째아들 원기는 성격이 칼이다. 그래서 며느리와 연애할 때 이별을 선언했다. 다시 만나려면 신앙생활 열심히 해서 보자며 헤어졌다. 며느리는 원기를 놓칠 수 없어서 예수를 믿기 시작했다. 그리고 얼마 후 찾아와서 결혼했다. 이젠 신앙생활을 아주 잘한다.

또 한번은 큰딸 상견례를 하게 되었다. 그쪽 집안에서는 사위만 믿고 시부모님은 안 믿는다는 말을 들었다. 사위 쪽에서는 사위와 이모, 부모님 네 명이 오고, 우리도 언니와 함께 네 명이 갔다. 서로 마주보고 앉아 처음 뵙겠다고 인사를 했다. 인사를 하자마자 내가 첫마디에 이렇게 말했다.

"예수 믿으세요."

첫마디치곤 참 엉뚱했다. 한데 사돈댁도 예상 밖의 대답을 했다.

"예, 다음 주부터 나가지요."

그러자 옆에 있던 사위 이모님이 기쁨에 차서 입을 열었다.

"이미 아시겠지만 따님과 제가 같은 교회 교인이라 내가 따님을 우리 조카며느리 삼으려고 8년을 기도했습니다. 그런 와중에 내가 동생을 위해 기도는 했어도 전도는 못 해봤는데 어머니께서는 참 대단하십니다. 어떻게 상견례 자리에서 전도를 허세요?"

딸이 시집을 가면 신랑만 보고 사는 게 아니라 가족과 함께 산다. 그런데 시댁이 안 믿으면 신앙을 지키기가 쉬운 일이 아니다. 그래서 나는 사돈을 전도하겠다고 마음먹었다. 다행히 하나님의 도우심으로 즉석 응답을 받은 것이다.

더 즐거운 일은 전도받은 사돈이 또 다른 사람을 전도해서 교회를 함께 다닌다는 사실이다. 어떤 날은 전화해서 질문도 하신다.

"십일조가 무엇이에요?"

그래서 십일조를 설명했더니 농사짓는 그분들이 쌀가마를 교회에 갖다 놨다.

나는 그렇게 전도의 열매를 맺었다. 그 이모님은 처음 만나 전도한 우리더러 대단하다고 하신다. 그래서 내가 이렇게 대답했다.

"하나님이 역사한 것이죠. 성령님이 역사한 것이죠. 내가 하는 것은 아니고."

전도 이야기가 나온 김에 동네 새댁 이야기를 해야겠다. 내가 새댁을 전도하려고 기독교 서점에 가서 성경책을 한 권 샀다. 성경책을 사면서 속으로 기도했다. '하나님 이 책 주인이 꼭 예수 믿게 해주세요. 그가 죽을 때까지 하나님을 믿도록 성령으로 감동을 주세요.' 이렇게 기도하고 성경을 주며 전도를 했는데 정말로 새댁이 교회에 나오기 시작했다. 우리 교회에서는 전도하면 화분을 하나씩 준다. 우리 집 거실에도 전도 기념 화분이 있다. 이처럼 전도도 기도를 먼저 할 때 하나님이 역사하시는 것 아닐까 싶다.

처음에 말한 대로 내가 받은 하나님 은혜를 하늘에 써도 다 못 쓰겠지만 이제 내 이야기를 마무리해야겠다. 두서없는 이야기지만 이 모두가 하나님 나라를 위한 이야기라고 생각해 주면 고맙겠다.

우리 부부가 좋아하는 성경 구절은 "항상 기뻐하라 쉬지 말고 기도하라 범사에 감사하라"는 말씀이다. 이 말씀이 우리가 어려울 때 가장 큰 힘이 되었다. 우리 인생은 순간순간 힘이 들었으나 그 말씀을 따라 살다 보니 늘 감사하고 늘 행복했다. 그중에서도 특별히 행복한 시기는 주로 하나님 앞에 물질을 드릴 때였다. 내가 하나님께 드리는 것이 곧 우리에게 축복임을 안다.

우리 부부는 이제 이렇게 노래한다.

"나의 갈 길 다가도록 예수 인도하시니 그의 사랑 어찌 큰지 말로 할 수 없도다."

참으로 지금까지 나를 지켜주신 하나님의 사랑이 어찌나 큰지 말로 다할 수가 없다. 또 앞으로 우리가 갈 길도 하나님께서 그렇게 인도해 주실 것을 믿어 의심치 않는다.

내 자녀를 포함한 다음 세대에 하고 싶은 이야기가 있다. 요즘 믿는 사람들 중 상당수는 희생정신이 부족하다. 하나님께 신령과 진정으로 드리는 마음이 희미해져 간다. 마늘 한 쪽, 콩 한 되 드리는 순전한 마음이 부족하다.

과거에 어느 목사님이 꼭 나를 데리고 심방을 다니셨다. 지금은 사용을 하지 않으니까 사라졌지만, 당시 나에게 신유의 은사가 있어서 목사님이 나를 꼭 데리고 다니신 것이다. 어느 날 내가 짐을 이고 메고 들고 오다가 빙판길에서 다리를 접질렸다. 그래서 발을 디딜 수조차 없는 상태인데도 목사님이 심방 가자고 나를 데리러 오셨다. 그때도 나는 그 다리로 십리 길을 걸어서 심방을 갔다.

그때는 목사님이 하나님이었다. 내가 하고 싶으면 아멘이고 하기 싫으면 노멘이 아니라 일하다가도 목사님이 부르면 무조건 갔다. 그런데 요즘 젊은이들은 순종을 잘 안 한다. 무조건적인 순종이 줄어들어서 한국 교회가 위기를 맞고 수많은 교회가 무너지고 있다.

일반 성도들만의 문제는 아니다. 목사님들도 인간에게 치우쳐서 사람의 비위를 맞추는 경우가 많다. 사람들은 헌금 설교하는 것을 싫어하지만 나는 당당하고 깨끗하게 헌금 설교도 하는 목사님을 좋아한다. 그런 분들은 기준이 오직 하나님께 있기 때문이다.

나는 내 아들을 위해서도 그렇게 기도한다. 사람의 종이 아니라 하나님의 종이 되게 해달라고. 하나님의 종으로 크게 쓰임받는 목사 되게 해달라고.

큰아들이 목사가 되었을 때 나는 세상을 다 얻은 것처럼 좋았다. 아들에게 어려움과 시련도 잦았으나 그럴 때에도 하나님이 함께하는 종이 되게 해달라고 기도했다. 눈에 보이는 현실 때문에 낙심하고 힘든 순간도 많았지만 그때마다 이렇게 기도했다.

"아버지, 이원봉 목사를 다듬어서 주님의 도구로 써주세요. 하나님이 원하는 종이 되게 해주세요. 엘리사에게 준 능력을 갑절로 주시고 인간이 아니라 하나님이 원하는 사역을 하여서 이 어려운 시대에 하나님께 인정받는 종으로서 사명을 감당하게 해주세요."

이게 목회자인 큰아들을 위한 한결같은 기도였다.

외람되지만 내 남편이 하고 싶은 말을 마무리 글로 적어야겠다.

"그때 그 시절에는 목사님이 없고 대부분 전도사님이었지. 목사님이 없어서 세례를 받을 수 없으니 일 년을 기다려서 겨우 세례를 받았어요. 감리사님이 온다든지 해야 세례가 가능했으니까. 그러나 그때 목사님은 없었어도 '주의 종'은 있었어요. 돈 오백 원, 보리쌀 서 말에 이 시골까지 와서 목회를 하셨거든. 그때는 먹고살기 위해 목회를 한 게 아니라 정말로 주님을 위해 일한 분들이었어요. 진짜 주의 종들이지. 그분들이 그렇게 본이 되게 살았고 교인들도 그분들을 주의 종으로 받들었어요. 그때에 비하면 지금은 목사님 수가 정말로 많지. 그러나 주의 종은 정말 드물어. 그러니까 교회가 교회 모습을 잃어 가기도 하는 것이지요. 그분들이 주의 종이 되어야, 참 목자가 되어야 성도들이 목회자를 더 받들게 되고 교회가 교회로 인정받을 수 있어."

비가 추적추적 내리는 날 홍순이 권사님과 이현진 장로님이 사는 집으로 찾아갔다. 두 분은 시골집으로는 대궐같은 집에 살고 있었다. 한눈에 보기에는 고난이라곤 전혀 없었을 것 같은 평화로운 집이었다. 하지만 이 좋은 집이 생기기까지 두 분이 겪은 고생, 그리고 하나님을 향한 열정은 이루 말로 다할 수 없을 지경이었다.

본문에 다 쓰지 못한 이야기들이 아직도 있다. 막내아들이 다섯 살쯤에 고관절이 아팠는데 부흥회를 마치고 집에 돌아와 방에 들어가자마자 기도를 하고 싶어서 아이에게 손을 대고 기도하니 다리가 나았다는 이야기를 하지 못했다. 또 나중에 삼성의료원에 가니 콩팥에 3센티미터 크기의 물혹이 있었는데 그것을 떼지 않고도 나았다는 이야기 등 놀라운 사연을 다 쓰지 못했다. 두 분이 겪은 체험도 다 쓰지 못했으나 두 분이 교회에 헌신한 이야기들은 더더구나 다 쓰지 못했다.

하나님이 이 지역에 장로님 댁을 세운 이유가 있다. 온유한 장로님과 열정적인 권사님을 일꾼으로 쓰셔서 이 지역을 복음화시키신 것이다. 이분들이야말로 더 이상 말이 필요치 않은 주님의 군사요 일꾼이다. 사실상 전 재산을 내놓은 헌신과 죽음으로 몰아가는 병마와 싸워서 이긴 영적 체험과 한국 교회의 미래를 위한 비전까지, 두 분의 삶은 그 자체로 아직도 진행되는 사도행전적 삶이다.

두 분이 써나가는 사도행전이 하나님의 은혜 가운데 그 자손에게도 이어지고 그 지역 사회에도 이어지며 한국 교회에도 이어지는 놀라운 역사가 성취되길 기도한다.

세상에서 가장 행복한
장애인 부부

이승복 집사 • 1942년생
인천시 옹진군, 선재교회

세상 많은 사람들이 갖가지 어려움에 처하지만 우리 부부 같은 사람은 참으로 드물 것이다. 우리 부부의 기구하면서도 감사한 이야기는 뒤로 미루고 내가 청년 때 봤던 환상 이야기부터 해야겠다.

나는 예수 믿은 지 불과 얼마 되지 않아 환상을 보기 시작했다. 그 당시에는 그것이 환상인 줄 몰랐다. 나는 젊은 시절에 본 환상들이 오늘날 실현되는 것을 보면서 하나님은 정말로 대단한 분이라는 사실을 확인하면서 산다.

나는 1970년 부흥회 때 목사님을 통해 세례를 받았다. 세례 받은 지 얼마 되지 않아서 나는 기도나 환상 중에 떠꺼머리 총각 하나를 보았다. 그 총각은 자주 나타나서 나를 데리고 다니며 수많은 환상을 보여 주었다.

우리가 사는 섬은 바다로 완전히 둘러싸였는데 내가 교회에서 기도하는 중에 보니 산꼭대기에 차가 가득했다. 이 마을에 무슨 차가 있을까? 1960년대에는 자동차 자체를 보기가 힘들었는데 하물며 섬에서는 어땠겠는가. 그럼에도 그곳에 차가 가득한 것을 보기는 보았다. 그런데 세월이 지난 후, 우리 섬에는 다리가 놓였고 행정지역도 인천시로 편입되었다. 이제는 이 동네 사람들에게도 차가 있거니와 하루에도 수백 수천 명씩 관광객이 몰려든다. 특히 매일 밀물과 썰물에 따라 바닷길이 열리는 목섬에는 사람들 발길이 끊이질 않는다. 그때 본 환상이 오늘, 현실이 된 것이다.

다시 환상 이야기로 돌아가겠다. 기도 중에 내가 인천을 가고 있다. 걷지도 못해 기어다니는 내가 어떻게 인천을 가겠는가? 한데 떠꺼머리 총각이 나더러 인천을 가라고 한 것이다. 그때 교통수단이라고는 소달구지밖에 없어서 인천을 가려면 소달구지를 나룻배에 싣고 대부도로 건너가서 여객선을 타고 인천까지 가야 했다. 당시는 나룻배가 일정한 시간에 다니지도 않았다. 손님이 없으면 안 가고 손님이 모이면 아무 때나, 하루에 두 번도 가고 세 번도 갔다. 지금은 인천이 엎어지면 코 닿을 데지만, 그때만 해도 꼬박 하룻길이 걸렸다. 그렇게 먼 인천을 환상 중에 다 돌아다녔다.

그 환상을 보면서 내가 기도 중에 하나님께 여쭈었다. 왜 이런 환상을 보여 주셨냐고. 그때 음성을 들었다. 육신이 부활하면 그렇게 할 수 있다는 응답이었다.

나라가 부강해지면서 정부에서 지체장애인들에게 휠체어를 무상 지금했다. 아, 평생을 네 발로 기어다니던 내게 어느 날 갑자기 휠체어가 생긴 것이다! 어디 한 군데 제대로 못 다니던 나에게 다리가 생긴 것 아닌가. 그러니 내가 부활을 한 것이다.

그런데 휠체어가 언덕을 못 올라간다. 그러니까 이번에는 하나님께서 전동 휠체어를 주셔서 이제는 선재도를 다 돌아다닌다. 완전히 부활한 것이다. 그래서 갈 데 안 갈 데, 가리지 않고 온 마을을 다 돌아다닌다. 선선한 바닷바람이 불 때 전동 휠체어를 타고 길을 달리면 정말 기분이 좋다. 또 저물녘에 벌겋게 세상을 물들이며 바다로 떨어지는 해를 바라보노라면 가슴이 터질 듯 부풀어 오른다.

어느 날 한 부락에 가니까 사람들이 옹기종기 모여서 이야기를 하고 있었다. 그중에는 알고 지내던 어촌계 형님도 있었다. '내 발로 사람들의 대화 속으로 찾아오다니, 할렐루야!' 입에서 저절로 감사가 나왔다.

나는 환상으로 지옥 가는 길과 천국 가는 길을 본 적이 있다. 영의 세계에는 인간을 돕는 천사가 있다고 하는데, 내 환상에 늘 나타났던 떠꺼머리 총각은 아마도 나를 돕는 천사일 것이다.

하루는 총각이 나를 부르더니 어디 좀 갔다 오자고 했다. 벌써 몇 번을 만난 터라 이제는 그 총각이 낯설지가 않아서 서슴없이 따라나섰다. 우리는 신작로처럼 넓은 길로 갔다. 차 두 대는 충분히 다닐 수 있는 그 길 양쪽에는 무시무시하게 생긴 사람들이 총과 칼을 쥐고 서 있었다. 얼마나 분위기가 험악했는지 무서워서 도저히

세상에서 가장 행복한 장애인 부부

더는 갈 수가 없었다. 나는 돌아서서 뺑소니를 쳤다. 그러자 총각이 이 길은 지옥 가는 길이라고 가르쳐 주었다.

그다음에는 기도 중에 어떤 길을 따라가는데 도무지 끝이 안 보였다. 길가에는 아름다운 꽃이 만발하여 그 향기가 온 세상을 그윽하게 덮고 있었다. 꽃길이 끝나는 데까지 걸어가니 노란 대문의 집 한 채가 보인다. 그 대문 앞에서 총각을 만났다. 총각은 이 문이 천국 문이라고 말해 주었다. 우리는 대문을 열고 안으로 들어갔다.

천국, 내가 천국으로 들어온 것이다. 마을은 말로 표현할 수도 없이 아름다웠다. 나는 아주 멋진 집들이 지어진 동네를 걸어 들어갔다. 참, 환상 속에서 나는 다리가 멀쩡한 사람이었다. 어느 곳에 이르니 사람들이 모여서 예쁜 집을 짓고 있었다. 그 집이 너무 예뻐서 넋을 놓은 채 구경하는데 인부 한 사람이 나에게 말을 걸었다.

"형제여, 이곳이 나중에 형제가 와서 살 집입니다."

그 말에 몹시 감동이 되긴 했으나, 순간 그 집 지을 돈이 어디서 나오나 하는 생각이 들었다. 그래서 내가 물었다.

"그런데 이 집은 무슨 돈으로 짓습니까?"

인부는 그것도 모르느냐는 태도로 대꾸했다.

"형제님이 헌금한 것으로 짓지요."

허나 아무리 생각해도 내가 이제껏 헌금한 게 없다고 인부에게 말했다. 그러자 인부가 장부를 들고 와서 나에게 확인시켜 주었다.

"여기에 5백 원이라고 되어 있군요."

그 말을 듣고 보니 내가 딱 한 번 5백 원을 헌금한 것이 기억났다. 초신자인 나는 교회만 다녔지 헌금이라는 개념을 모르고 지냈다. 그래서 헌금한 것이라고는 5백 원이 전부였다. 그 말을 듣고 나서 좀 정신을 차려 보니 이 동네 여기저기에 집들을 짓고 있었다. 짓고 있는 모든 집이 지상에서 보던 집과는 비교가 되지 않을 만큼 아름다웠다. 하지만 어떤 집은 매우 크고 화려했고, 어떤 집은 내집보다 조촐했다. 그래서 내가 물었다.

"저 집은 내 집보다 작은 걸 보니 헌금을 5백 원보다 적게 했나 보네요."

인부가 재미있다는 듯이 웃으며 대답했다.

"그렇지 않아요. 저분은 형제님보다 훨씬 많이, 아니 어마어마하게 많이 헌금했어요."

"그래요? 그런데 내 집보다 작단 말요? 거참 의아하네."

인부가 다시 웃으며 대답했다. 이제 보니 인부의 미소가 참으로 멋지다. 하긴 천국에 온 사람이니까.

"형제님은 가진 돈이 없잖아요. 그 가운데 5백 원을 헌금했고, 저 사람은 헌금한 돈과는 비교도 안 되는 돈을 가졌던 사람이오. 그는 가진 것의 극히 일부를 헌금했어요. 하나님께는 큰 돈이나 작은 돈이나 다 똑같아요. 하나님은 돈이 필요한 분이 아니기에 바치는 마음을 보시니까요. 그래서 형제님 집이 더 큰 것이지요."

눈을 뜬 뒤에도 나는 그 사실이 믿기지 않았다. 그때 나는 말씀

세상에서 가장 행복한 장애인 부부

도 잘 모르던 초신자였다. 그래서 이렇게 생각했다. '내가 푼돈밖에 헌금을 안 했는데 그것으로 집을 지어? 도저히 믿을 수가 없다. 그 것으로 무슨 집을 짓는다는 거지?'

하지만 이제는 믿을 수 있다. 예수님께서 보리떡 다섯 개, 물고 기 두 마리로 오천 명을 먹이셨는데 그것을 못하시겠는가? 물론 나는 그 환상을 본 이후로 최선을 다해 헌금 생활을 했다.

예수님이 재림 때 구름 타고 오신다고? 그것도 도저히 믿을 수 가 없었다. 저렇게 약한 구름을 어떻게 타고 오시냐고. 그런데 지금 은 믿을 수가 있다. 내 딸이 일본으로 이민 가기 전, 아버지 어머니 구경 한번 시켜 준다고 제주도를 보내 준 적이 있다. 그때 처음 비행 기를 탔는데, 그 거대한 기계가 하늘로 쭉 올라갔다. 비행기에서 내 려다보니 우리 사는 곳이 굉장히 아름다웠다. 게다가 발아래에는 구름이 마치 융단처럼 펼쳐져 있었다. 바로 그때 믿었다. 예수님이 저 구름 타고 오는 게 틀림없구나. 그렇게 믿어졌다.

어느 날 교회에서 기도하는 중에 이런 음성을 들었다.

"하, 도둑놈, 도둑놈."

그래서 내가 무슨 도둑놈이냐고. 예수 믿는 사람이 무슨 도둑질 을 하겠느냐고. 무슨 도둑질을 했기에 도둑놈이라고 하느냐고 물었 다. 그랬더니 "예끼, 이놈아 너 삼천 원 도둑질 안 했냐?" 그런다.

그 말을 듣고는 그냥 확 꼬꾸라졌다. 내가 십일조 안 한 삼천 원 을 말한 것이다. 그때는 교회에 나온 지 벌써 꽤 됐을 때다. 아마 그때 내 나이 서른일곱 살인가 그랬다. 그 말을 들은 이후로 나는 절대로 십일조를 거르지 않는다.

장사를 하던 때에는 꼬박꼬박 십일조를 할 수 있었다. 그 이후로는 일정한 수입이 없어도 건건이 십일조를 한다. 나에게 누군가 용돈을 주어도 십일조를 한다. 형제들이 주기도 하고 지방자치 단체나 나라에서도 돈을 준다. 또 지인들이 오며 가며 돈을 주기도 한다. 그 돈은 사실 큰 액수가 아니지만 그 모든 돈에 대해 십일조를 뗀다. 그렇게 십일조를 떼니 더 이상 도둑놈 소리 안 듣고 산다.

올해 내 나이는 71세, 내 아내는 67세다. 나는 안수집사, 내 아내는 집사다. 내 나이 29세인 1970년도부터 예수를 믿었다. 내가 다니는 교회는 1943년에 세워졌다. 당시 교회에는 나 외에 사람이 거의 없었고 어르신도 없었다. 그러다 차츰차츰 교인이 늘었고 식구도 많아졌다.

앞서 말했듯이 우리 부부는 장애인이다. 나는 어려서부터 다리를 못 썼고, 아내는 국민학교 때 뇌염모기에 물려 장애인이 되었다. 또한 나는 글을 못 읽고, 아내는 말을 잘 못한다. 우리 부부는 세상 어디에서도 환영받을 만한 사람이 아니다. 우리 같은 사람을 부르셔서 환영하시고 자식으로 인정하시고 구원하실 분은 예수님밖에 없다.

내가 돌 전후로 까딱까딱 일어서려고 할 때쯤 설사병을 앓았다.

무려 석 달을 앓으면서도 곧 낫겠지 싶어서 병원에는 가지 않았다. 또 설령 병원에 가려 해도 마땅한 병원을 찾기 힘든 시대였다. 게다가 내 고향은 섬이어서 병원을 찾기가 더 어려웠다. 그렇게 석 달을 앓고 난 끝에 항문에서 양초같은 것이 나오더니 설사가 끝났다.

당시 아버지가 나를 업고 다니던 기억이 어렴풋이 떠오른다. 아무리 일으켜 세우려 해도 안 되어서 힘이 나면 걸을 수 있겠거니 싶어 인삼을 달여 먹이기도 했단다. 그러나 결국 다리에 힘을 얻지 못해서 이렇게 주저앉고 말았다. 청년 때까지는 다리를 많이 절면서도 소에게 풀도 먹이고, 바다에서 바지락도 캐고, 낙지도 긁고 그랬는데 나이 먹으니 꼼짝을 할 수 없다.

나는 마흔세 살에 아내를 만났다. 결혼한 이듬해, 내 나이 마흔넷에 딸이 하나 생겼고, 이제는 그 딸이 시집을 가서 손주까지 생겼다. 딸은 지금 스물일곱 살이다. 내 딸은 공무원이었는데, 지금은 사위와 함께 잠깐 일본에 가 있다. 딸도 손주도 얼마나 예쁜지 모른다.

우리는 집사님들의 도움으로 결혼했다. 전남 무안군 해제가 고향인 내 아내는 전라북도 부안에 있는 기도원에서 종지기를 하고 있었다. 그러던 어느 날 우리 교회 집사님들이 기도원에 갔다 와서 내 형제들에게 혼담을 꺼냈다. 그리하여 해제로 가서 수소문해 보니 아내의 남자 형제 셋과 어머니가 살고 있었다.

나의 형제들이 찾아가서 자초지종을 말하자 그쪽 가족들이 깜짝 놀랐다. 장애가 있는 여자와 어떻게 결혼을 하느냐고. 그러자 형제들이 내 상황을 설명하며 서로 짝이 되면 좋겠다고 설득했다. 처가 식구들도 어차피 내놓은 자식이었기에 결혼을 쉽게 허락했다. 그리하여 나는 휠체어를 탄 채 교회에서 간단히 결혼식을 올린 후 이렇게 아내와 함께 살고 있다.

처가 식구들은 아내가 뇌염에 걸리면서부터 교회에 나갔다. 9남매 중 몇 명만 빼고 다 믿는다. 아내는 아홉 살 때 뇌염모기에 물려 뇌염에 걸리고 말았는데, 그때 몸이 마치 삶은 것처럼 열이 나서 곧 죽게 될 것이라고 했다. 실제로 뇌염에 걸리면 상당수가 죽었다. 흔한 말로 뇌염을 척추가 서는 병이라고 한다. 뼈가 굳어져서 앞으로 엎드릴 수가 없게 되며, 온몸이 마치 장승처럼 딱딱하게 굳는다.

뇌염으로 인해 아내는 거의 실어증에 걸렸다. 그래서 일상적인 의사소통이 불가능할 만큼 말을 잘 못한다. 뇌의 기능도 절묘하다. 뇌염에 걸리기 전까지의 일만 기억하는 것이다. 그 이전의 일은 아주 자세히 기억하는데 그 이후 일은 거의 기억하지 못한다. 뇌염에 걸리면 지금까지 기억된 것들 외에는 더 이상 기억하지 못하도록 뇌의 일정 부분을 지워 버리는 모양이다.

이처럼 아내는 말도 못하고 기억도 못하지만 하나님은 우리에게 은혜를 베푸셨다. 그 은혜로 우리 딸은 훌륭하게 성장했다. 정말 큰 하나님의 은혜다. 남들은 뼈저리게 못 느끼겠지만 우리는 딸을 생각할 때마다 하나님께 얼마나 감사한지 모른다. 우리같은 부모 밑에서 자라며 딸이 참 많이 힘들었을 것이다. 그러나 힘들다는 내색도 않고 잘 성장해 줬다. 아내는 많은 것을 다 잊으면서도 우리 딸만은 잊질 않는다. 손주도 잊질 않는다. 하나님이 자녀를 주실 때 우리에게 책임지라고 보내셨기에 자녀와 핏줄만은 잊질 않는 것 같다.

장모님은 아내를 도저히 키울 수가 없어서 기도원에 보내고 얼마씩의 생활비를 드렸다. 그러나 장모님이 연로하여 생활비를 더 이상 보내지 못할 무렵 내가 아내를 데려왔다.

아내가 기도원에서 끼니마다 종치는 일을 했듯, 나도 교회에서 종을 쳤다. 그러니 둘 다 종지기로서 만난 셈이다. 종치는 일은 참 중요하다. 지금은 종치는 소리가 시끄럽다고 해서 종을 치지 않지만, 새벽마다 울리는 종소리가 바다 물결 위에 울려 퍼지면 얼마나 은혜가 되는지 모른다. 당시에는 믿는 사람이나 믿지 않는 사람이나 모두 새벽종 소리에 잠에서 깨어났다. 그래서 그때는 누구나 종소리를 탓하지 않았다. 그런데 이제는 사람들이 사는 게 편해져서 그런지 종소리가 시끄럽다고 한다.

아내의 형제 관계는 아들 넷에 딸 다섯이다. 우리 집은 열 명 중 칠남매만 남아 있는데, 아들 둘에 나머지는 모두 딸이다. 남동생은 근처에 살지만 누이들은 모두 다 밖으로 나갔다.

이제 나는 아무 일도 못한다. 그리고 내 아내도 일을 할 수 없는 처지다. 아내가 네 살 때, 선반에 올려놓은 고구마를 빼먹다가 다치는 바람에 팔이 휘어져 버렸기 때문이다. 아직도 살 날이 남아 있으나 걱정하지 않는다. "지금까지 지내온 것 하나님의 은혜라" 지금까

말보나 예수

지도 살게 하셨는데 남은 날인들 어떠랴? 지금까지 살려주신 것만
으로도 감사하다. 또 이 세상이 끝나면 천국에 5백 원으로 지은 내
집이 있으니 무슨 걱정인가?

우리 부부는 장애가 있기에 평생 먹고사는 일이 힘들었다. 그래
서 어느 날은 내가 이렇게 기도했다.

"하나님, 형제들은 분깃이 있는데 왜 나는 없습니까?"

그러자 음성이 들렸다.

"성미 먹고 살아라."

논이라고는 한 마지기도 없는 우리 섬에서 어떻게 성미를 먹고
사느냐고 물었다.

"믿는 사람이든 안 믿는 사람이든 다 너의 아우니까 늘 그들을
위해 기도해 주어라."

그래서 말씀에 순종하여 동네 사람들을 위해 열심히 기도했다.
그랬더니 얼마 후부터 옷 갖다 주는 사람, 쌀 갖다 주는 사람, 반찬
갖다 주는 사람, 도배해 주는 사람, 별 사람이 다 생겼다. 그 과정에
서 정말로 하나님이 나를 눈동자처럼 돌보신다는 사실을 체험했다.

우리 교회에 장로님 두 분, 권사님 여섯 분이 생겼다. 그리고 원
래는 안수집사가 없었는데 내가 안수집사로 세워졌다. 아무것도 없
는 나를 그렇게 세워 주신 교인들과 하나님께 감사드린다. 장로님
권사님들의 신앙 연수는 나와 비슷하다. 장로님 한 분은 원래 이곳

에 사셨고, 다른 한 분은 다른 곳에서 오셔서 선재 주민이 되었다.

교회에 장로님이 한 분도 안 계실 때, 나는 우리 교회에 장로님 오게 해달라고 하나님께 기도했다. 그 기도의 응답으로 초등학교 교장이신 김윤식 장로님이 오셨다. 한동안 그분이 교회 장로님으로 섬기다 가셨는데, 그분이 가시고 나자 교회가 또 허전해졌다.

그분 가신 얼마 후 내가 꿈을 꿨다. 꿈속에서 아주 실한 나무를 쭉 심었는데, 동네 뒤의 나무들이 쭉쭉 자라났다. 그런데 그중 튼튼하고 귀한 나무 하나가 아주 잘 자랐다. 그 나무들이 바로 성도들이고, 그중 특히 잘 자란 나무가 바로 새 장로님을 상징한 듯하다.

내가 안수집사가 될 때에도 꿈을 꿨다. 사람들이 아주 크고 흉악한 돌을 교회 마당에서 닦고 조각을 하고 있었는데, 그 흉악한 돌을 자세히 들여다보니 그 돌이 바로 나였다. 사도 바울의 고백처럼 죄인 중의 괴수가 바로 나다. 하나님께서 흉악하고 부족한 나에게 앞으로 이 교회에서 훈련받고 다듬어지라고 가르쳐 주셨다.

한번은 우리 교회에서 부흥회를 했는데 성령이 임재했다. 성령이 무엇이고 세례가 무엇인지에 대한 부흥 강사의 설교를 궁금증에 사로잡혀 듣고 있던 중이었다. 그때 갑자기 강대상 쪽에서 바람이 휘 불더니 나를 탁 치고 지나갔다. 그 바람을 맞고 내가 넘어졌는데, 나중에 목사님께서 바람같은 성령이 임했다고 가르쳐 주셨다.

그 후로는 묘하게도 여름 한 철 겨울 한 철 꼭 성령의 역사가 일어난다. 여름과 겨울, 어느 날 정오나 자정이 되면 성령이 나를 부르신다. 어느 여름에는 아주 찌는 듯한 삼복더위가 이어지는 가운데 잠을 자던 중에 문득 교회에 가야겠다는 생각이 들었다. 그런데 교회에 가니 너무 추워서 견딜 수가 없었다.

그와 반대로 어느 겨울에는 자다가 성령의 부르심이 느껴져서 교회로 갔다. 교회까지 불과 몇 걸음도 안 되는 길을 가는데 겨울 바닷바람이 살점을 도려 낼 듯이 매서웠다. 그러나 교회에 들어가 기도를 하자 살이 뜨거워서 다 타들어 갈 듯했다. 교회 바깥에는 맹수같은 추위가 으르렁대는데 난방도 하지 않은 교회가 불같이 뜨거운 것이다. 더워도 너무 더워서 한참을 허덕이며 기도를 하는데 끝내 견딜 수가 없었다. 결국 얼른 집으로 돌아와서 항아리에서 찬물을 퍼다 온몸에 끼얹었다. 쉽사리 열이 가라앉지 않아서 이번에는 때수건으로 밀기까지 하면서 바가지로 물을 퍼서 끼얹었다.

우리 교회에는 목사님들이 종종 휴가를 오신다. 서울과 가까운데다 경치도 좋으니 바쁜 목사님들이 휴가를 하기에는 안성맞춤인 것이다. 한번은 여름에 우리 교회에 오신 목사님들께 그런 경험을 이야기했더니 그중 한 목사님이 이렇게 말씀하셨다.

"집사님, 대단한 경험을 하셨네요. 성령님을 만난 사람이 참 드문데 집사님은 불성령 물성령 모두 받으셨으니 얼마나 귀한가요."

불세례와 물세례를 받을 때가 아내를 맞이하고 2, 3년이 지난 후였다. 그 무렵 어떤 부흥 강사 목사님이 나를 보시더니 앞으로 큰 사람이 될 거라고 자꾸만 말씀하신다. 나는 그 말이 믿기지 않았다.

내가 지식이 있나, 잘난 게 있나, 건강하기를 하나, 그 무엇 하나 내놓을 것 없고 내세울 것도 없는 사람이다. 부흥 강사의 말을 들은 후 기도 중에 혼잣말로 중얼거렸다. '내가 무슨 큰 사람이 되겠어?' 그랬더니 하나님께서 나에게 크고 아름다운 시온산성을 보여 주셨다. 그곳에 내가 있는 모습을 환상으로 보면서 부흥 강사의 예언이 거짓이 아니라고 생각하게 되었다.

이제는 나이도 먹고 신앙생활도 오래 하다 보니 믿기지 않는 것이 없다. 예수님께서 도마에게 나타나 증거를 보여 주신 것처럼 나에게도 그렇게 하나하나 다 보여 주시고 확인시켜 주셨다. 의심 많은 나에게 의심하지 말라는 것이다. 그러다 보니 이제는 하나님이 부르면 언제든지 기쁘게 갈 수 있는 마음의 준비가 되어 있다.

교인들은 늘 내 생활을 도와주고 은혜를 많이 베풀었다. 그럼에도 교인들과의 갈등이 아주 없을 수는 없다. 우리 사이에는 먹구름이 들거나 안개가 낄 때도 있다. 성도 사이에는 당연히 분쟁이 일어날 수 있다.

언젠가 다른 교회 권사님 한 분이 우리 교회로 왔다. 그분은 우리 교회에 등록하고 가끔 얼굴만 비쳤다. 그날은 바닷물이 끓어오를 듯 무척 더운 여름이었다. 그날 아내가 바다에 가서 일을 하다가 땀을 뻘뻘 흘리며 돌아왔다. 집에 선풍기가 없어서 아내더러 누우라고 하고 내가 부채질을 해주었다. 그런데 부채질할 때마다 치마가 날려서 내가 손으로 치마를 덮어 주며 부채질을 했다. 바로 그때 그 권사님이 우리 집 앞을 지나가다가 우리 부부의 모습을 봤다. 내가 다른 여자도 아니고 내 아내 부채질 해주다가 치마가 날려서 손으로 가려 준 게 흠잡을 일은 아닐 텐데 그 권사님이 이 일을 사방에 이야기하는 바람에 그게 분쟁의 씨앗이 되었다. 그럴 때면 나는 그저 기도한다. 그러면 성령님이 그 권사님과 나 사이에 긴 안개를 확 날려 버리신다.

또 장로님과의 사이에 안개가 끼는 일도 있다. 서로 아무 잘못이 없는데 어딘가 모르게 불편할 때가 있는 것이다. 문제가 누구에게 있든 무언가 불편함이 느껴질 때 나는 기도한다. 안개가 끼었는데 어떻게 하면 좋으냐고. 그렇게 기도하면 성령의 바람이 안개를 확 날려 버린다. 그러면 바로 관계가 좋아진다.

한편 목사님과의 관계에서도 구름이 낄 때가 있다. 나는 글을 못 읽어서 찬송가를 다 외워 불렀는데 목사님이 오셔서 찬송가를 다 바꾸어 버리셨다. 다른 교인들이야 큰 어려움이 없겠지만 나이 많고 글 못 읽는 나에게는 쉽지 않은 문제다. 그래서 기도한다. 먹구름을 어떻게 할까요? 이렇게 기도하면 성령의 바람이 확 불어오며 목사님과 나 사이에 광채가 난다. 그러면 내가 "아멘, 아멘" 한다. 그러고 나면 목사님과의 관계가 또 좋아진다.

중요한 것은 안개를 걷어 달라고 성령님께 기도하는 것이다. 사람을 원망하거나 탓할 게 아니라 성령님께 해결해 달라고 기도할 때 성령님이 안개건 먹구름이건 다 날려 버리신다.

우리 섬은 원래 바지락 생산지여서 사람들이 바지락을 먹고 살았다. 그런데 시화 방조제를 완공하면서 조력발전을 가동하자 바지락이 안 되기 시작했다. 바다의 밑바닥에는 '쑥'이라는 것이 있다. 바로 이 쑥이 바지락이 살 구멍, 즉 바지락의 집이다. 그런데 시화방조제가 생긴 뒤부터 쑥이 사라져 버렸다. 길 잃은 영혼들처럼 집을 잃은 바지락이 더 이상 살 곳을 잃어버린 것이다. 인간은 집이 없어도 살지만 바지락은 집을 잃으면 곧 죽어 버린다. 그래서 이 섬에서 바지락이 모두 사라져 버렸다.

이로 인해 2007년부터 바지락을 거의 캐지 못했다. 십 년 전, 육지와 섬을 잇는 다리가 생기면서 섬이 육지로 변했다. 그게 무슨 신호인 것처럼 그 뒤로 섬사람들은 고유의 생업을 잃어버렸다. 섬이 육지가 되면서 마을의 큰돈 버는 것은 객지 사람들이 거의 다 차지했다. 마을 사람의 대다수는 바지락을 잡던 추억을 기억 저편에 감춘 채 도로를 닦거나 쓰레기를 줍는 등의 공공근로를 하며 살아간다. 바지락이라는 생명체를 줍다가 쓰레기라는 시체를 줍고 있는 것이 지금의 현실이다.

물론 다리가 생겨서 좋은 점도 많다. 우선 인천에 가서 시장도 보고 놀다 올 수도 있다. 전에는 바람이 조금만 불어도 눈앞에 있는 육지로 나갈 엄두를 못 냈다. 집도 눈에 띄게 좋아졌다. 이제는 거의 모든 집이 양옥으로 바뀌어 함석지붕을 찾아보기 어렵다.

그러나 다리가 생긴 뒤로 사람들 간에 인심이 너무 사나워졌다.

그전에는 동네 사람 모두가 한 가족이나 다름없었다. 원래는 집과 집 사이에 울타리가 없었는데 다리가 생기면서 알게 모르게 울타리가 하나둘 생겨났다. 다들 어느 땅이 내 땅인지 모르고 살았는데, 역시 땅이 변하면 사람들도 변하는가 보다. 그래서 성경에 사람이 죄를 지으면 땅의 축복이 사라진다는 말이 있는 것 아닌가 싶다.

다행스럽게도 성도들에게는 큰 변화가 없다. 영흥교회도 선재교회도 동일하게 성도의 변화는 없다. 우리 교회의 출석 인원은 30명 정도이고, 재적 인원은 50명 정도다. 언젠가 성도 100명이 되면 교회를 이전할 계획이다. 이전을 위해 대부도와 영흥도를 잇는 큰 도로 곁에 땅을 사 두었다. 전체 633평 중 250평은 한 장로님이 기증했고, 나머지 땅은 돈을 지불하여 구입했다.

내게는 성경 지식이 없다. 목사님들이 성경책을 펴들면서 이것을 읽게 해달라고 기도하라고 했다. 그런데 나는 고작 요한복음에서 내 이름 석 자를 찾았을 뿐, 아직도 글은 읽지 못한다. 내가 아는 성경 지식은 모두 들은 것이다. 사람들이 한번 읽고 설명해 주는 내용을 기억하는 것이다. 성경을 과일로 비유하자면, 나는 과일을 못 따 먹는 게 아쉽다. 아마 글을 읽는 사람들은 이해할 수 없을 것이다. 나는 육신이 완전하지 않은 데다 글까지 못 읽으니 영적으로도 완전하지 않다. 다행히도 성도들과 목사님들이 나에게 다양한 영적인 양식을 공급해 준다. 그것이 내가 예배에 빠지면 안 되는 이유다.

나는 매일 먹어야 하는 육의 양식처럼 새벽예배에서 영의 양식을 매일같이 공급을 받는다. 광야에서 받은 만나가 '세상에 이런 것이 - 이것이 무엇인가?'라는 뜻이라고 한다. 나는 그런 마음으로 매일 아침 말씀을 받는다. 매일 새벽기도에 가서 말씀을 들음으로써 과일을 따 먹는 거다. 그런데 대부분은 사람들이 꼭 주일날만 예배에 나온다. 매일같이 영의 양식을 공급받아도 부족한데 그 사람들은 일주일 동안 한 번만 오니 양식을 공급받을 수 없지 않은가? 그게 참 불쌍해서 그들을 위해 기도한다.

개인적인 기도제목이 하나 있다. 하나님이 솔로몬에게 무엇을 주기를 원하느냐고 물었던 것처럼 나에게도 하나님이 무엇이 필요하냐고 물으신 적이 있다. 나에게는 전동압 제어 휠체어가 필요하다. 나이가 들고 근력이 떨어지니 전동압 제어 휠체어가 있었으면 좋겠다. 가격이 80만 원 정도 된다는데 이것이 생기면 나는 완전히 부활하는 것이나 다름없다. 나에게 이것이 생기면 하나님이 나를 이렇게 만드셨다는 것을 자랑하려고 한다.

이제는 양가 어른들도 다 돌아가셨고 우리 부부 또한 나이가 많다. 우리는 이것도 듣고 저것도 들으며 자유롭게 살 수 있는 사람이 아니다. 그래서 사실 세상 소식을 잘 모른다. 그렇기에 나는 세상을 위해 무엇을 기도할지 잘 알지 못한다.

하지만 우리 교회가 18년째 후원하는 미얀마 장세일 목사님을 위해 기도한다. 또 터키의 최미연 선교사님, 요르단 엄기종 선교사님을 위해서도 기도한다. 그분들이 계신 곳에서도 나에게 내린 하나님의 은혜를 체험하는 사람들이 많기를 기도한다.

또 한 가지 소원이 있다. 교회 열심히 다니며 전도도 하다가 시험에 든 성도들이 있다. 그들은 지금 쉴 때가 아니다. 성령 충만해서 세상에 사랑을 전해야 할 때인 것이다. 그들이 어서 돌아오기를 간절히 기도한다.

만일 내가 어린 시절에 신앙생활을 안 했다면 벌써 죽었을 것이다. 내 몸의 장애 때문에 절망감을 느낄 때가 정말 많았다. 욥이 그랬던 것처럼 차라리 죽고 싶을 때도 있었다. 그러나 믿는 이가 이러면 안 된다고 생각했다.

어린 시절부터 내 몸은 내 운명이라고 생각했다. 그러다 예수님을 믿게 되었다. 믿음을 갖자마자 삼 년 동안 다리를 고쳐 달라고 밤이나 낮이나 새벽이나 항상 기도했다. 야곱이 하나님과 씨름했듯이 나는 정말로 3년 동안 하나님의 옷자락을 붙들고 애통하게 기도했다. 그리고 정확히 3년 되던 3월에 응답이 왔다.

"아들아, 그것으로 만족하여라. 너의 삶은 내가 책임질 것이다.

그래서 내가 울면서 물었다.

"무엇을 책임지겠다는 겁니까?"

하나님은 더 이상 답을 하지 않으셨다. 그런데 세월이 흘러 하나님 나라가 가까이 온 지금 돌이켜보면 하나님께서는 내 인생을 털끝 하나 빠뜨리지 않고 다 책임져 주셨다. 내가 굶어 죽기를 했나, 다른 곳이 병들기를 했나, 이 상황에서도 착한 아내와 사랑스러운

딸과 후손을 주셨으니 이보다 더한 축복이 어디 있는가?

하나님이 더 이상 나를 책임져 주시지 않아도 될 만큼 완전하게 돌봐 주셨다. 길쌈도 하지 않고 수고도 하지 않고 창고에 쌓은 것도 없고 은행에 적금한 것도 없는데 이렇게 다 먹고살게 해주신 것이다. 하나님은 정말 내 인생을 완전히 책임져 주셨다!

내 인생에서 가장 행복한 두 가지 사건 중 하나는 하나님을 영접한 날이다. 나를 위해 십자가를 지셨고 나를 위해 죽으신 그 은혜가 가장 감격스럽다. 나를 지으신 이가 하나님이시오 나를 부르신 이도 하나님이셔서 나를 온전히 나 되게 하셨으니 그보다 행복한 일이 또 있겠는가?

두 번째로 행복한 사건은 아내를 만나 귀한 딸 하나를 얻은 일이다. 내 아내는 나더러 너무 자상하다고 항상 자랑한다. 하지만 내가 자상한들 수족이 완전한 사람보다 잘하겠는가? 하지만 하나님이 아내를 통해서 보배로운 내 딸을 주셨으니 그보다 행복한 일이 또 어디 있겠는가?

그래서 나와 우리 아내는 이 찬송을 입에 달고 산다.

"사철에 봄바람 불어 있고 하나님 아버지 모셨으니 믿음의 반석도 든든하다. 우리 집 즐거운 동산이라. 고마워라 임마누엘 예수만 섬기는 우리 집. 고마워라 임마누엘 복되고 즐거운 하루하루."

선재교회는 영흥면에 있는 열두 개 교회 중 유일한 예장 통합 교회였다. 구글 지도를 보며 어느 교회에 가볼까 기도하던 중, 이 마을에 좋은 간증이 있을 거라는 확신을 갖고 선재교회에 전화를 했다. 그런데 아무도 전화를 받지 않았다. 면사무소를 통해 선재2리 이장 전화번호를 얻었다. 그분에게 물었다. 평생 예수 믿어 온 사람을 소개시켜 줄 수 있느냐고.

이 교회에는 더 헌신되고 신앙관이 뚜렷한 분도 계셨다. 하지만 이분들을 만나게 하신 하나님의 뜻이 분명히 있다고 생각한다.

아내인 윤숙자 집사님은 뇌염으로 언어를 잃어 정상적인 의사소통이 불가능했다. 또 근육과 신경이 굳어서 늘 같은 표정을 짓고 있었다. 마치 활짝 웃고 있는 듯한 그 표정만으로 하루 스물네 시간, 일 년 열두 달을 한결같이 살아온 윤 집사님은 앞으로도 동일한 표정을 지은 채 살아갈 것이다.

부부에게 물었다. 언제가 가장 행복했느냐고. 이승복 집사님은 뭐든지 행복하고 사는 게 천국이라고 했다. 가진 것도 없고 건강하지도 않은데 사는 게 천국이라니.

윤숙자 집사님께 다시 물었다. 그래도 언제가 가장 좋았느냐고. 그러자 집사님이 알아듣기 힘든 말로 대답했다.

"살 때."

무슨 말인지 못 알아들어서 되물었다. 딸 생겼을 때가 가장 좋았느냐고. 그러자 손을 내저으며 같은 말을 반복한다.

"언제라구요?

내가 재우쳐 묻자 다시 같은 대답을 한다.

"산 때, 산 때 산 때."

그분은 그 말만을 계속 반복했다. 알아들을 수 없으니 다시 물어야겠는데 마치 내가 고문이라도 하는 것 같아 죄송한 마음이 들었다.

"아, 4학년 때! 사학년 때가 가장 행복하셨다구요?"

집사님은 "아니오"라는 말을 못 하신다. 척추가 굳었으니 고개를 가로저을 수도 없고 입으로도 "아니오"라는 말은 못 하실 테니 부정적인 말은 아예 입에 담지도 못하는 셈이다. 그래도 최선을 다해 또 답을 하신다.

"산 때, 산 때."

참 난감했다. 그래서 잠시 기도했다. '저 말을 이해하도록 지혜를 주십시오'라고. 그 순간 뇌리를 스치는 단어가 있었다. 하나님께서 내 기도를 들으시고 응답을 주신 것이다.

"아, 사는 내내 좋으셨다구요?"

윤 집사님은 크게 뜬 눈을 더 크게 뜨면서 고개를 끄덕거리는 시늉을 한다. 자기 뜻이 통한 것을 기뻐한다는 사실을 알 수 있었다. 뜻이 통해서일까. 그 얼굴에 이루 말로 표현할 수 없는 기쁨과 큰 행복이 그려졌다.

많은 것을 갖고 있는 내 자신, 그러면서도 평생 불평 속에 살았던 내가 다시 한 번 부끄러워졌다. 그분들은 신체가 상했지만 정신이 상해서 살고 있는 나를 다시 돌아보게 된 것이다.

거실 탁자에는 천사처럼 고운 손자의 사진이 놓여 있고, 벽에는 부부의 모습을 표현한 아주 예쁜 캐리커처가 걸려 있었다. 제주도에 갔을 때 그려 온 그림이라는데 색상이 참 화사했다. 어쩌면 이 부부는 저렇게 화사한 옷 한 번 입어 보지 못한 채 살아왔을지도 모른다. 액자 속의 가족 모습은 정말 더할 나위 없이 행복해 보였다.

두 분이 천국 가는 그날까지 그림처럼 아름답고 행복하게 사시길 기도한다.

기름 부은 목회자를
슬프게 하지 말라

김기순 집사 · 1941년생
경북 안동시, 하회교회

"할렐루야! 아멘!"

다리 위에는 아이, 어른 할 것 없이 많은 사람이 있었다. 내가 너무 크게 소리를 질렀는지 주위의 그 많은 사람이 다 나를 쳐다보았다. 나는 그들의 시선에 아랑곳 않은 채 한 번 더 소리를 질렀다.

"아, 여러분! 이번에 제 손자가 전도왕 상을 받았다 카기에 기뻐서 할렐루야 아멘을 했습니대이."

이렇게 다리 위에서 소리쳤더니 사람들이 더더욱 어리둥절해한다. 안동에 가면 달의 그림자라는 뜻의 '월영교'라는 다리가 있다. 최근에 나에게 있었던 일 중에 가장 기뻤던 사건이 바로 그 다리 위에서 일어났다.

자초지종은 이러하다. 내 막내딸이 풍산금속 사무실에서 근무하다가 사위를 만나 결혼했다. 사위가 총각 때 한전에 있으면서 예수를 잘 믿었으니까 내 딸이 시집가도 예수 믿고 잘살 거라고 생각했다. 그러나 시집을 가서 보니 시어머니가 대단한 불교 신자였다. 손자가 태어나자 애를 불교 측으로 끌고 가서 교회를 못 가게 했다. 아이가 일곱 살이 되어 불교 재단에서 운영하는 서라벌 유치원을 보냈다. 아이가 어느 날 숙제라고 하며 반야심경을 외웠다. 그 일로 내 마음이 어려워서 손자와 아이들을 위해서 기도를 많이 했다.

그랬던 손자가 성장하여 해병대에 지원했다. 훈련을 받던 그 애가 휴가를 나왔을 때, 함께 월영교를 건너다가 내게 말했다.

"할머니, 제가 이번에 교회에서 전도왕 상을 받았어요."

의외의 말에 내가 깜짝 놀라서 되물었다.

"지석이 너, 교회 나가나?"

"할머니. 친할머니가 어려서부터 저더러 절에 가라고 했는데, 중학교 때부터 가만히 생각해 보니 제가 왜 할머니 종교를 따라가야 는지 회의가 들었습니다. 그 후 제가 원하는 곳을 선택한 겁니다."

이야기를 들어보니 이미 고등학교 때 열심히 교회를 다녔고, 이후 군대에서도 전도왕 상을 받았다고 한다. 그래서 내가 월영교에서 그렇게 소리를 지른 것이다.

"할렐루야! 아멘!"

하나님께서 손자들을 위한 내 기도를 또 들어주신 것이다. 하나님은 그처럼 72년 평생 내 기도를 들으시고 내가 원하는 것을 주시면서 놀라운 일들을 펼치셨다.

나는 일곱 살 때부터 교회 유치부에 나가서 예수를 믿기 시작했다. 그러다가 당시로서는 이른 나이가 아닌 22세에 결혼을 했다. 그런데 결혼하고 보니 시댁은 믿지 않는 가정이었다. 내 남편은 류성룡 서해 대감의 13대 손이었고 시아버지가 사당의 지킴이었다. 그야말로 완고하게 전통을 지키는 집이었던 것이다. 내가 시집을 가자 시댁 어른들이 불교를 믿지 않고 왜 야소교를 믿느냐며 핍박했다.

처음에는 하회마을 안에서 살다가 다시 바깥으로 이사를 갔다. 시장 거리의 집 근처에는 교회가 없고 하회마을 안에 아주 작은 함석집 교회가 있었다. 그곳은 다 무너져 가는 오막살이 교회였다. 당시 교회에는 장로님이 한 분 계실 뿐, 남자 성도 하나 없이 여자 성도만 일곱 명이 있었다.

우리 집 근처에서 2킬로미터를 걸어가면 동네 공회관을 빌려서 예배를 드리는 '고려 청년회 중리교회'가 있었다. 나는 그곳으로 수요일 저녁예배와 주일 낮예배를 드리러 갔다. 이곳은 6·25동란에 피난민들이 모여 이룬 시장이라 팔도 사람들이 다 모였다.

그렇게 교회 없이 예배를 드리던 중에 직물 회사를 운영하는 집사님 한 분이 시장에 왔다. 그분은 팔도에서 온 믿는 사람이 많은데 교회가 없어 안타깝다며 자기가 개척하겠다고 나섰다. 조그만 벽돌을 쌓아서 교회를 짓는데, 그 소문을 들은 믿는 사람들이 너나없이 전부 벽돌 한 장씩을 들고 날라서 초가삼간 같은 교회를 지었다.

영덕에서 포항 가는 길에는 '죽산'이라고 대나무 많은 곳이 있

기름부은 목회자를 슬프게 하지 말라

다. 그 지역의 죽산교회에서 홍정숙이라는 여자 전도사님이 중리교회에 오셨다. 그분에게는 성령의 임재가 대단했고 신유의 은사도 있었다. 그분이 손을 얹고 기도하면 불신자조차도 아픈 곳이 나았기에 그 이적과 기사를 보고 교인들이 마구 불어났다. 중리교회가 성장하는 동안 우리 하회교회는 정체됐다. 그러나 이적과 기사 체험으로 하나님을 믿게 된 사람들은 금방 믿음이 식는다. 그래서 홍정숙 전도사님이 가신 이후 중리교회는 약해졌다. 하지만 헌신이 있는 교회는 오래 간다. 그래서 하회교회는 지금도 여전히 든든하게 서 있다.

내 친정은 영주다. 친정집은 살림이 넉넉하여 당시 풍산에도 너마지기 800평 논을 얻어 놓았다. 내가 안동여중을 다녔는데, 그때에는 잘사는 집이나 학교 공부를 시킬 수 있었다. 그런 집안에서 성장한 나는 배고픔이 뭔지를 모르고 자랐다.

그러나 시댁은 형편이 너무 어려웠다. 시집가서 나는 드디어 배고픔을 알게 되었다. 내가 경제적으로 힘들어하자 친정에서 나에게 돈을 줬다. 그 돈이 쌀로 치면 일곱 가마에 해당하는 돈이었다. 나는 그 돈을 가져다 감추고 지냈다. 그때에 동서가 세상을 떠나고 새 동서를 맞았다. 그분은 계를 하다 오신 분이었는데 내 돈이 모두 동서가 일수하는 밑으로 들어가 버렸다.

그 무렵, 당시로서는 엄두도 낼 수 없는 엄청난 금액인 5억 7천만 원짜리 양수장 건설 사업이 있었다. 그 공관의 소장이 뇌일혈로 쓰러졌다. 그 부인이 급히 병원에 가면서 동서를 통해 내 돈을 빌려 갔다. 그러나 돈을 빌려간 이분이 종무소식이고 찾으려 해도 찾을 수가 없었다. 결국 나는 그 돈을 고스란히 날려 버렸다.

그 일이 너무 억울해서 교회에 가서 울며 기도했다. 그 누구에게 도 이 말을 꺼낼 수 없었다. 하도 울기만 하고 먹지를 않으니까 나 중엔 폐결핵 환자처럼 바짝 말랐다. 모두가 걱정하며 병원에 가라고 했으나 그것은 그냥 마음의 병이었다. 그때가 스물다섯, 하회마을 종합식품이라는 회사가 있는 자그마한 동네인 이동이 풍산 류씨 집 성촌인데 우리는 그 마을에 살았다.

없어진 건 어차피 없어진 것, 그냥 잊어버리기로 했다. 돈을 잃고 앓아누운 지 삼사 년이 지나 내가 새마을 부녀회장이 되었다. 그 무 렵 기도를 하면 늘 이런 음성을 들었다.

"네가 땀 흘리지 않은 돈, 수고하지 않은 돈은 다 헛되다."

그때부터 '어차피 내 것이 아닌 것 가져갔으니 그들이 잘 살겠지, 잘 살다가 잘되면 찾을 수도 있겠지' 이렇게 잊어버리고 오늘에 이 르렀다. 물론 돈이 돌아온 건 아니지만 내가 하나님 안에서 더 굳건 히 서게 되었다. 그동안 5남매를 키우고 자녀 유학을 보내면서도 돈 한푼 남에게 빌리러 간 적이 없었다. 예수 잘 믿는 비결은 남에게 꾸지 않고, 없어도 남에게 후히 베푸는 아름다운 마음임을 상기하 면서 살았다.

부녀회장이 된 후 새마을 교육에 몸담고 열심히 일한 결과, 적십자 유아원에서 18년 동안 아이들을 돌봐 주게 되었다. 적십자 유아원은 7세 미만 아이들을 돌봐 주는 것은 물론 농번기에는 탁아소 역할도 했다. 그러자 도에서 보모 자격을 줄 테니 어린이집을 해보라고 했다. 지금이야 어린이집을 하면 정부에서 예산을 충당해 주지만 그때는 돈이 많이 들었다. 나는 돈이 없으니 할 수가 없어서 다른 지역에 주라고 양보했다. 지금 풍산에 가면 초롱 어린이집이 있는데 그게 원래 우리 동네에 떨어질 몫으로 나온 어린이집이다.

탁아소를 하고 유아원을 하는 동안 급식일지를 써서 식품의 영양 분석을 했다. 무려 18년을 쓴 덕에 중앙 정부로부터 급식일지 상을 받았다. 그러고 나니까 진흥청에서 나에게 원고를 맡겼다. 그래서 내가 5년 동안 원고를 써서 영양 계산 연수원에 제출을 했다.

하나님은 내가 할 수 있는 일을 주시고, 그 일들 속에서 내 존재를 느끼게 해주셨다. 꼭 교회 일만 하는 것이 아니라 그리스도인으로서 사회에서 더 영향을 미치게 했다. 나는 탁아소 어린이들을 돌보면서 하나님 나라를 전파하고 예수님의 사랑을 전했다.

그러다 1978년에 중리교회 장로님이 나더러 하회교회로 가라고 했다. 하회교회에는 주일학교 인도할 사람도 없이 노인들만 있다며 반주자도 찬송 인도할 사람도 없으니 거기로 가라고 권했다. 그때 하회교회로 옮겨 가서 교역자로 오신 전도사님들과 목사님들을 모시다 보니 오늘 이 순간이 되었다.

열두 가지 재주에 저녁거리 없다지만 내게는 하나님이 참 많은 재능을 주셨다. 새마을 교육 분임 토의 시간에 문제점과 해결 방안 등을 나눌 때, 내가 필체가 안 좋은데도 딴 사람 다 제치고 회의록을 썼다. 내가 무모해서 그런 걸까, 재주가 있어서 그런 걸까. 아무튼 그런 일들은 내 몫이었다.

또 나는 전통 한과도 만든다. 주로 잔치 음식에 쓰이는 한과를 맡아서 만드는데, 그러려면 매일 손을 사용해야 한다. 그런데 최근에 자동차 문에 내 손이 끼면서 신경에 문제가 생겼다. 그래서 이제는 글쓰기도 어렵고 한과도 만들 수 없다. '하나님이 여러 가지 하지 말고 한 가지만 하라고 이렇게 하셨는가' 하며 웃기도 한다.

매해 6월에는 농촌 복음화를 위해서 농촌 선교회가 열린다. 언젠가는 충정로 농협 본부에서 열렸는데, 작년에는 수원 제일교회에서 열렸다. 전주의 바울교회라는 곳을 가보니 거기 주차장이 얼마나 넓든지…… 안동 지역에서도 전국대회를 한번 열어야 하는데 몇천 명 수용할 공간이 없다.

내가 삼십 년간을 농촌 선교회에 다녔는데, 올해 30년사를 출판한다며 거기 편집위원들이 내게 전화를 했다. 그래서 서울 사당동 운암빌딩 3층에서 대표 장로님을 만났다. 그 장로님이 원고를 달라고 했는데 나는 컴맹이어서 그냥 자필로, 급식 일지 쓰듯이 줄줄이 두 장을 써서 보냈다.

이처럼 나는 이런저런 일을 미완성으로 많이도 했다. 어떻게 보면 마당발이고 어떻게 보면 한 우물을 못 판 것이지만 인간은 어차피 완성품이 아니니까, 그만한 재주를 주신 것만으로도 하나님께 감사하다. 그런 일들을 하면서 전도한 사람들도 꽤나 많으니까 하나님이 나에게 그런 기회를 주신 것 아닐까 싶다.

나는 예수를 믿으면서 정말로 하나님이 살아 계심을 체험했다. 내 자녀는 1남 4녀로 아들이 막내다. 내 셋째 딸이 아홉 살, 초등학교 2학년 9월에 뇌염에 걸렸다. 그 당시만 해도 뇌염이 오면 십중팔구 죽거나 식물인간이 되었다. 뇌염은 열로 온몸이 떨리고 척추가 굳어지는 병이어서 뇌염이 오면 애를 업어도 애가 등에 붙질 않아 뒤로 획 넘어간다. 애가 하루 종일 열이 나고 온몸이 불덩이가 되어서 감기인 줄 알고 병원에 데려갔더니 뇌염이란다. 뇌염이 왔을 때는 '콘트라'라는 주사를 보통 한번에 20밀리리터씩 맞는다. 그런데 우리 딸에게는 한번에 200밀리리터를 놓았다. 그러나 두 시간을 놔도 약이 들어가질 않았다. 결국 주사 놓기를 포기했다. 이제는 안 된다고 따뜻한 방에 가서 잠이나 재우자고, 죽으면 죽고 살면 사는 거고 다 하나님의 뜻이지, 그러면서 아이를 업고 집으로 돌아갔다. 포대기에 업고 오는 길에 잠시 쉬려고 애를 내려놓았는데 애가 뒤로 꼴딱 자빠져 넘어간다. 그때 보건소 기동반이 와서 말을 붙였다.

"아주머니, 애가 뇌염이라 그랍디까?"

"네. 그렇다 카네요."

"콘트라 주사를 놨습니까?"

"놨어요. 200을 놓는데 두 시간을 놔도 안 들어가이께네 포기하고 그냥 방에 재우기나 할라꼬 데리고 갑니대이."

"그라모 집으로 가지 말고 우리를 따라갑시대이."

"어디로 간다 말입니꺼?"

내가 미처 대처할 틈도 없이 애를 빼앗아 가지고 차에 올려놓기에 할 수 없이 그분들을 따라갔다. 그렇게 보건소로 가서 일주일을 치료를 해도 차도가 없었다. 아이는 점점 고통스러워했다. 장정 세 명의 의사가 누르고 한 사람이 주사를 놓으려고 해도 초등학교 2학년 여자아이를 못 이겨 냈다. 몸에서 하도 열이 나니까 아이가 견디지를 못했다. 뇌염으로 실어증에 걸린 탓에 아이는 아파도 아프다는 말도 못한 채 끙끙대기만 했다. 그래도 안 되니까 요즘으로 치면 도립병원, 그때는 의료원인데 그곳에 애를 집어넣고 감금을 했다. 뒤쪽에 감금을 해서 2주를 보냈으니, 보건소에서 1주, 감금방에 2주, 합해서 3주를 인사불성인 상태로 보낸 셈이다. 결국 병원에서 손발을 다 들었다. 그러면서 이 애는 더 이상 우리 힘으로 안 될 것 같으니 까만 커튼을 치고 암실에서 사십 일 기한을 정하고 생명만 보존하자고 했다.

그래서 내가 기도를 했다.

"지는 재력도 튼튼하지 않아서 아이를 어떻게 할 수가 없습니다. 어딜 데려갈 수도 없고 여기 있어도 안 되니께네 따뜻한 방에 가가 내 품에서 잠이나 재우겠습니다. 지는 아를 업고 갈랍니대이."

그렇게 기도하고 아침에 병원을 도망쳐 나왔다. 의사들이 식사하는 틈에 아이를 가만히 싸서 업고 나온 것이다. 병원에서 정류장까지는 약 2킬로미터쯤 됐다. 혹시나 눈에 띨까 봐 돌아 돌아서 정거장으로 가고 있는데 "풍남국민학교 2학년 유향 학생, 뇌염이 남았는데 도망갔습니다"라는 방송이 나오며 소독차가 거리로 나왔다. 그 소독차가 나를 발견하고는 내 뒤에 분무기 약을 마구 뿌려 댔다. 삽시간에 온 시가지가 떠들썩해졌다. 버스에 오르니 아무도 내 가까이에 오지 않았다. 사람들은 뇌염이나 죽음도 전염되는 거라고 착각하는지 다들 나를 피했다.

그때 한 50대로 보이는 여자 한 분이 다가왔다. 비녀를 얌전하게 지른 분이었다.

"아주머니, 그러지 말고 아를 내려 보세요."

"지금 방송 나오지 않습니까? 애가 뇌염이라고 하지 않습니까? 아아가 뇌염입니다."

니는 내려놓기 싫어서 그렇게 말했다. 3주가 넘도록 병원에 있으면서도 손을 못 쓴 아이다. 그래도 그분이 다시 한 번 권했다.

"그냥 여기 한 번 내려 보세요."

이래도 저래도 안 되는 것 한 번 더 내려놓는다 한들 더 잘못될 것은 무언가 하는 생각이 들었다. 그것은 하나님이 주신 생각인지도 몰랐다. 그래서 내가 아이를 내려놓았다.

"야를 좀 잡아 보세요."

그러고선 주머니에서 침을 내더니 침으로 아이의 미간과 몸 여기저기를 찔러 대었다. 그분이 열 손가락 열 발가락을 다 찌르는데 마치 분무기로 물을 뿌린 듯이 하얀 물방울이 아이의 온몸에 서렸다. 그러자 그동안 말을 못하던 아이가 입을 열었다.

"엄마, 엄마. 여기저기가 아퍼."

이러는 것이다. 그 말을 하는 동시에 그렇게나 굳어졌던 애의 몸이 앞으로 푸욱 숙여졌다.

"이제 됐으니까네 따뜻한 방에 누이고, 파뿌리하고 보리 싹을 달여서 아를 먹이세요. 그라고 한약방에 가서 의원을 불러다가 침을 맞게 하세요."

나는 너무 정신이 없어서 그분에게 감사 인사조차 제대로 하지 못한 채 그 길로 애를 업고 와서 따뜻한 방에 뉘었다. 그런 다음 보리 싹을 씻고 파뿌리와 함께 달여서 아이에게 먹였다. 아이가 그날부터는 업어도 등에 잘 붙어 있으니까 버스를 탈 수가 있어서 그분 말대로 한약방을 찾아갈 수 있었다.

다음 날, 고민 끝에 행춘당 한의원으로 갔다. 원장이 내 고향 영주 사람이었다. 애가 뇌염이라고 하니 약 두 첩을 먹이고 재탕까지 먹이면 말문이 온전히 열릴 것이라고 했다. 아이가 말문도 막히고 손발도 굳은 상태였는데, 재탕까지 먹이고 이틀간 침을 놓으니 정말로 다리를 오그렸다 폈다 했고 말문도 열리기 시작했다. 사흘 째 되는 날 내가 물었다.

"향아, 네 학교 교장 선생님 성함이 뭐꼬?"

그러자 대답을 하는 것이다. 아이가 그렇게 나왔다. 그 뒤로 뇌염을 나처럼 고쳤다는 말은 다른 사람에게서 들어보지 못했다. 병원에서도 포기한 내 아이를 하나님이 살리신 것이다. 하나님이 정말로 살아 계셔서 내 기도를 들어주셨다. 그 여자분은 틀림없이 하나님이 보낸 천사였을 것이다.

내 딸을 통해 그런 체험을 한 뒤, 남편이 치유되는 체험도 했다. 남편이 약주를 마시다 중풍을 맞았는데 기도로 고친 것이다. 남편은 8년 전에 먼저 부름을 받았고 지금 나는 혼자 산다. 내가 어려움을 당할 때마다 하나님이 내 기도를 들으시고 극복하게 하시니 그 하나님을 따르지 않을 수가 없다. 나는 어떤 환난을 만나고 비바람과 역경을 만나도 하늘나라 갈 때까지 내 자리를 지킬 것이다.

나는 믿지 않는 시댁에 시집와서 예수를 믿으며 정말 핍박을 많이 받았다. 셋째 시숙모님과 넷째 시숙모님이 야소교를 말도 못하게 비방했다. 아예 야소교 욕을 입에 달고 살았다. 그분들은 나더러 왜 그리 안 되는 쪽으로만 가느냐고 했다. 야소교 믿지, 전국으로 새마을 연수원을 누비지, 유아원 선생한다고 하지. 넌 왜 그리 돈도 안 생기는 봉사만 하냐고.

내가 자원봉사를 시작한 지 올해로 29년째다. 내년이면 30년을 채우는데 내 자녀들이 그렇게 말한다. "어머니, 이제는 봉사지 장님인지 그만하세요"라고. 하지만 난 아직도 건강하고 할 수 있는 일이 많으니까 그만둘 생각이 없다.

결혼 초기에 시아버지가 남편에게 내가 교회에 덜 나가도록 부추겼다. 그래서 남편이 주일에는 성경을 감추기도 했다. 그게 여간 불편하지 않았으나 다른 집에 비하면 약과였다. 다른 집은 예수 믿는다고 때리기도 하고 핍박도 심했다. 하지만 우리 시댁은 양반댁이라 욕하고 때리지는 않았다. 극심하게 반대하지 않은 것만으로도 그것은 사실상 구속이 아니었다. 당시로서 나는 자유인이었다.

나는 이 가정에 자발적으로 시집온 게 아니었다. 원래 나는 이상과 기대가 커서 결혼보다는 내 미래에 할 일에 관심을 두었다. 그런데 집안 친척 어른과 내 시아버지가 서로 가까워지면서 당신들끼리 혼인을 정해 우리 집에 왔다. 나는 생각지도 기대하지도 않은 결혼 이야기에 펄쩍 뛰었다. 죽는 한이 있더라도 시집가지 않겠다고 서속밭에 사흘 동안 숨어 집에 안 들어가다 결국은 끌려가고 말았다.

원하지도 않는 혼인을 한 뒤 복 없는 여자라는 억울한 구설까지 들었다. 당시는 결혼 후 3년 안에 안 좋은 일 일어나면 새색시 복 없다는 말을 듣는 때였다. 집안에 일어나는 액운이 전부 새사람 탓이라니, 그렇게 억울할 데가 없지만 하소연할 곳도 없었다. 사연인즉 내가 결혼한 직후 동서가 아이를 낳다가 죽었고, 내가 온 지 3년 만에 시어머니마저 돌아가시니까 그 흉한 소리를 다 들어야 했던 것이다.

그때 난 임신 중이었다. 애를 가진 여자가 혼자 계시는 시아버님과 홀로 된 시숙을 모셔야 했다. 시숙이 재가를 하기 전에는 시숙의 자녀들 4남매까지 다 돌봐야 했다.

풍산 땅이 기름져서 감자를 심으면 몇십 가마를 캤다. 농사를 할 때면 밀짚 보릿짚으로 불을 때서 좁쌀밥과 보리밥과 감자를 삶았다. 우리가 중리시장 부근에 살 때인데 대가족이라 친척들이 한 가정에 한 사람만 와도 열일곱 명이 모였다. 한 집에 두 명이 오면 말도 못하게 사람이 많다. 나는 참 곱게 자라서 그런 생활을 전혀 몰랐다. 그러나 그런 고생을 몰랐다고 해서 일을 못하면 부모 망신을 시키고 만다. 어머니 아버지 욕 먹이는 것도 싫고, 양반가에서 시집온 사람이 그렇게 밖에 안 되느냐는 소리를 듣기 싫어서 이를 악물고 참고 살았다.

비가 부슬부슬 내리는 어느 날이었다. 내가 감자를 삶다 보니 보릿짚 밀짚이 흰 옷에 모두 묻어서 난리가 아니었다. 그래도 아침 일찍 해놓은 밥하고 미리 준비해 둔 상추쌈을 차리고 감자를 삶아 가족들에게 들여 놓았다. 비가 내리니 먼저 밥술을 뜰 수가 없어서 마당을 비설거지하고 들어가니 내가 먹을 것은 하나도 없었다. 아무리 시댁 식구들이라지만 사람들이 그렇게 야속할 수가 없었다.

그런 고된 노동과 서러움 속에 시댁이나 남편은 의지할 곳이 못되었다. 나에게 의지할 곳은 오직 교회와 하나님뿐이었다. 몸과 마음이 힘들수록 하나님 앞에 나와서 기도하고, 하나님께 하소연한 뒤 다시 힘을 얻어 집안일을 할 수 있었다.

시댁이 가난해서 헌금을 많이 하는 것은 꿈꿀 수도 없었다. 하지만 십일조 생활은 늘 했다. 세월이 흐른 뒤에는 시댁 식구들에게 오히려 칭찬을 많이 들었다. 야소교 믿는다고 그렇게 핍박하던 가족들이 나를 이해하기 시작했다. 내가 그 열정을 숨긴 채 불평하지 않고 잘 살아 줬다고 온 대소가에서 다 칭찬을 했다.

우리 친정에는 믿는 자가 많았다. 친정 식구만이 아니라 내가 전도한 동네 친구들만 해도 열여섯 명이나 된다. 그들 중 한 친구는 나중에 경안노회 회장이 되었다. 그 친구들에겐 바로 내가 기도의 어머니다.

나의 친정 형제는 10남매다. 3남매를 낳고 세상을 떠난 어머니의 뒤를 이어 재취로 간 우리 엄마가 7남매를 낳았다. 우리 가족도 모두 내가 다 전도하여 대부분은 예수를 믿는다. 과거에 나는 정말 열심히 전도했다. 그런데 목사님이 나더러 요즘은 전도를 안 한다고 야단치신다. 나이 탓일까. 예전에는 전도가 쉬웠으나 지금은 어렵다.

8년 전에 먼저 하늘에 간 남편도 예수를 영접했으나 시부모님은 끝까지 예수 안 믿고 돌아가셨다. 하지만 야소교 믿는다고 욕을 하던 친척들이 다들 예수 믿고 돌아갔고, 동서들은 지금 모두 권사가 되어서 신앙생활을 잘한다. 그래서 나는 늘 "하나님, 하나님은 김기순의 하나님이십니다" 이렇게 고백한다. 하나님은 정말로 고맙고 감사한 분이다.

내 아이들은 다들 열심히 예수를 믿는다. 오뚜기 식품 과장으로 있는 아들은 바쁠 때 교회에 안 나기도 한다. 직장생활 때문에 어쩔수 없이 예배에 빠지지만, 그렇지 않을 때는 열심히 섬긴다. 그리고 뇌염 걸린 딸은 지금은 아주 멀쩡하게 살고 있다. 그 아이는 신앙이 정말 좋다. 게다가 내 생활비도 그 딸이 꼬박꼬박 보내 준다. 딸이 뇌염 걸렸을 당시에 보건소 계장으로 계시던 분이 지금 군청에 위생 계장으로 왔다. 그분은 우리 딸이 완전히 나아서 잘 살고 있는 모습과 내가 그때 했던 일을 보고 감동하여 예수를 믿기 시작하더니 지금은 장로가 되었다. 그 계장, 장로님 되신 분이 우리를 보고 하나님이 살아 계시다는 걸 알았다고 한다.

내가 살아오면서 각별한 신앙 체험을 한 사건이 있다.

4·19 당시의 일이다. 내가 아직 청년인 그때, 꿈도 아니고 생시도 아닌 묘한 그림을 봤다. 누군가 아주 밝은 광채가 나는 큰 밧줄을 청년들 앞으로 탁 던졌다. 그때 청년들이 수없이 많았는데 그중 한 청년이 우뚝 서서 구호를 외치고 있었다. 그 청년이 밧줄에 맞았다. 그 순간 내가 "하나님" 하고 소리를 쳤다. 비몽사몽 간에도 나는 '누구 하나 희생이 되겠구나' 생각을 했다. 왜 그런 생각을 했는지 나도 모르지만 참 신기한 일이다. 이어서 곧장 학생 사건이 터지고 마산에서 김주열 학생이 죽는 비극이 일어났다.

또 한번은 박정희 대통령 시해 때 묘한 꿈을 꾸었다. 누군가 왕의 자리라고 앉아 있는데 칼날이 그 자리에 딱 던져진 것이다. 그리고 이틀 후에 대통령이 시해되었다. 새마을 전국대회가 1978년 12월 9일에 광주 실내 체육관에서 열렸다. 그때 광주 실내 체육관에서 박정희 대통령을 보았다. 박정희 대통령은 하얀 와이셔츠에 노란 나비넥타이를 메고 있었는데, 그때 찍은 사진이 아직도 내게 있다. 그 행사가 열린 다음 해, 박 대통령은 비극을 맞이했다.

한편 내가 이 지역의 생활개선위원장을 10년간 하면서 느낀 바를 시로 적었다. 단지 내 느낌을 적은 것뿐인데, MBC에서 나를 불러 3개월 동안이나 내 시를 읽도록 해주었다.

이와 같은 일련의 일들을 통해 내 신앙이 강건해졌다. 한편 그것 못지않게 중요한 사건이 있었다. 1974년에 여의도광장에서 빌리 그레이엄 목사님을 주 강사로 모시고 '엑스플로 74' 행사가 열렸다. 그때 내가 낳은 지 채 일 년도 안 된 내 아들을 맡겨 놓고 나흘 동안 서울에 가 있는 통에 다들 난리가 났다. 귀한 아들 놔두고 애꿎은 짓을 한다며 시끌벅적해진 것이다. 하지만 그 행사에 참여한 덕분에 내 신앙이 지금까지 이렇게 굳건히 서 있는 것이다.

그때부터 지금까지 내가 가장 좋아하는 찬송이 있다.

"부름받아 나선 이 몸 어디든지 가오리다. 괴로우나 즐거우나 주만 따라 가오리니."

그렇다 나는 괴로우나 즐거우나 주님을 따라왔다. 불러도 불러도 질리지 않는 이 찬송이 나의 노래가 되었다. 그 누구도, 죽음조차도 하나님을 향한 나의 사랑을 막을 수 없다.

이제 우리 목사님과 이 동네 상황을 좀 이야기해야겠다. 지금 계신 김명진 목사님은 참 대단하시다. 하회교회가 부흥된 것은 지금 목사님이 오시면서부터다.

우리 목사님은 매일 철야를 하는 기도의 종이다. 목사님이 이 교회에 오신 지 벌써 사 년째인데 삼 년이 넘도록 일천번제를 하셨다. 이 동네에서는 기도로 살아남지 않으면 안 된다고 목사님은 말씀하신다. 평소 목사님은 초저녁에 두 시간 동안 기도한 후 잠깐 눈을 붙이고, 세 시 반에 일어나서 새벽예배 차량을 운행하고 기도하신 뒤 아침 드시고 또 와서 기도하신다.

원래는 이 교회의 재정이 어려워서 목사님 사례비를 드리기도 힘들었다. 그런데 목사님이 오신 후로 헌금이 막 들어오고 헌신하는 사람이 늘었다. 이름 없이 빛도 없이 낸 사람도 있고, 모교회서 나간 분 중에 고향 교회 섬긴다고 내놓기도 하고, 목사님 통해 주위의 다른 분들이 도와주시기도 한다. 그러자 우리 집사님들이 어려운 중에도 헌금을 해서 교회 차를 새것으로 바꿨다.

사모님과 목사님 두 분 다 훌륭하다. 특히 우리 목사님은 교인들의 눈치를 보며 살지 않는다. 요즘은 주의 종이 교인 눈치 보느라 제대로 말씀을 못 전한다고 한다. 축복만 빌어 주고 좋은 말만 하는 목사님들이 대부분인데 우리 목사님은 성경 말씀 그대로 설교하시고 잘못된 것은 불러서 고치게 하신다. 그 모습을 하나님이 높이 쓰시는 것 같다.

이 동네가 대체 어떻기에 목사님이 그토록 기도로 매달리는지 좀 말하고 싶다. 우리 교회가 세워진 지는 91년 되었다. 특히 우리 교회는 6·25 순교지, 곧 순교의 피 위에 세워졌다. 전쟁 때 믿음을 지키느라 이 자리에서 순교한 분들이 있었다. 우리나라의 문화유산 중에 교회가 딱 두 군데 있는데, 제주도의 교회와 우리 하회교회다.

이 동네는 전 국민만이 아니라 외국인들도 알아주는 전통마을이다. 이 작은 마을에 사당이 7개, 절이 2개, 신당이 3개가 있다. 귀신을 상징한 장승들만 해도 오며 가며 수십 개가 넘게 발견된다. 류성룡 대감의 풍산 류씨 종가만 3개가 있다. 올해는 류성룡 대감의 7갑자, 420주년이라서 이 동네가 아주 들떠 있다. 이처럼 이곳은 뿌리 깊은 유교의 고장이다. 그러니 제례와 전통 의식이 많다. 그야말로 온갖 잡신이 모인 동네인 셈이다.

따라서 기도로 대적하지 않으면 도저히 잡신들을 이길 수가 없다. 그래서 목사님이 매일 철야기도를 하고 계신다. 그래도 이 동네에 이처럼 역사 깊고 아름다운 교회가 존재하는 것만으로도 하나님의 은혜라고 생각한다. 우리 교회는 농촌 교회치고 재정적으로 잘 운영되고 있다. 주위의 미자립 교회인 두 교회를 돕고 있으며, 일 년에 두 번 초등학교에 장학금을 제공한다. 그 모든 일을 할 수 있는 것이 다 목사님의 기도 덕이다.

이 고장에서 열심히 신앙생활하기란 정말 어려운 일이다. 다행히도 우리 하회마을 보존회가 7인으로 구성되어 있는데, 그중 3인이 우리 교회 집사님들인 것이 그나마 다행이다.

또 우리 교회는 드물게도 한옥으로 지어졌다. 이 한옥 건물은 1980년대에 지었다. 전국에서 가장 예쁜 교회라고 관광객들이 찾아와서 카메라에 많이 담아 간다. 그리고 우리 교회는 아직도 종을 친다. 참 아름다운 우리 교회의 종탑은 누구라도 와서 종을 울릴 수 있도록 개방해 두었다.

젊은 목사님 오신 뒤로 교회는 점차 부흥되었고, 교통 또한 좋아져서 이제는 신앙생활하기가 참 쉬워졌다. 어디나 그렇겠지만 옛날에는 참 어려움이 많았다. 교회가 가난하고 외진 곳에 있으니 교역자가 없었다. 그래서 주일에는 여러 사람이 와서 예배를 드렸다. 때로는 전도사님이 오셨고 때로는 신학생이 오기도 했다.

수요예배와 주일 저녁예배에 올 목회자가 없으면 학교 교장 선생님 한 분을 초빙했다. 그분은 60리 밖, 학가산 기슭에 살았다. 그곳까지 들어가는 차가 없으니 걸어서 예배 인도를 부탁하러 가야 했다. 예배를 드리러 가는 게 아니라 그분과 약속을 하러 60리를 걸어가서 다시 모시고 돌아오는 것이다. 아침 먹고 걸어가서 그분과 상의를 한 뒤 약속 잡고 돌아오면 밤중이 됐다. 산 능선을 타고 오솔길을 따라 거기까지 오가는 데 열 시간이 넘게 걸렸다. 봄가을에는 좀 걸을 만했으나 여름과 겨울에 걷기에는 너무나 먼 길이었다.

또 교역자가 오시면 식사를 받들어야 했다. 먼 곳에 사는 나는 토요일 저녁에 들어와서 교회에서 자야만 아침식사를 해드릴 수 있었다. 그러면 나는 가족은 내버려 두고라도 교회에서 자고 아침을 차려 드리곤 했다. 목회자를 모시기란 정말로 수월찮은 일이었다.

그런데 지금은 목회자도 많고 교인들이 참 편해졌다. 나도 편해져서 요즘은 많이 게으름을 피운다. 그러나 믿음은 늘 현재형이다. 과거는 다 지나갔다. 예전에 어떠했다고 자랑하지 말고 지금도 끊임없이 잘해야 한다. 그때 60리 길을 오가던 그 실천과 믿음을 회복하도록 기도해야 한다.

내가 하회교회에 올 때 일곱 사람이 교회를 다녔는데 지금은 나밖에 없다. 다들 먼저 하늘로 간 것이다. 남은 교인 중에서는 내가 가장 믿음의 어른이다. 과거에는 류시중 장로님이 교회 일의 절반을 감당하셨고 나머지 절반은 내가 했다. 류시중 장로님도 먼저 하나님 곁으로 가셨는데, 축복받은 집안이 다 그렇듯이 그분의 자손도 모두 잘되었다. 장로님 아들 류순하 목사님은 역삼교회 담임목사로 섬기고 숭실대학교 교목을 지냈다. 그분 사위는 장학사이고 따님은 교사다. 막내 따님은 권사가 되었으며 남편은 장로가 되었다. 자손 모두 믿음의 자녀로 장성한 것이다.

우리 교회에는 아직도 권사님이 없다. 교회 헌당식 때 노인 두 분을 명예 권사로 세웠고, 연산교회 권사이던 분이 고향에 와서 권사로 있긴 하지만 우리 교회에서 임직한 권사님은 아직 없다. 현재 교인은 사십 명에 가까우므로 임직을 해줘도 되긴 한다. 하지만 임직 자체가 중요한 것 같지는 않다. 우리 자신이 성직자다운 신앙생활을 할 수 있을 때 임직을 해야 한다.

나는 배워 둔 다도로 교회에 방문한 손님께 차를 우려서 대접하기도 한다. 내가 목회자들을 대접하고 손님을 대접하는 그 순간마다 예수님을 대접하는 것이라고 생각한다. 우리의 이웃을 대접하는 것이 곧 예수님을 대접하는 것과 같다는 말씀을 지켜야 하니까.

신앙생활을 하면서 어려웠던 일이 없었던 것은 아니다. 특별히 기억나는 일이 두 가지가 있다. 하나는 내 개인적인 어려움으로 새벽예배를 가다가 죽을 뻔한 일이다. 또 하나는 교인들과 목회자 사이에 갈등이 빚어진 일이다.

교회에서 2킬로미터 떨어진 하회2리가 우리 집이다. 10년 전만해도 나는 꼭꼭 교회까지 걸어서 새벽기도에 다녔다. 지금은 관광상가가 되어 불을 밝혀 두었지만 그때는 불도 없었다. 달이 있는 날은 그나마 사방을 볼 수 있는데 달 없는 밤은 그야말로 칠흑같았다.

2월말쯤이 되면 서서히 얼음이 녹는다. 그 길을 따라 걸으면 내 숨소리가 메아리로 돌아올 만큼 고요한 밤이라 내 발자국 소리조차 나를 따라와 섬뜩했다. 땅이 녹으면 들판 전체를 쪼개는 듯 거대한 소리가 '짜작' 울리는데, 어둠 속에서 그 소리를 들으면 등골이 오싹해지고 온몸에 소름이 돋았다. 산모퉁이를 따라 난 도로를 꼬불꼬불 걸어오면 어둠 속에서 누군가 내 뒷덜미를 낚아 챌 것 같아서 식은땀이 다 났다.

그런데 지금으로부터 10년 전, 새벽길에서 누군가 내 뒷덜미를 낚아 챈 사건이 정말 벌어졌다. 성경 가방을 들고 교회로 가는데 하회마을로 돌아들어오는 어귀에서 인기척이 들렸다. 처음에 나는 그것이 짐승의 소리려니 했다. 그런데 잠시 후 두 개의 시커먼 그림자가 움직여 나에게 다가오더니 힘으로 나를 넘어뜨렸다. 그림자의 주인공은 깡패 두 명이었는데, 어둠 속이라 얼굴을 볼 수가 없었다. 내가 넘어지자 깡패 한 명이 발로 내 가슴을 짓눌렀다.

"아주매요. 돈 내놓으이소."

장정의 발에 가슴이 눌려 숨도 쉴 수가 없었다. 겁이 나서 말을 하기도 힘들었다. 그러나 용기를 내서 말했다.

"보소, 내사마 지금 돈이 하나도 없소."

그러자 깡패들이 발로 나를 걸어차고 짓이겼다.

"아주매야. 돈 내놓으라 안 카나. 돈 없나? 그라모 죽어 볼끼가?"

그러면서 또 때리고 두 발로 나를 밟고 올라섰다. 너무나 고통스러운 중에도 나는 그 깡패들을 위해 기도했다. 오죽하면 이런 짓을 할까? 내가 이렇게 아픈데 예수님은 얼마나 아팠을까? 또 강도 만난 사람 이야기도 생각났다. 걸어차이면서도 '하나님, 내가 새벽기도 가다가 죽게 생겼습니다' 하며 하소연을 했다.

어디 사마리아인 같은 사람은 안 나타나나 생각을 하고 있는데 저쪽에서 불빛이 보이기 시작했다. 자동차 불빛이었다. 이 이른 새벽에 택시가 다가오는 것이다. 이 깊은 시간 이 시골에 택시라니! 이 택시 기사가 하나님이 나에게 보내 준 두 번째 천사였다. 앞서 얘기한 대로 첫 번째 천사는 버스에서 뇌염 걸린 내 딸을 살려 준 아주머니다. 나는 택시가 오는 모습을 보고 까무러쳤다. 택시가 오자 깡패들은 도망갔고, 쓰러진 나를 발견한 택시 기사가 나를 구하여 파출소까지 데려갔다.

나는 지금도 조금만 피곤하면 그때 맞았던 가슴이 무엇으로 누르는 것처럼 아프다. 그 통증이 마치 내가 새벽기도를 열심히 다닌 인장이라도 되듯이 내 가슴에 남아 있다. 가슴이 아플 때면 그 새벽의 끔찍한 기억이 떠오르지만, 그와 동시에 두 번째 천사를 보내 주신 하나님에 대한 깊은 사랑도 느낀다.

다음 날에도 나는 똑같이 새벽기도를 나갔다. 사실 강도만 무서운 게 아니다. 봄에 소쩍새가 울 즈음에도 무섭다. 그때에는 도로가에서 뭔가가 자꾸 흙을 퍼붓는 소리가 난다. 그게 무슨 소리인지 잘 모르지만 산을 따라 오솔길을 걷다 보면 너무 무서워서 하루쯤 새벽예배를 쉴까 하는 생각도 한다. 그럴 때는 이런 마음이 든다.

'하나님이 나를 너무 사랑해서 애들 병도 고쳐 주셨는데 내가 이 정도 육의 고통 때문에 하나님께 기도하러 안 가면 되겠노.'

그렇게 생각하면 빠질 수가 없다. 요즘은 차량을 운행하니까 새벽기도에 빠지면 운전하는 분이 걱정하지 싶어서 빠질 수가 없다. 요샌 강도 만날 일도 없어 새벽기도 가는 길이 너무나 편안해졌다.

지금 생각해도 가장 가슴 아프고 눈물 나는 기억은 지금의 우리 목사님 오시기 전에 임동만 목사님과 있었던 일이다. 이 이야기를 하기가 무척 망설여지지만 교인들을 정죄하려는 게 아니라 성도들과 교회의 관계가 이래서는 안 된다는 말을 하고 싶어서 어렵게 이야기를 꺼낸다.

임 목사님은 참 능력 있는 분이다. 그 딸이 대학교 영문과를 나와서 교사를 하고 아들이 고대 법대를 나와서 지난번에 사시 1차 합격을 했다. 그 목사님이 여기 오셔서 너무 많은 고생을 하고 가셨다. 목사님은 정말 말도 못하게 순하셨다. 그런데 교인들이 수는 적어도 하나같이 불평이 많았다.

임 목사님은 적을 만들지 않으셨다. 그분은 기도할 때 기름 낭비한다고 보일러를 안 넣고, 좋은 방석을 드려도 깔지 않고 반드시 무릎 꿇고 기도하시는, 모든 면에 본이 되는 분이었다. 그 당시에 목사님 나이가 58세였다. 이 교회에서 꼭 9년을 시무하시며 30년 목회를 하셨는데, 마치 쫓겨나다시피 여기를 떠나가셨다.

그때 나는 다례원 이사회를 다녀오던 길이었다. 우리는 다례원 이사장님의 차를 타고 가는 중이었는데 음주 운전자가 우리가 탄 차를 들이받았다. 그 순간 나는 머리를 부딪치고 코피를 쏟아서 교회에 못 가고 병원으로 갔다.

병원에 있을 때 나는 목사님이 고통을 받는다는 사실을 알고 있었다. 교인들이 목사님을 향해 삿대질하고 소리치며 달려들기까지 했다. 목사님이 학대당한 것이 마치 내 일처럼 가슴 아팠다. 나는 몸이 아파 교회에 가지도 못한 채 새벽에 병원에서 얼마나 울었는지 모른다. 내가 결혼 초기 그 많은 돈을 잃고도 안 울었던 여자다. 그런데 목사님 가족을 생각하니 너무 눈물이 났다. 목사님이 누구하나 의지할 데 없어서 그렇게 혼자 울며 기도하시는 게 불쌍했다. 사모님도 아들 공부 때문에 나가 계시는데 그 목사님을 쫓아내다시피 해서 보낼 수는 없었다. 그러다 기도 중 이런 생각이 떠올랐다.

'이것은 아니다. 교인들에게 무슨 화살을 맞아도 내가 목사님께 돈을 쥐여서 보내야지. 무임 목사는 안 된다.'

삼십 년 목회를 무임으로 만들고 교회가 축복받기를 기대할 수는 없다. 하나님이 기름 부어 세운 자를 쫓아내는 성도들을 분명 기뻐하실 리가 없다. 그래서 연합회 아홉 교회가 모여 3개월에 한 번씩 연합예배를 드리는 자리에서 임시 당회장으로 계시던 목사님께 임시 재직회를 열어 달라고 했다. 임시 재직회에서 내가 건의했다.

"제가 나중에 서류하고 도장하고 만들테니까네, 목사님을 유임 목사님으로 만들어서 보냅시다. 어느 교회를 간다 카더라도 목사님이 흠이 되면 안 되는 것 아니겠습니꺼?"

당시에 나와 뜻을 같이 하는 사람 네 사람이 교회를 지켰고, 병원에서 나온 내가 목사님께 여비를 챙겨드리며 가다가 식사라도 하시라고 했다. 그러고도 그렇게 보낸 것이 너무나 가슴이 아팠다. 목사님이 교인들에게 그렇게 폭언을 당하고 공격을 당한 것을 생각하면 가슴이 찢어질 것 같았다. 내가 병원에서 밤마다 화장실에 가서 얼마나 울었는지 나중에는 눈을 못 뜨게 될 정도였다.

지금도 그 생각을 하면 가슴이 아프다. 그때 교회를 지킨 네 분과 내가 지금까지 이 교회를 지킨 셈이다.

그 목사님 이후, 은퇴 목사님 한 분을 초빙해서 예배를 드렸고 그다음에 지금의 목사님이 오셨다. 그때 목사님이 새로 오셨을 때는 물론 지금도 그 말씀을 드린다. 내가 그동안 신앙생활하면서 가장 괴로운 일이 임 목사님을 그렇게 보낸 것이고, 내가 가장 잘한 일은 임 목사님을 유임 목사로 해서 보내드린 것이라고.

내 소망은 교인들이 말씀 위에 굳건히 서는 것이다. 목사님이 훈계하면 그 말씀을 달게 받는 성도들이 많아지기를 소망한다. 아무리 어려워도 하나님을 붙들면 그분께서 우리에게 모든 것을 주시니까. 또 하나님이 기름 부어 세우신 목회자를 섬기는 자세가 중요하다. 누구나 다른 색깔을 갖고 있지만 그 다양한 색깔을 하나 되게 하는 분이 목회자이기 때문이다.

내 인생에는 좋았던 일이 너무너무 많다. 내가 살아오면서 가장 행복한 것은 5남매가 다 건전하게 잘 자라서 말썽 한번 일으키지 않고 오손도손 사는 것이다. 우리 집은 손자들까지도 효성이 지극하며 불평불만 없이 행복하다. 또 아이들 모두 좋은 배우자 만나 즐겁게 산다. 모든 게 다 기쁜 일뿐이다. 다 하나님의 은혜고 행복이다.

내 며느리는 정말 이상하다. 사실 이상하다는 것은 농담이다. 요즘 세상에 그런 며느리가 다시 없을 것이다. 내 아들이 39세라는 늦은 나이에 결혼을 했다. 그런데 며느리가 신혼여행 가서 아침 여섯 시가 되니 전화를 걸어 왔다. 그렇게 결혼한 지 3년이 지났는데 아직도 아침 6시 땡, 하면 전화를 한다. 정말 매일 전화를 한다. 이러니 이상한 며느리라고 말하지 않을 수 있겠는가.

내 개인적인 소망 대신 청년들에게 당부하고 싶은 말이 있다. 오늘날 청년들이 예수를 바로 믿어서 도덕을 올바로 일으키면 좋겠다. 교회 안에 도덕이 무너지면 많은 어려움이 생긴다. 우리가 예수님 말씀에 다 순종하지는 못해도 따라가는 시늉이라도 해야 한다. 은혜만 받으려 하지 말고 자기 십자가를 져야 한다. 그리고 헌신도 하고 말씀도 전해야 한다. 그래서 내가 내 이야기의 첫머리에 손자 이야기를 한 것이다. 나는 꼭 내 손자가 아니더라도 청년들이 전도왕 되는 것이 정말로 기쁘다.

저녁에 자려고 누워서 곰곰이 생각을 하다가 혼잣말을 했다.

"하나님 아버지예. 내가 잘한 것도 없는데 하나님이 내 아아들을 하나같이 바른길 가게 해주시니께네 감사합니대이. 가난한 살림에 어디서 누가 도와주는 것도 아인데 묵는 것 다 묵고 굶지도 않게 해주시니께네 참말로 감사합니대이. 가진 것도 없는데 애들 다 보살펴 주시니 감사합니대이. 그라고 예수님의 은혜만 생각하모 이렇게 눈물이 나게 해주셔서 참말로 참말로 감사합니대이."

밑도 끝도 없이 안동 하회마을에 있는 교회에 가고 싶었다. 우리나라의 전통 문화가 가장 강하게 남은 그 교회에는 분명히 남다른 하나님의 역사가 있을 것이라고 생각했기 때문이다.

인터넷에서 교회 전화번호를 알아내어 교회로 전화를 걸었다. 약간 과장하자면 자그마치 100번은 전화를 걸었을 것이다. 그러나 전화가 연결되지 않았다. 부산을 거쳐 안동으로 취재를 가기로 마음은 먹었으나 취재 대상 선정은커녕 전화 통화도 안 됐으니 하회마을까지 가는 것은 너무 무모한 일 같아서 일단 포기를 할까 싶었다.

부산에서 취재를 마치고 서울로 올라오기 전에 여관에서 묵상을 했다. 요셉이 형제들에게 전략을 짜서 앞으로 어떻게 살아야 하는지를 가르쳐 주는 대목이었다. 내가 서울에서 올 때 전략을 짰으니 하나님께서 연결해 주시리라는 믿음만 갖고 밑도 끝도 없이 안동행 버스에 몸을 실었다. 하나님은 언제나 신실하시고 하나님을 전적으로 믿는 자에게 은혜를 베푸시는 분임을 믿고 움직였다. 설령 취재를 못하더라도 그것 또한 하나님의 응답임을 믿어 의심치 않았다.

안동 터미널로 버스가 진입할 때에 김명진 목사님이 교회에서 전화를 받았다. 마치 수도관이 막혔다가 터지는 것 같은 기분이 들었다. 내가 전후 사정을 말씀드리니 감사하게도 목사님이 만날 시간을 허락해 주셨다. 알고 보니 목사님은 기도의 용사였다. 그래서 기도하느라 전화조차 받지 않은 것이다. 하루 종일 기도하느라 전화를 무시하는 용기 있는 목사님이 참 좋아 보였다.

내가 만날 김기순 집사님이 출타 중이어서 하회마을 이곳저곳을 돌며 시간을 보냈다. 하회마을 입구에 하회교회라는 예쁜 이정표가 있어서 참 좋았다. 교회는 기와로 지어진 정말 아름다운 건물이었다. 교회 창문도 전통 창호지로 만들어져서 교회가 아니라 꼭 옛날에 살던 호젓한 집 같았다.

오후에 목사님을 먼저 만나뵈었다. 목사님과 이야기를 나누다 보니 하회교회에서 할 수 있는 일이 참 많은 것 같았다. 청소년 수련회도 가능하고 전통문화 체험도 가능한 교회였다. 특히 목사님이 전통문화에 대해 해박했다.

마침내 오후 다섯 시에 김기순 집사님을 만나 이야기를 나누었다. 흥미진진한 집사님의 이야기를 듣는 동안 하나님이 살아 계심에 다시 감사를 드리게 되었다.

하회마을을 떠나는 마지막 버스를 타고 안동으로 나왔다. 저녁시간이라 밥을 먹고 가라고 권하셨으나 밥 먹을 여유가 없어서 사양했다. 집사님은 밥을 못 먹여 보내는 것이 안타까워 하회마을 초입의 한 찻집에서 맛있는 미숫가루를 사주셨다. 그곳도 교회 집사님 댁이라고 했다.

'마지막 버스'라는 말은 사람의 가슴을 두드린다. 나는 그 마지막 버스에 올랐고 집사님은 버스가 떠날 때까지 기다리고 계셨다. 차 떠나기를 기다리는 집사님을 보고 있으니 내 눈시울이 뜨거워졌다. 우리가 만난 지 40년은 족히 된 것 같았다.

버스 기사가 시동을 걸자 집사님이 버스 기사에게 큰 소리로 외쳤다.

"귀한 분이니께네 잘 모셔다 드리소마."

나는 귀한 분이 못 된다. 귀한 분들을 만나러 다니는 무수리일 뿐이다. 그런 나를 귀한 분이라고 해주신 그 말씀이 또한 너무나 감사했다.

버스를 타고 하회마을을 나서는데, 이날따라 해가 참으로 아름답게 서산으로 떨어지고 있었다.

말씀을 찾아
눈보라를 뚫으며

이재인 권사 • 1936년생
충남 예산군, 봉림교회

미리 말하지만 내 신앙은 자랑할
게 없다. 나는 인생에 큰 굴곡도 없고 대단한 성령 체험도 없이 그
냥 시냇물이 쫄쫄 흘러도 끊이지 않는 것처럼 그렇게 신앙생활을
해왔다. 그런 별볼일없는 이야기를 할 기회를 주신 하나님께 감사드
리면서 시답잖은 내 인생 이야기를 하려고 한다.

내가 시집온 지 벌써 56년째다. 내가 시집올 때에 비하면 이 마
을은 완전히 도시가 되었다. 그때는 너무 산골이어서 어느 골목인
지도 모른 채 시집을 왔다.

우리 시댁은 원래 생활고가 아주 심한 집인데 내가 시집와서 노
력하여 가정을 일으켜 세웠다. 내가 별난 짓을 해서 돈을 번 게 아
니라 착실히 살다 보니 그렇게 되었다. 나더러 규모 있게 살았다고
하는 사람들이 많지만 내가 한 거라고는 품팔이하고 남의 밭 김매
주는 일뿐, 그렇게 살아온 것 외에는 달리 한 게 없다.

나는 시댁에 가진 것이 많은 줄 알고 시집을 왔다. 그러나 정작은 다 속은 것이다. 시댁은 가진 것이라곤 없었다. 내가 돼지 사다가 먹여서 늘리고, 계 하나 들고, 송아지 가져다 키워서 새끼 낳아 주고 했다. 옛날에는 송아지 하나 낳아 주면 80킬로그램짜리 쌀을 열다섯 가마씩 받았다. 그렇게 해서 시제답을 사고 과수원도 샀다. 내가 시집온 후 집을 두 번 지었다. 벽돌 집 한 번 짓고, 지금 이 집으로 다시 지었다. 사과 농사를 시작한 지는 7년 되었는데 이제는 제법 열매가 맺힌다.

내가 시집오고 첫아이가 두 살이 되었을 때부터 시어머니가 덕산에 있는 천주교를 다니기 시작했다. 나도 시어머니를 따라 성당을 다녔다. 그러나 그때 하나님을 처음 안 것은 아니다. 친정어머니가 신앙이 아주 좋았던 것이다. 시어머니가 돌아가시자 일할 밭은 많고 애들 키우기도 너무 힘들어서 성당 다니는 일을 그만두었다. 그런데 안 믿고 살기가 힘들었다. 아마도 친정어머니의 영향으로 내가 하나님을 그리워한 것 같다. 어머니가 내게 교회 가라고 말 한번 한 적이 없는데도 어머니의 기도가 이렇게 나중까지 영향을 미쳤다.

백 년 된 교회도 주변에 있지만 봉림교회의 역사가 짧지는 않다. 주변에 이단도 많은데 90여 호밖에 안 되는 마을에서 이렇게 교회가 존재해 온 것은 다 하나님 은혜다.

맨 먼저 교회를 설립한 분은 1대 교역자인 정난숙 권사님이다. 그 가정이 어떻게 하나님을 영접했는지 모르지만 교인도 없던 시절에 이미 3대째 예수님을 믿고 있었다. 그분이 이 동네에 강습소라고 하는 아주 조그만, 다 찌그러진 초가집 방을 터서 예배당으로 이용하면서부터 우리 교회가 시작됐다. 지금 교회가 바로 그 자리다. 예배가 없는 날은 그 장소가 사람들에게 한글을 가르치는 학당이었다.

새벽이면 강습소에서 망치로 종을 쳤다. 우리 집이 교회 바로 앞이어서 그 소리가 아주 생생하게 들렸다. 어둠이 걷히는 시간에 새벽 하늘을 가르며 엽서처럼 날아가는 그 소리를 들을 때면 가슴이 울렁거렸다. 꼭 나더러 교회에 오라고 부르는 소리 같았다. 그러나 그냥은 못 가겠고 누가 좀 가자 하기를 바라는데 딱히 가자고 하는 사람이 없다. 그러던 어느 날 주일학교 선생이라는 사람이 왔다.

"아주머니, 혹시 교회 안 다니세요?"

얼마나 반가운지 나는 옳다구나 싶어서 얼른 대답했다.

"아이고, 어찌 알았대유? 내가 교회 갈라구설라무니 마음먹고 있는데 암도 가자고 허는 사람이 없슈. 그래서 못 가 있었구만유."

그렇게 해서 교회에 나갔다. 교회에 나와 보니 할머니 한 분이 전도사님으로 섬기고 계셨다. 그때부터 그럭저럭 다니면서 믿었다. 아무것도 알지도 못하면서 그냥 믿었다. 그때는 먹고살기가 어려워서 헌금도 십 원씩 했다.

그러다가 할머니 전도사님이 너무 늙으셔서 젊은 전도사님 부부가 왔다. 그 전도사님은 침도 놓고 약도 팔았다. 병원이 없는 동네였으므로 전도사님은 그런 식으로 생활비를 벌었고, 교회에서는 아주 조금씩만 사례를 했다. 훗날 전도사님은 전라도로 가서 목회하시다가 작년에 평택에서 돌아가셨다.

목사님들이 얼마나 여러 분 왔다 갔는지 모른다. 오시면 일 년 있다 가시고 이 년 있다 가시고. 근데 뭐 교회에 사람이나 있어야 번듯하게 모시지, 목회자를 제대로 못 모셨다. 내가 스물한 살에 시집와서 스물일곱 살에 교회를 나왔으니 50년은 되었다. 그동안 할머니들은 돌아가시고 중간에 다닌 사람들은 어디선가 오고, 또 나갔다 돌아오고. 그런데 나만 계속 50년 넘게 믿어 온 것이다. 그냥.

나는 기억력이 나빠서 옛날 이야기는 많이 잊었다. 체험도 많이 했는데 기억은 잘 나지 않는다. 우리 교회에도 사람이 많이 모인 시절이 있었다. 그때는 성령 충만하여 겁나게 많이 모였다. 그러다가 다 시집가고 나니까 교회가 헐렁해졌다.

젊었을 때는 꿈에서 예수님도 곧잘 만났는데 지금은 안 꾼다. 그게 40대 전후에 열심히 할 때 이야기다. 예수님도 열심히 해야 꿈에 나오나 보다 생각한다. 한창 새벽기도 다닐 때 환상으로 나타나셨는데 특별한 말씀은 없으셨다. 내가 말이 없으니 같이 안 하신 건가?

내 고향은 보은군 관기다. 안타깝게도 내 가족은 자랑할 믿음이 없다. 남편도 믿지 않고 2남 2녀로 둔 아이들 넷 다 안 믿는다. 자기들 기분이 좋으면 다니는 척하지만 믿음은 없다. 다행히도 손자 하나가 아주 열심히 믿는다.

내가 믿음을 열성적으로 강조하질 않은 탓인가 싶다. 나도 성격이 뜨거운 편이 못 돼서 새벽기도도 중간에 그만 다니기도 했다. 집이 가까우니 마음만 먹으면 새벽종을 내가 칠 수 있었는데도 게으른 나는 그러지 못했다. 농사를 하면 너무 피곤하다. 피곤을 무릅쓰고 열심히 다녀야 하는 것을 알면서도 잘 안 된다. 해야 하는 줄은 알아도 잘 안 하는 내 게으름 때문에 아이들이 잘 안 믿는 것 같다.

교회 일하면서 힘든 일도, 좋은 일도 있었는데 정말이지 나는 다 잊어버렸다. 우리 교회는 이 주변에서도 가장 어려운 교회에 해당한다. 게다가 여기가 지방이니까 사람들이 외지 사람을 모시지 않으려고 했고, 또 이 지역 사람 중에서는 오고 싶어 하는 분이 드물었다. 그래서 목회자 모시기가 몹시 힘들었다.

그래도 일단 목회자가 오시면 밥도 해드리고 잘들 섬겼다. 옛날에는 땔감이 나무였으니까 가을 되면 산에 가서 겨우내 쓸 땔감을 해와야 했다. 그 일이 다 교인들과 내 몫이었다. 언젠가는 도시에서 온 목사님 사모님이 불을 넣을 줄 몰라서 부엌에서 울고 있었다. 그래서 내가 매일 가서 불을 다 때주었다. 매일 그렇게 하는 것이 큰일이라고도 하지만 나는 참말로 별것 안 했다.

예전에는 교역자들이 우리 교회에 오려고도 안 했다. 말이야 바른 말이지 교인들도 영악했다. 그때는 사례비도 못 드려서 다들 힘들게 지내다 가셨기에 안정된 신앙생활을 하기가 쉽지 않았다. 교회 입장에서는 교역자가 바뀌면 후임으로 올 교역자가 없으니 바꾸는 일도 정말 쉽지 않았다. 그래서 보통은 전임자가 떠나실 때 천거한 분을 모시는 것이 관례였고, 당시로서는 그게 미덕이었다.

한번은 교역자가 바뀔 때 전임자가 기도원에서 만났다는 후임자를 천거했다. 기도원에서 만났다며 천거하니까 기도가 쌓인 목회자인 줄 알고 만장일치로 받아들였다. 그런데 부임한 뒤에 보니 거의 깡패같은 사람이었다. 이분이 낮에는 집회 인도하고 저녁에는 과음을 하고선 부인을 구타하고 그랬다. 등잔 밑이 어둡다고 교인들은 까맣게 몰랐는데 동네 사람들이 그런 사실을 먼저 알아챘다. 그분들이 사는 집은 함석지붕이었는데 동네 청년들이 그 지붕에 돌을 던져서 밤이면 요란한 소리가 동네를 울리곤 했다. 차츰 교인들이 이 사실을 알게 되어서 사모님께 상황을 물으니 자초지종을 이야기해 주었다. 결국 그분들 가정은 비참하게 파괴되었고, 교회가 세상에 빛이 되긴 커녕 오히려 걱정거리가 되었다. 요즘 하는 말로 교회가 세상을 걱정한 게 아니라 세상이 교회를 걱정했던 사건이었다.

그 사건 뒤로는 후임자 모시는 일에 각별히 주의를 기울였다. 전임자의 추천이 있을지라도 후임자에 대해 조사도 해보고 설교도 들어본 뒤에 모시게 되었다. 그 대신 일단 오시기만 하면 교인들 모두 순종했다. 이 약한 교회에 와서 열심히 목회하시고 봉사하신 분들은 다른 데 가서도 잘되고, 겉과 속이 다른 분들은 다른 데서도 잘되지 않음을 느꼈다. 작은 일에 충성한 자가 큰 일에도 충성을 다한다는 성경 말씀과 같았다.

우리 교인들 신앙이 아주 뜨거울 때도 있었는데 지금은 좀 차분해졌다. 이성재 전도사님이 계실 때 교인들이 은혜 체험을 많이 했고 방언도 했다. 그때 어떤 여자 목사님이 오셔서 부흥회를 하는데 조한순 권사님은 물을 한 양동이씩이나 토했다. 다들 깜짝 놀랐다. 굉장히 마른 분인데 어떻게 저 배 속에서 저렇게 많은 물이 나오나. 그건 물이 아니라 회개의 영이었던 것이다. 그분 몸이 몹시 안 좋았는데 그날 이후 건강해졌다. 하나님께서 병을 고쳐 주신 것이다.

이경원 권사님은 현재 목사님이 되었는데 그 부인과 함께 우리 교회의 기둥으로 일하셨다. 이제는 돌아가고 안 계시는, 그분의 부인 김병낙 집사님에 대한 간증이 많다. 그분은 건강이 안 좋았으나 아무리 힘든 일이 있어도 항상 웃으셨다. 집사님 부부는 덕산에서 식품점을 운영했는데 그 옆에서 젊은 부부가 장사를 했다. 집사님은 몸이 안 좋으심에도 그 젊은 부부의 영혼을 구원하려고 애기를 업어서 돌봐 주며 마음 문을 열게 했다. 지금도 그 부부가 교회를 다닌다. 우리 성도들이 그 집사님을 모두 그리워한다. 지병으로 일찍 천국에 갔지만 그래도 그분이 우리에겐 믿음의 본이었다.

우리 교회 역사 가운데 잊지 못할 일이 있다. 우리 교회가 예전에는 창고처럼 허름했다. 지나가는 사람이 교회에 오고 싶은데도 창고 같아 보인다고 꺼려서 빨간 벽돌로 리모델링을 했다. 성도들이 직접 다 힘을 합해서 손으로 일일이 공사했다.

외벽을 단장하니 내부도 예쁘게 손보고 싶었다. 특히 마루를 새 것으로 갈았으면 좋겠는데 고칠 돈이 없었다. 그래서 교인들이 마루를 고칠 수 있게 해달라고 합심으로 기도를 했다. 그러던 중 우리 교회의 주변 교회 여전도 회원들이 다 모여서 연합예배를 드리는 계삭회를 했다. 계삭회란 감리교 여선교회에 해당한다.

계삭회에는 주변 교회의 여러 교인들이 오는 모임이어서 예배당이 꽉 찼다. 한참 예배를 드리고 있는데 평소에 멀쩡하던 마루가 사람의 무게를 이기지 못하고 무너져 내려앉아 버렸다. 바닥이 썩어서 내려앉았으니 얼마나 난감했는지 모른다. 그러자 그 자리에서 계삭회원들이 마루를 고칠 헌금을 거두자고 했다. 그때 삽교교회 장로님 사모님이 거금 백만 원을 내놓았고, 나머지 회원들도 십시일반 헌금을 했다. 결과적으로 아주 적절한 때에 가장 적절한 방법으로 마루가 무너져서 교회 내부를 모두 수리했다. 그야말로 하나님의 은혜요, 기도에 대한 정확한 응답이었다.

물론 그날 모인 헌금이 아주 충분했던 것은 아니다. 헌금은 아주 딱 재료비에 인건비만 나왔다. 돈은 하나님이 주셨으나 사람인 우리가 할 일도 있었다. 교인들이 흙을 파서 나르고 그 바닥을 메워야 했다. 낮에는 들에서 농사짓고, 끝나면 산에 가서 흙을 파오느라 모두가 무척 고생했다. 그래도 그렇게 일하면 교인들이 서로 더 하나가 된다. 편할 때보다 교회 일을 할 때 더욱 성령이 충만해진다.

돌이키면 힘든 일들이 꽤 있었다. 사택이 없어서 옛날 이 교회 자리에 흙벽돌로 집을 지었다. 그때도 낮엔 농사를 짓고 밤이면 교회로 모여들었다. 가로등도 전기도 없던 시대라 어두운 밤에는 일하기 힘드니까 달이 뜨는 밤에 모였다. 우리는 달빛을 햇빛 삼아 흙을 날랐다. 저 뒷산에서 교회까지 달밤에 흙을 파오고, 그 흙으로 벽돌을 만들었다. 바로 그 벽돌로 지금의 사택을 지었다.

온 성도들이 한마음이 되어 하나하나 일을 했다. 저녁이면 애들이나 어른이나 노인네나 흙을 머리에 이거나 등에 지고 날랐다. 교회에서 뒷산까지는 걸어서 한참 걸렸다. 교인 중 일부는 뒷산으로 갔고 또 일부는 교회 아래 저수지까지 가서 모래를 파왔다. 힘든 노동이었으나 그때는 젊어서 그리 어렵지 않았다.

당시 교인 수는 삼십 명 정도 되었다. 지금은 다 모이면 한 사십 명쯤 된다. 주변 동네 사람들이 다 우리 교회로 모인다. 그러나 이 지역이 유교 문화가 강하여 사람들이 아직도 교회 나오기를 매우 어려워한다. 전도하기도 정말 어렵다.

교회 생활을 오래 하다 보니 여러 가지 일들이 일어난다. 일관된 흐름은 없지만 이것저것 기억나는 대로 이야기해 보겠다.

옛날에는 맥추감사절이 되면 사람들이 헌금 대신 보리를 가져갔다. 그러면 교인들이 그 보리를 절구통에 찧어서 팔았는데, 그 양이 보통은 댓 가마쯤이었다. 그런데 그렇게 하면 교인들이 일에 동참하지 않아서 충청도 말로 껄끄럽고 어려웠다. 모든 교회 일이 그렇듯이 늘 일하는 사람만 하고 안 하는 사람은 안 하니까. 나는 지도력이 없으니 나서서 하지는 못했지만, 남들이 하자고 하면 빠지지 않고 일을 거들었다.

사람이 앞에 나서야 남들과 부딪치기도 하는데 나는 도통 나서질 않으니 싸울 일이 없었다. 예전에 계시던 어느 권사님 한 분이 좀 잘났다고 해야 하나, 좋게 말하면 아주 예리했다. 그 권사님은 전도사님과 곧잘 싸우곤 했다. 누구든 좀 잘난 데가 있어야 싸우기도 하는데 나는 잘난 구석이 없으니 싸울 일도 없었다.

성탄절이면 새벽송도 다녔다. 동네가 옹기종기 모여 있는 게 아니라 꽤 거리가 있어서 날씨가 매서운 성탄절에는 새벽송 돌기가 쉽지 않았다. 눈이라도 하얗게 내린 달밤이면 교인들이 삼삼오오 모여 부르는 찬송가가 하얀 들판 위를 울렸다. 그런 날 밤이면 정말이지 우리가 부르는 찬송이 하나님의 귀에 들릴 것 같았다. 또 저기 눈 덮인 들판 끝 어디에선가 아기 예수님이 하늘로부터 내려오실 것 같은 생각도 들었다.

나는 하나님이 건강을 주신 덕에 아주 튼튼했다. 그래서 감사한 일이 너무나 많은데 내가 부족해서 감사 표현을 잘 못한다. 목사님들께도 여러 가지로 잘하고 싶은데 가진 것도 없고 부족하기만 해서 항상 죄송하다. 신앙생활도 어떤 목사님이 있을 때는 잘되다가 어떤 목사님 있을 때는 실망이 되어서 잘 안 되고 그렇다. 잘되는 때에 좀더 제대로 훈련받고 싶은데 훈련이 될 만하면 목사님들이 떠나 버린다. 그러면 또 낙심해서 흐느적거리곤 한다.

옛날 우리 교회에는 커튼이 없었다. 그래서 남의 교회에서 쓰다 버리는 커튼을 얻어다 유리창을 가렸다. 그러다 보니 커튼이 반 토막밖에 안 되었다. 오뉴월에 반 토막짜리 커튼으로 창을 가리니 교회 내부가 무척이나 더웠다. 그러던 어느 날 목사님이 나더러 커튼을 하라고 했다. 그래서 내가 물었다.

"카텐 허는디 얼매 드는디유?"

"백만 원이면 되겠는데요."

"알았슈. 내가 헐게유."

내가 백만 원을 드리니 목사님이 천을 끊어다가 커튼을 해놨다. 나는 목사님께 각별히 말씀드렸다.

"목사님, 내가 커튼했다고 설라무네 말씀하지 마셔유."

"왜요?"

"교인들이 말들을 하쥬. 다들 말들이 많으니께 다른 사람에게 말허질 말고 목사님만 알고 계슈."

동네에서 이렇게 봉사하는 것도 참 조심스럽다. 교인들만이 아니라 동네 사람들 눈도 조심스럽다.

나는 좀 입이 무거운 편이어서 아무런 말도 하지 않고 내 할 일만 열심히 했다. 하지만 나는 교회를 지을 때는 앞장서서 열심히 했다. 앞에서도 말했듯이 60년이 넘은 우리 교회는 초가집 쪽방에서부터 시작했다. 교회에 사람들이 조금씩 늘어나고 신앙도 점점 성장하자 마침내 초가집이던 집을 교회로 건축했다. 교인들이 힘을 합쳐 밤마다 야간작업을 하여 교회를 완성했다.

그때 사건이 하나 벌어졌다. 주택을 지으려면 대들보로 쓸 나무와 지붕을 얹을 나무가 필요하다. 과거에는 산에 있는 나무를 아무나 해도 됐지만 그 무렵부터는 나무를 베려면 허가를 받아야 했다. 하지만 그동안의 습관대로 아무 염려 없이 나무를 베다 헛간에 두었다. 그것을 본 마을 사람 하나가 관공서에 투서를 넣었다. 누구라도 책임을 져야 하는 상황이었으므로 내가 그 짐을 지기로 작정했다. 군청에 가서 행정 지도를 받고 홍성 법원에 가서 재판을 받은 뒤 벌금 20만 원이 넘는 돈을 냈다. 농투성이인 내가 나무 몇 개 때문에 재판을 받다니. 그때만 해도 관공서에 불려 다니는 것은 마음 떨리는 고초가 아닐 수 없었다. 이스라엘 백성이 성전을 지을 때 수많은 고생을 했듯, 그야말로 교회를 지으며 별일을 다 겪었다.

그때 목사님은 목사님대로 미안해하는 한편, 내 아들이 떼를 부리기도 해서 안팎으로 고생이 심했다. 그때가 1977년인가. 지금으로부터 30년도 훨씬 더 전에 일어난 일이므로 당시 20만 원은 나같은 농부에게 꽤나 큰돈이 아닐 수 없었다.

그 시절 교회 지을 때는 돈으로는 헌금을 못 하고 다들 쌀 한 가마를 했다. 그때 나는 두 가마를 했다. 대학 등록금이 쌀 한 가마보다 그리 비싸지 않을 때니까 그때 쌀 한 가마는 좀 큰돈이었다.

내 남편은 예수를 안 믿어도 착하기는 했다. 그러나 확실히 신앙 생활을 부부가 함께하는 것과 혼자 하는 게 달라 애로 사항이 있었다. 그 당시에 친구가 쌀 한 가마를 내면 나도 가만히 있을 수 없어서 똑같이 한 가마를 내려고 했다. 그런데 애들은 많고 남편은 믿질 않으니 쌀을 낼 마땅한 방법이 없어서 꾀를 냈다. 방앗간에서 쌀을 찧을 때 흘러내린 쌀을 한 됫박씩 담고 또 담아서 남편 모르게 모은 것이다. 한 달에 댓 말씩 모으는 걸 보고 방앗간 주인이 그것이 무엇이냐고 물으면 나는 남편이 알게 될까 봐 모르는 척 대답도 하지 않았다. 그렇게 모은 쌀을 찧어다가 헌금을 했다.

나는 활발하지도 않고 간간한 성격이라 나서거나 전도하질 못한다. 전도도 하지 않는 나에게 종종 이렇게 묻는 사람이 있다.

"왜 집이는 누구보고 예수 믿으라고 안 하요?"

그러면 내가 이렇게 대답한다.

"내가 꼭 말을 해야 혀? 자기들이 나를 보고 나오는 거지. 내가 예수 믿는 것을 보고설라무니 내가 부러우면 나오겄지."

말로 전도하기보다는 사람들이 나를 보고 교회에 나올 수 있기를 바란다. 그만큼 내가 예수 믿는 사람으로서 부끄럽지 않게 살기를 원한다.

내 기도 제목 중 하나는 교회가 부흥하는 것이다. 교회가 부흥하려면 믿는 자가 바른 신앙으로 세상에 본을 보여야 한다. 본을 보이려면 일단 동네 사람들하고 친해져야 하니까 동네 사람들과 잘 어울리는 게 중요하다.

우리 교회는 지역 사회와의 관계를 잘 맺고 있다. 교회가 노인들에게 찬조도 하고. 지금 시무하시는 목사님이 특히 동네와 열심히 교류하셔서 지금은 사이가 아주 좋다. 하나님은 우리 교회를 봉림리 속에 있는 교회로 세우셨지, 봉림리를 버려 두라고 세우신 게 아니다. 따라서 우리 교회는 하나님을 위한 교회이면서 마을 사람들을 위한 교회라고 생각한다. 마을 사람들 스스로 마음 문을 열게 하는 게 중요하다. 요즘 한국 교회가 어려운 것은 세상 사람들 스스로 마음 문을 열게 하지 않아서 그런 것이다. 그렇게 하려면 교회가 더 낮아지고 교회가 한 번 더 손을 내미는 사랑이 필요하다.

그래서 나는 신앙생활하면서 마을 부녀회장도 하고 노인회장도 했다. 그러면서 하모니카를 배웠다. 장수마을인 우리 동네 마을회관에서 하모니카를 가르치기에 처음에는 거기서 배우다가 여섯 사람이 어울려 교회로 왔다. 나중에 충청 연회 찬양제에서 초청받아 특별 출연한 적도 있고 기독교 방송국 CTS에서도 촬영해 갔다.

예수 믿으면서 욕먹으면 안 된다. 특히 이 동네는 더 그렇다. 나는 커튼 단 것도 일체 입 밖에 내지 않았다. 교인들에게는 상처받을 수도 있으니 말하지 않았고, 동네 사람들에게는 교회에 오면 이런 부담을 져야 한다고 생각하게 될까 봐 더욱 더 말하지 않았다.

남편은 예수 믿는 나에게 교회에 가라 마라 핍박은 안 했다. 그저 넉넉지 못한 살림을 살면서 집안일하고 교회 일하며 먹고살기 위해 고생을 했으므로 신앙생활을 여유롭게 못 했을 뿐이다. 지금 82세인 남편은 16년 전에 혈압으로 쓰러져서 지금까지 누워 있다. 내 삶에 찾아온 유일한 고난이 바로 남편이 쓰러진 일이다. 남편이 그러고 있으니 내가 얼마나 힘이 드는지 모른다. 남편이 쓰러졌을 때 하나님을 원망해 보기도 하고 별짓 다 했지만 차도가 없어서 그저 내게 닥친 복인가 보다 했다.

지금 하고 있는 사과 농사일은 큰아들이 많이 돌봐 주고 있어 큰 힘이 된다. 비록 큰아들이 성깔은 있어도 나를 많이 도와준다.

하루하루 사는 게 육신적으로는 힘이 들고 저녁이면 피곤해서 많은 생각을 안 한다. 그러다 보니 평소에는 성경을 못 들여다보고 겨울이 되어야 조금 본다. 성경 구절은 자주 못 보지만 기도는 열심히 하려고 한다. 그래서 요즘은 새벽예배도 열심히 다니고 남편 위해 기도를 많이 한다. 그래도 힘이 들면 "지금까지 지내온 것 주의 크신 은혜라" 찬송을 곧잘 부른다.

생각해 보면 지금까지 내 일생을 살아온 것이 다 주님의 크신 은혜다. 은혜 없이는 내가 이렇게 감사하며 살 수가 없었으니까. 나는 하나님 나라를 위해 대단한 일을 한 적이 없다. 하지만 이 땅에서 섬긴 것들이 하늘에서도 헛되지 않기를 바란다.

내 또 다른 기도 제목은 무엇보다 자녀들이 믿음을 갖게 해달라는 것이다. 부디 내 자녀들이 꼭 믿기를 바란다. 어쩌면 내가 없어진 후에 아이들이 믿을지도 모르겠다.

이곳에 시집온 후로 나는 우리 교회에서 일생을 섬겼다. 성도들이 한 교회에 계속 있어야 한국 교회가 바로 선다. 마음 내키면 교회 옮기고, 교인들 간에 갈등 생기면 교회 옮기고, 설교 좋다고 교회 옮기면 안 된다. 하나님은 우리가 서로 갈등하는 것을 풀어 주시는 분인데 갈등 생긴다고 다른 교회 가버리면 하나님의 능력을 의심하는 것이 아니겠는가. 그것은 서로 화목하게 살라는 말씀에도 어긋난다. 성경에 서로 화목하고 용서하라는 말은 있어도 너 혼자 은혜 받으려면 교회 옮기라는 말은 없으니까.

사실 큰아들이 교회를 안 다니는 것에 불만도 있었다. 교회 나가는 것을 핍박하는 사람이 아무도 없었는데, 큰아들이 성장하니 어른 노릇을 하면서 교회 나가는 것을 핍박하곤 했다. 지금은 전혀 방해하지 않지만 어려서는 교회 다니지 말라고 대놓고 말했다. 어느 날은 큰아들이 이렇게 물었다.

"엄마, 엄마는 교회 안 댕기면 죽어?"

"왜 그러니?"

이렇게 말하니 더 이상 묻지를 않았다. 제 딴에는 불만이 있지만 그냥 한마디 던지고 싶었던 모양이다. 내가 말을 안 하는 성미라 내 눈빛을 보고 혼자 알아서 판단을 한 것 같다. 지금은 큰아들의 둘째 아이가 교회를 아주 열심히 다닌다. 서울로 안면도로 합창을 다니며 아주 열심이다. 엄마에겐 교회 나가지 말라고 핍박하던 아들도 제 아들이 교회 나가는 데는 아무 말도 못 한다. 처음에는 말렸으나 지금은 그냥 참는다. 자식 이기는 부모 없으니까. 가끔 아들이 빙그레 미소 지으며 그렇게 말한다.

"둘째가 할머니 닮아서 열심히 교회에 다녀. 가는 어머니 닮아서 말려도 소용없어."

그런다. 그럴 때면 내 마음이 정말 흐뭇하다.

지금 큰아들은 청양, 둘째는 당진에서 살고 딸들은 덕산에서 식당을 하며 산다. 다들 아주 열심히 살고 있다.

평생을 이 교회에 몸담았는데 은퇴해서 원로가 되니 교회 일에 전혀 관여를 안 하게 되어 섭섭한 감이 없지 않다. 요즘은 다들 오래 사는 시대라 시골에는 젊은 사람도 거의 없는데 70세에 은퇴하는 것이 빠른 감도 있다. 교회 일이 감투 쓰는 일이 아니고 서로 섬기는 일이니까 은퇴 후에도 함께 의논하면 좋은데 이제는 꼭 밀려난 것 같아서 자못 아쉽다. 특히 농촌 교회에서 70세는 젊은 축에 들어가는 게 현실이다. 나이 70세라도 앞으로 30년은 더 살아야 하고 감당할 일도 많은데, 일찍 물러나는 것은 섭섭한 일이기 이전에 교회 입장에서도 손해일 수 있다. 언젠가 내가 교회 재정이 걱정되어서 어떻게 돌아가느냐고 물으니까, 재정 담당하는 집사님이 바치는 것 생각해 보면 안다고 대답해서 마음이 좀 어려웠다.

교회는 처음부터 지금까지 괴로우나 즐거우나 한자리를 지켜온 사람들이 있어서 유지되는 것이다. 내가 열심히 잘했다는 공치사를 하는 게 아니다. 갑자기 등장한 사람이 열심히 한다고 해서 교회의 역사와 그간의 체계를 다 무시하는 것은 좋은 일이 아니다.

교회 봉사나 헌금 등, 책임은 다 요구하면서도 원로라고 해서 아무런 의논도 같이하지 않는 것은 문제가 있지 않나 생각한다. 젊은 성도들이 오히려 교회를 오래 지켜 온 분들을 존중해야 한다. 그래야 한국 교회가 건강히 존속된다. 우리나라 교회들 전체가 그런 점은 좀 고치면 어떨까 싶다. 모세도 80세에 소명을 받았다. 내가 대접받고 싶어서 이런 말을 하는 게 아님을 꼭 이해해 줬으면 한다.

이제는 처음에 물러났을 때 느꼈던 소외감이나 섭섭함은 없어졌다. 그런 섭섭함을 어떻게 극복했느냐고? 뭘 어떻게 하나, 그냥 극복하는 거지. 어쩔 수 없는 것 아닌가? 하나님 일이니까 그냥 따라 가는 거지. 그런 섭섭함 속에서도 내 의무를 다했다. 그러다 보니 오히려 교회를 더 사랑하게 되었다.

인간적인 섭섭함 속에서도 하나님의 은혜가 풍성히 내리는 것이 곧 기적 아닌가 싶다. 하나님은 쉬지 않으시고 우리를 위로하시며 성실하게 지켜주시니까. 조금이라도 남아 있는 서운함을 이겨 내라고 이처럼 간증할 기회까지 주신 건지도 모른다.

지금 계신 목사님은 우리 교회 22대 교역자이신데, 그전까지는 모두 전도사님을 모셨으니 목회자로선 첫 목사님이다. 60여 년 세월 동안 22대를 맞았으니 얼마나 자주 목회자가 바뀌었는지 알 수 있다. 거의 2, 3년에 한 번씩 바뀐 꼴이다. 목사님 부임하시기 전에는 교인이 열댓 명도 안 되었는데 지금은 수십 명 모인다. 다 지금 목사님이 부흥시킨 것이다. 사모님이 처음에 교회에 오셔서 상황을 보고선 그냥 돌아가고 싶다고 생각하셨을 정도다. 하지만 그 짧은 시간에 교회가 부흥했다. 그토록 좋은 목사님 부부가 오신 것이다.

덕분에 내 신앙 상태는 요즘이 가장 좋다.

　이 땅에서 만난 모든 사람과의 관계는 영원하다. 우리가 단 한 번만 만났어도 천국 가서 만나면 서로를 알아볼 것이니까. 이 땅에서 다시 못 본다고 해도 말이다. 그래서 나는 한 생명 한 생명 모든 관계를 소중히 여긴다.

　아무리 생각해도 지금은 예수 믿기가 참 편하다. 과거를 돌아보면 어떻게 그런 신앙생활을 했는가 싶을 때가 많다. 덕산에서 부흥회를 할 때는 5킬로미터가 넘는 거리를 걸어갔다. 지금은 길이 나서 단거리가 되었지만 그때는 순전히 산골길이었다. 덕산만이 아니다. 십 리 넘게 떨어진 봉산 감리교회, 효교 감리교회, 심지어 이십 리가 넘는 수암산까지도 성도들끼리 밥 한 그릇을 나눠 먹고 가곤 했다.

　겨울 저녁이면 눈이 높다랗게 쌓였는데 그 눈을 밟으며 부흥회를 다녔다. 폭설을 뚫고 아침에 출발하여 부흥회를 마치고 돌아오면 저녁이 되었다. 하루가 꼬박 간 것이다. 그때는 변변한 옷도 없어서 얼마나 추웠는지 모른다. 소매 끝으로 들어온 겨울바람이 칼날로 피부를 벗겨 내는 것처럼 추웠다. 교회에 도착하면 어찌나 추운지 정신이 다 없었다. 그래도 엎드려서 기도하고 하나님 말씀 들으면 가슴이 다 따뜻해졌다. 지금이야 부흥회가 끝나면 먹을 것을 나눠 주곤 하지만 그 시절은 그렇지 않아 굶주림을 안은 채 추위를 가르며 되돌아와야 했다. 새하얀 들판 위에 발자국을 남기듯이, 그날 들은 하나님 말씀이 우리의 가슴속에 또박또박 남았다.

그 눈보라를 뚫고 간 이유는 딱 하나, 하나님 말씀을 듣기 위해서다. 좋은 말씀 찾아다닌다는 핑계로 교회 옮겨 다니는 사람들이 있는데 그것은 다 거짓말이다. 그 사람들은 헌신하기 싫어서 교회를 옮기는 것이다. 요즘 세상에 말씀이 없어서 못 믿는가? 이제는 어느 누구도 눈보라를 뚫고 하나님 말씀 들으러 가지 않는 세상이 되었다. 요즘은 기독교 방송국도 많이 있어서 말씀이 널려 있다. 유명한 목사님들 설교를 하루 종일 들을 수도 있다. 안타깝게도 이렇게 편안해지고 보니 자기 몸을 다 바쳐서 하나님을 섬기는 사람이 많이 줄어드는 것 같다.

교인들이 헌신하기 위해서 옛날로 돌아갈 수는 없다. 하지만 나처럼 별볼일없이 믿는 사람이 보기에도 안타까운 상황이 되지는 않았으면 좋겠다. 겨울 바람을 뚫고 말씀 하나 들으러 갔던 그 마음이라도 생겼으면 좋겠다. 우리나라 교회가 정말 많이 성장했다고 하지만, 부디 교회 일을 내 일처럼 책임지고 섬겼으면 좋겠다. 하나님 말씀 하나 들고자 목숨 걸고 쫓아다니는 마음을 잘 지켜서 하나님의 무한한 축복이 대대로 이어지기를 소망한다.

소설가 이문구의 《관촌수필》을 읽으면 나도 충청도 사투리로 말해 보고 싶어진다. 충청도 사투리는 그만큼 구수하다. 이재인 권사님의 구수한 충청도 사투리는 너울너울 잘도 넘어 갔다.

권사님은 열심히 인생을 사시는 분이었다. 농사를 짓느라 너무나 바쁘셔서 취재 약속을 잡기도 어려웠고, 시간을 빼앗아서 죄송하기도 했다.

권사님은 동네에서도 입이 무겁기로 소문이 났다. 권사님께 살아오면서 체험한 것을 말해 달라고 하자 그런 것을 어떻게 말하느냐며 사양하셨다. 자기 자랑도 없고 군더더기도 없는 분이라서 자기 자랑이라고는 일체 하지 않았다.

권사님은 두 가지 현실을 안타까워했다. 첫째는 농촌 교회의 목회자가 워낙 자주 바뀌어서 성도가 안정되게 목자를 섬기기도 어렵고 양육받기도 어렵다는 것이고, 둘째는 세대교체가 되면서 원로들이 너무 소외된다는 것이다.

원로들은 한국 교회를 위해 헌신하신 분들이므로 이분들을 본받고 존중해야 한다. 하나님은 나이로 우리를 판단하지 않고 헌신으로 판단하신다.

식사 대접을 해주신 사모님과 윤병선 목사님께 감사드린다.

우리가 헤어질 때 권사님은 주름지고 검게 탄 얼굴에 웃음꽃을 활짝 터뜨리며 이렇게 말씀하셨다.

"가을에 꼭 오셔유. 과실 익으은 설라무니 사과 한 짝 드릴 터니께."

돌아오는 가을에는 사과 한 짝 얻으러 권사님을 꼭 찾아뵈어야겠다.

교회는 자립해야 성장한다

장순복 권사 • 1924년생
전남 담양군, 금성교회

이렇게 햇살 좋은 봄날이면 나는 마당에 있는 동백나무를 물끄러미 바라본다. 저 동백나무는 남편이 세상을 떠나기 얼마 전에 심은 나무다. 키가 크지도 않은 나무인데 잎도 무성하고 꽃도 만발한다. 초봄부터 쉬지 않고 피었다 떨어지는 꽃을 보면 죽은 남편 생각이 난다.

심을 때는 무릎에도 안 닿던 나무가 자라 이제는 내 키보다 커졌다. 한 해 한 해 시나브로 자란 나무가 어느새 마당 한가운데를 차지하고 있는 것이 흡사 내 인생 가운데 하나님이 차지한 공간 같이 생각될 때도 있다.

내 나이는 올해 여든아홉이다. 내가 스무 살에 시집왔으니 이제 69년 되었다. 늙는다는 건 그렇게 하나둘씩 놓아주면서도 잊어버리는 것만 느는 거다. 나이를 먹으면 입맛도 놓아줘야 한다. 입맛이 살지 않으니 약을 먹기 위해 밥 먹을 때가 오히려 많다. 또 기억도 나빠진다. 보이는 것도 들리는 것도 모두 차근차근 놓아줘야 한다.

영감은 67세에 예수님 믿고 2001년, 79세에 먼저 하늘에 갔다. 내가 영감 예수님 믿으라고 48년을 기도해서 뒤늦게 교회에 나왔다. 늦게라도 예수님 믿었으니 얼마나 감사한 일인지 모른다.

나는 처녀 때 영광 군청에서 현금 출납을 담당하는 공무원이었다. 직장생활을 하면서 특별한 계기 없이 천주교를 다녔다. 그때 예수님이라는 존재를 알았으나 결혼을 하고도 교회에는 못 갔다.

남편은 교사였고 집안 형편은 그리 어렵지 않았다. 그런데 결혼 5년째, 어느 날부터 남편이 몹시 아팠다. 병원에 찾아가니 남편이 간디스토마에 감염되었다고 한다. 간디스토마가 무슨 병인지도 모르고 그저 간에 관련된 병이려니 싶었다. 하지만 그 병은 결코 가벼운 병이 아니어서 죽는 순간까지 사람을 괴롭혔다.

그때부터 나에게는 광야같은 시집살이가 시작됐다. 말하자면 그것이 나를 구원하려는 하나님의 계획이었을까? 하나님은 나를 이 가정에 시집을 보내심으로써 이 집과 이 동네를 구원시키는 일에 동참하게 하셨다.

나는 남편이 아파서 죽을까 걱정하느라 한시름도 놓지 못했다. 간이 나빠지니 위장, 신장 다 나빠졌다. 광주에서 지어다 먹인 한약이 방으로 두 개는 찰 것이다. 그 많은 한약을 다 달여서 먹였다. 나중에야 간에는 한약이 안 좋다는 사실을 알게 되었지만 그때로서는 최선을 다한 것이었다.

그런데 내가 전혀 예상치도 않은 기가 막힌 일이 벌어졌다. 시댁에서 남편이 아프게 된 원인을 나에게 돌린 것이다.

"팔자 사나운 여편네가 시집을 오니께 온몸이 다 아프네. 아무래도 저년이 사람 잡아 묵을 여자여."

이런 구박들을 하는 거다. 동네 사람들도 여자가 잘못 들어와서 이런 일이 벌어졌다며 뒷공론을 했다. 남편 몸이 아픈 것이 왜 내 탓이겠는가만 시댁 식구들은 그렇게 핑계를 하면서 심심찮게 점쟁이를 불러들여 점을 쳤다. 당시에는 점을 치는 것이 그리 낯선 풍경이 아니었으므로 점쟁이에게 거부감이 있지는 않았다. 하지만 내 팔자가 사나워 자기 몸이 아프다고 하는 데는 부아가 치밀었다.

스물다섯 꽃다운 나이에 참으로 견디기 힘들었다. 정말로 나에게 문제가 있어서 병이 찾아왔나 하는 죄책감도 들었다. 지금 알고 보면 모두 사탄의 목소리였으나 그때는 정말 내 책임 같기도 했다. 그게 화가 나서 내 발로 교회에 나가기 시작했다.

당시 나는 단양읍에 살고 있었다. 그러다 스물여섯 살에 이 동네 금성교회로 왔으니 올해로 63년째 이 교회에 다닌다.

남편은 평생 말도 없고 점잖았으며 이렇다 저렇다 잔소리가 없는 사람이었다. 그는 평생 교육만 생각하다 세상을 떠났다. 남편은 정말로 세밀하고 치밀하고 강직하고 정직했다. 학교 경영도 무척 잘해서 학교에서 송덕비까지 세워 줬다.

비록 남편이 좋은 사람이긴 했지만 시집살이를 하면서는 정말로 도망을 가고 싶었다. 남편은 아프지, 가족들은 그 아픈 탓을 나에게 돌리지……. 내가 의지할 데가 없었다. 하지만 믿는 마음으로 살았다. 내가 예수 믿지 않았다면 진작 도망을 갔을 것이다.

결혼 전에 나는 아무런 어려움 없이 자랐다. 시댁은 종가집의 대 장손인데 내가 예수를 믿으니 좋아할 리가 없었다. 난리가 났다. 그러니 시집살이가 광야생활이 되지 않을 수 없었다. 그때 나는 남편을 떠날 각오로 교회에 나가고 있었다.

시댁은 교회 가는 것에 대해 교묘하게 핍박을 했다. 내가 교회에 가는 것을 공개적으로 탓하진 않았으나 아예 교회 갈 시간을 내지 못하게 주일에도 일을 시켰다. 하지만 평소에는 죽은 듯이 순종하니까 어른들도 차마 말은 못하고 눈치만 췄다. 어느 주일에는 뙤약볕에 들에 가서 저물도록 밀을 베고 밥 먹으러조차 안 온 적도 있다. 그럴 때면 배가 등뼈에 가서 붙었고 하늘이 다 노랬다. 그래도 어느 누구 하나 나를 위로해 주지 않았다.

이런 나날 속에서 나는 비장한 결심을 했다. 이 결혼생활을 끝내야겠다고 생각한 것이다. 그런 내 마음을 눈치 챈 남편이 어느 날 나를 붙들고 물었다.

"자네, 어쩔라고 이렇게 하는가?"

"나는 이렇게는 못 살겠소. 당신이 아픈 게 내 탓이라고 하는 것도 그렇고, 예수 믿는다고 핍박하는 것도 그렇고. 내가 이 집에서 나가야 쓰겠소. 내가 무얼 보고 살겠소? 내가 예수를 믿게 두든지 아

밥보다 예수

392

니믄 이참에 나를 그냥 놔주시오."

하지만 남편이 가지 못하게 잡았다.

"이녁 마음은 내가 알겠네. 어른들이사 내가 어쩌겠는가? 이녁
은 내 사람인게 떠날 생각은 마소. 나는 이녁 보고 사는 사람이여."

남편이 이렇게 간절히 나를 붙들었다. 그 말에 감동이 되어 남편
에게 죽도록 충성하며 봉양을 했다.

앞에서도 말했듯이 나는 남편을 위해 48년간 기도를 했다. 기도
의 힘은 정말로 놀라운 것이다. 나는 기도만 했지 남편더러 교회 가
자는 말은 하지도 않았다. 그러던 어느 날 그를 교회에 나오게 한
사건이 터졌다. 정년퇴직을 한 뒤 67세 되던 해였다. 느닷없이 남편
의 혈압이 나빠져서 혼절을 했다. 그때 목사님이 찾아왔다. 금성교
회 목사님은 사실 우리 남편의 매제다.

우리 시댁은 7남매, 아들 다섯에 딸이 둘이다. 딸 둘 중 여기 금
성교회 목사 사모가 막내시누이고, 광주 사는 큰시누이도 열심히
신앙생활을 한다. 시아제 한 명은 안 믿고 죽었으나 나머지는 다 믿
는다. 그 모든 가족을 다 내가 전도했다. 내 친정 부모는 왜정 때라
아무도 안 믿었기에 내가 믿음의 조상인 셈이다. 시어머니도 임종
에 구원 얻고 돌아가셨다.

다시 원줄기로 돌아가 보겠다. 그때 혼절한 남편은 이미 정신을
잃은 상태였다. 불러도 대답이 없고 흔들어도 사람을 제대로 못 알
아봤다. 그런 남편에게 매제인 목사님이 이렇게 말했다.

"형님, 이제 예수 믿고 천국 가야죠."

그 순간 놀라운 일이 벌어졌다. 한 마디 말도 못하고 사람도 못 알아보던 인사불성의 사람이 갑자기 큰 소리로 대답을 한 것이다.

"어이, 알았네."

그 말 한 마디를 했다. 그러고 나서 곧 병이 호전되었고 바로 교회에도 나왔다. 내가 기도한 것을 하나님이 이뤄 주신 것이다.

내가 '하나님이 정말 내 아버지다' 하고 만난 것은 남편이 아프면서부터다. 그가 앓아누운 뒤로 나는 남편을 업고 병 고치는 자리에도 가고 부흥사경회도 가고 은혜의 자리는 다 찾아다녔다. 어떻게 해서라도 이 남편을 살리고 싶었다. 요즘 사람들처럼 살갑게 "사랑해, 뭐해" 입으로 말하지 못하던 시대에 살았다. 사실 사랑은 입으로 말하는 게 아니라 몸으로 뛰어다니는 게 아닌가 싶다.

그렇게 애타게 쫓아다니면서 깨달은 사실이 있다. 성령이 역사를 해야 기도도 나오지 그렇지 않으면 기도도 안 나온다는 사실이다. 내가 기도를 하는 게 아니라 하나님이 나와 함께 기도해 주신다는 것을 깨달았다. 가족이 병들었을 때 자신이 할 수 있는 것이 아무것도 없다는 사실을 깨달은 사람은 누구나 알 것이다. 하나님이 나를 위해 기도해 주시는 그 시간이 얼마나 감사하고 간절한 시간인지.

나는 결코 짧지 않은 세월을 그렇게 보냈다. 나는 예수 안 믿었으면 이 집에서 벌써 도망가 버렸을 것이다. 그때 나는 "여호와는 나의 목자시니 내가 부족함이 없으리로다" 시편 23편을 읽으면서 내 힘든 삶에 위안을 얻었고, "나의 갈 길 다 가도록 예수 인도하시니" 이 찬송 부르면서 눈물도 많이 흘렸다. 하나님께서 내 아픔을 아시고 위로하신다고 생각할 때마다 하나님을 더 붙들었다.

우리의 아픔을 하나님이 알아주시는 것도 감사하지만, 우리는 연약한 인간이기에 사람이 알아주는 것도 너무나 귀한 일이다. 어쩌면 사람이 알아줄 때 더 많은 위로를 받는지도 모른다. 그래서 남편이 내 마음을 알아준 것이 무엇보다 위안이 되었다. 사실 나에게는 그런 말을 안 했는데 며느리들에게 그런 말을 했다고 한다.

"느그 엄마가 나 때문에 고생 많이 했다. 느그 엄마가 세상에 좋은 사람이다."

이렇게 말 하더라고 한다. 남편은 평생 좋아하느니 사랑하느니 그런 말 일체 안 하고 점잖게만 굴었으나, 그런 말을 며느리들에게 전해 들었을 때 내 지난 삶이 다 위로가 되었다.

나는 아들 다섯에 손자 넷, 손녀 다섯을 두었다. 딸이 없으니 며느리들이 친딸 노릇을 한다. 며느리 이야기를 하다 보니 우리 시부모님에 대한 잊지 못할 일이 기억난다. 시아버지는 일흔 살에 돌아가셨는데, 그때 내 나이 마흔 몇이었다. 시어머니는 그 후 얼마 안 되어 돌아가셨다. 임종 전 시아버지는 나에게 논 삼십 마지기를 다 맡기고 가셨다. 남편은 아프고 시어머니는 나이 드셨고. 그래서 나 혼자 그 농사일을 다 감당했다.

시아버지가 돌아가시고 나서 이틀이 지난 후였다. 예수 믿으시는 시댁 작은어머니는 평소 나와 가까이 지냈는데, 그날 나는 그분과 함께 잠을 자고 있었다. 바로 그날 꿈에 시아버지가 나왔다.

"아가, 내가 많이 아픈게 담양 병원에 가서 약을 지어 오니라."

담양은 십 리 거리니 가는 데 시간이 꽤나 걸릴 터였다. 그런데 그 먼 길을 심부름 다녀오라는 것이다. 길을 떠나 가는 내 뒤에 대고 시아버지가 아주 큰 소리로 악을 썼다.

"네 발바닥에 구루마(달구지 바퀴)를 달아라."

꿈을 깨고서 '그게 무슨 소릴까, 담양 거리가 십 리 거리인데 그 소리가 무엇인가'를 생각하며 기도를 했다. 그런데 기도 중에 작은어머니가 일어나더니 한 말씀 툭 던지신다.

"자네가 기도로 우리 집을 살리네."

나는 그로부터 십 년 동안, 옷이 등에 착착 달라붙도록 구슬땀을 흘리며 일을 했다. 말 그대로 발바닥에 구루마를 단 것처럼 보일 정도로 밖을 돌아다녀야 했다. 놀랍게도 딱 십 년 되니까 농사를 그만두게 되었다. 십 년 만에 농사를 관두고 나자, 내가 십 년 전에 꾼 꿈이 기억났다. 그리고 그제야 그 꿈이 해석되었다.

젊은 시절에는 직장생활하면서 멋지게 살았는데, 이 가정에 와서 안 하던 농사일을 하면서 시댁 식구들 모시고 살다 보니 겁나게 힘들었다. 뛰쳐나가고 싶을 적도 있었다. 그러나 그렇게 답답할 때마다 교회 가서 기도했고 교회 가서 찬송했다. 내가 가는 곳은 일터 아니면 교회밖에 없었다. 세상 사람들과 지내는 것도 아니고, 어디 놀러 다니거나 춤추러 다니는 것은 꿈도 꾸지 않고 살았는데 십 년 농사를 짓고선 그 모두를 내놓게 되었다.

시어머니가 돌아가신 직후에도 그런 일이 있었다. 내가 방에 누워 쉬고 있는데 등이 천장에 닿을 만큼 커다란 마귀가 나를 바깥으로 확 잡아당겼다. 내 몸이 마귀에게 끌려가는 것이다. 내가 온 힘을 다해 소리를 쳤다.

"사탄아 물러가라!"

그렇게 소리치고 보니 꿈이었다. 눈을 뜨고 일어나려는데 온몸이 발발발 떨리기만 할 뿐 일어나질 못했다. 새벽기도를 가야 하는데 몸이 꼼짝도 안 했다. 눈이 떠지지도 않았다. 그때, 지금 교회 사모인 시누이가 옆에 누워 있었다.

"형님, 일어나요. 우리 예배합시다."

그러면서 나를 일으켜 앉혀 찬송하고 성경 보고 기도를 했다. 시누와 예배를 드리자 차츰 나아져서 새벽예배에 갔다. 다 말할 수는 없어도 그런 일들이 수두룩했다. 나는 정말이지 믿음으로 살았다. 믿음이 없으면 나는 죽은 목숨이나 다름없다.

거의 70년 동안을 한 교회에 있으면서 참으로 많은 은혜를 받았지만 가슴 아픈 기억도 있다.

우리 교회는 지금까지 열한 분의 교역자를 모셨으나 우린 목사님을 내쫓지 않았다. 목사님은 하나님이 기름 부은 종이기 때문에 우리는 목사님께 나쁜 말을 하지 않고 다만 기도할 뿐이다. 만일 목사님이 합당하지 않으면 하나님이 다스릴 것이라고 믿는 것이 우리 교회 철칙이었다.

한번은 열심히 일하는 목사님 한 분이 있었다. 아무래도 일을 열심히 하다 보니 교인들에게 요구하는 것도 많았다. 결국 교인들이 피로감을 느낀 나머지 목사님을 내보내려고 했다. 그때 나는 강력하게 반대했다. 그러자 나같은 사람 때문에 교회가 안 된다고 수군대는 사람들도 있었다.

"주의 종이 은혜가 충만해서 일하시는디, 돕지는 못할망정 나가라고 하면 쓰겠소? 난 절대 그리 못 하요. 하나님이 세운 종을 우리가 내쫓을 것이라? 그건 우리가 할 일이 아니고 하나님이 하실 일이여. 우리가 하나님이간디? 목사님은 우리가 세운 분이 아니고 하나님이 세운 분이여. 그렁게 나는 절대로 찬성 못 하요."

나는 한사코 반대했다. 교인들은 결국 나의 고집에 한발 물러섰다. 교인들이 목회자를 쫓아내는 것은 정말로 나쁜 일이며 하나님의 뜻이 아니다. 하나님이 직접 움직이실 때까지 우리는 단지 기도만 할 뿐, 우리가 무엇을 결정할 수는 없다.

이 사건이 계기가 되어 우리 교회는 목회자 내보내는 일을 하지 않았다. 지금 목사님이 우리 교회에 오신 지 한 30년 되셨는데 이제껏 정년 되시도록 계신다. 우리 목사님은 정말 기도를 많이 하시고 사람들에게 본이 되는 분이다.

물론 목회자들이 문제가 없었던 것은 아니다. 한 분은 전도사로 왔는데 외부에서 빚 받으러 오는 사람이 수두룩했다. 사택에서는 사모님과 싸움질하는 일이 너무나 빈번했다. 그런 문제가 덕이 되질 않는 상황에서 어느 날은 새벽기도를 하는데 누가 빚을 받으러 왔다. 그래서 장로님과 상의를 했다.

"교회 일로 빚을 진 것도 아닌디 목회자에게 자꾸 빚 받으러 오는 것이 교회에 덕이 안 돼요. 교회 얼굴이 영 말이 아닌디 장로님 어떻게 하실라우."

그러자 그 장로님 어머니인 권사님이 그 말을 전해 듣고는 전도사님께 전화로 말을 전했다. 권사님이 이러저러하게 장로님께 말하더라. 그 말을 듣고 전도사님이 제 발로 교회를 떠났다.

또 한 전도사님의 경우는 장로님이 시찰에 나가서 교역자를 바꾸어 달라고 한 것 같다. 그래서 시찰에서 전도사님을 찾아와 사임을 권고했다. 다른 재직들이 아무 말도 안 하고 있는 상황에서 장로님 본인이 보내고 싶어 움직인 것이었다. 아무리 생각해도 그렇게 하는 것은 아니다 싶어서 시찰장을 모시고 재직회를 열었다. 내가 시찰장에게 말했다.

"이 교역자가 나가면 갈 데도 없는데 노모까지 있소. 나가믄 담벼락 밑에서 이불 덮고 있게 생겼는디 어찌게 보내겠소? 교역자 입장에서 이런 말을 들었으니 교역자가 여기 더 있고 싶겠소? 아무래도 당신도 가실라고 애를 쓸 것이니 가실 때까지 기다립시다."

시찰장과 재직들도 동의를 했고, 그로부터 3년을 더 머물렀다. 그런데 3년이라는 충분한 시간을 드렸음에도 전혀 움직일 기미를 보이지 않아 교인들이 나가시라고 정중하게 권했다.

그런데 그분이 떠날 때 나를 원망했다. 장 권사가 잡으면 안 쫓겨날 것인데 안 잡아서 쫓겨난다고 한 것이다. 나는 좀 억울했지만 하나님은 내 마음을 아실 것이다. 어쨌든 우리는 그분 외에 한 분도 가시라고 한 적이 없다.

우리 동네 노인정은 매일 점심을 나누어 주는데, 보통 서른 명 정도가 나온다. 또 동네 어귀에는 게이트볼 장이 있어서 오락거리도 즐길 수 있다. 시골 동네치고는 사람도 많고 괜찮은 곳이다. 이 동네는 농사가 주업인데 특히 블루베리와 복분자를 특용 재배한다.

동네 사람과 예수 믿는 사람 간에 갈등은 거의 없다. 간혹 있다고 할지라도 나한테는 그런 말 안 한다. 나같이 예수 믿으면 다들 믿겠다는 말을 한다. 내 자랑이 아니라 예수 믿는 사람이 안 믿는 사람들에게 그런 말을 들어야 한다고 생각해서 하는 말이다.

우리 교회는 식당도 있고 웬만한 시설이 다 갖춰져 있다. 교회에서 주일이면 낮에 밥해 먹고. 그러나 요즘은 젊은이들이 모두 도회지로 떠나서 노인들만 있고 젊은이가 없다. 이로 인해 시골 교회는 요즘 부흥이 되질 않는다.

우리 교회는 지금 육칠십 명의 성도가 다닌다. 그중 장로님 두 분에 집사가 사십 명 정도다. 과거에는 백 명쯤 다녔는데 지금은 많이 줄었다. 하나님 안에서 뭉친 사람들이라 그런지 다들 순진하고 단순해서 교인들 간에도 갈등이 없다. 교회 분쟁은 장로와 목사 파가 갈려야 일어나는데 하나님 은혜로 우리 교회엔 그런 일이 없다.

우리 교회에선 내가 가장 오래되었고 다른 사람들은 밖으로 나가기도 많이 했다. 오래전에 외지로 나간 사람들이 본교회에 방문하면 이제는 다 모르는 사람들만 있고 나 하나만 남았으므로 다들 나만 찾아온다. 작년에 90주년 기념 행사라고 본교회 출신들이 교회 영사기 사주고 교회 달력도 해주었다. 우리 교회를 모교회로 둔 이분들, 외부에 가신 분들이 여전히 모교회를 사랑하는 마음으로 아직까지 돕고 있다. 도시로 떠난 사람들은 이처럼 자기 고향 교회 혹은 자기 부모의 고향 교회를 잊지 말아야 한다.

우리 교회는 그동안 선교사들에게 선교비를 보냈다. 한 교회에 10만 원씩, 여덟 개 교회에 월 80만 원의 선교비 헌금을 했다. 교회가 할 일은 그것밖에 없다. 한번은 필리핀 선교사 최태영 목사님이 우리 교회 건축 헌금으로 100만 원을 냈다. 우리가 선교 헌금해야 할 것을 거꾸로 그분이 한 것이다.

지금의 교회를 지은 지는 15년 되었다. 91년의 교회 역사는 내 나이와 비슷하다. 내가 이 교회에 처음 왔던 일제 때에는 폐쇄된 교회에서 예배를 드렸다. 당시 교회를 섬기던 장로님이 전쟁통에 피난을 가버리는 바람에 댓 분이 기도처에서 기도를 하고 있었다. 그때 제단을 지키신 분이 정처녀라는 전도사님이었다. 그분이 여기 파송

되어서 골방 기도를 했다.

내가 이 동네의 학교 선생으로 온 남편을 설득하여 학교 방을 달라고 해서 예배를 드렸다. 농담 한마디 하자면, 요즘 도회지에는 학교를 빌려 예배드리는 교회가 많다는데, 그것은 우리 교회가 원조 아닌가 싶다. 학교에서 못 드릴 때는 우리 집에서 예배를 드렸다.

정처녀 전도사님이 심방 전도사로 주변 동네 네 곳을 돌보셨다. 당시 노회 선교부에서 돈 조금 주고 겁나게 일을 부렸다. 그분 정말 고생 많이 하셨다. 그 옛날에 여자 몸으로 이 시골에서 선교를 했으니 얼마나 고생이 많았겠는가? 우리나라 교회는 이런 분들의 희생으로 일어선 것이다.

정처녀 전도사님이 가신 뒤 새로운 전도사님을 모셨다. 나는 전쟁 전에 이 교회에 와서 전쟁을 겪었고, 전쟁 후에도 예배를 드렸다. 그때 이후로 남은 사람은 나 하나다. 당시 주일학교 다닌 사람들이 지금 장로도 되고 권사도 되었다.

그러다가 6·25 직후에 조그마한 초가집을 하나 지었다. 왜정시대와 전쟁 때는 믿는 자라고 죽일까 봐 다들 피난을 갔다. 그때 최광천 전도사님이 정읍 칠보로 피난 갔다가 순교당하는 비참한 일이 발생했다. 그분 부인은 이 동네 사람이었는데, 남편을 잃고 고향으로 돌아와 그 초가집 교회에서 시무하다가 돌아가셨다.

단독 교역자를 모시게 되면서 우리 교회는 미자립 교회로서 많은 도움을 받았다. 그런데 도움을 받으니 전라도 식으로 말해서 더

허천났다. 마치 구걸을 하는 것 같고 부끄러운 마음이었다. 그래서 차라리 도움을 안 받아야 되겠다 싶어서 자립을 했다. 1976년에 내가 권사 취임했으니 1974년부터 도움을 안 받은 것이다. 놀랍게도 도움을 안 받으니 교회가 무럭무럭 자랐다. 이에 내가 미자립 교회에 꼭 하고 싶은 말이 있다. 미자립 교회가 자립해야 축복을 받는다고.

세월이 흐른 뒤 내가 20년 정도 시찰장을 했다. 그때 우리 교회가 오히려 미자립 교회를 돕는 입장이 되어 주변 미자립 교회를 여러 군데 도왔다. 교회도 그렇고 사람도 그렇고 내가 일어서면 남을 도울 수 있지만, 내가 누군가를 의지하면 절대 남을 도울 수 없다.

그 후 박병운 목사님이라는 분이 지금 교회 터에 벽돌로 교회를 지었고, 그것을 헐어 지금 목사님이 오늘의 교회를 건축하셨다.

우리 교회에 성령의 역사가 많이 일어났다. 그중 많은 것을 잊었지만 특별히 기억나는 사건들을 이야기하겠다.

온 세상이 눈으로 뒤덮인 한겨울이었다. 어느 날 새벽예배를 마친 후 목사님이 나를 불러 세웠다.

"권사님, 오늘 시간 되면 강대석 집사 집에 같이 심방 가십시다."

나는 교회 일이라면 만사를 뒤로 미루고 나서는 사람이다. 나는 지금도 교회에서 대심방을 하면 죽도록 다닌다. 내가 죽으면 할 수 없는 일이니까. 내가 성경에서 가장 좋아하는 사람은 바울이다. 그는 평생 결혼도 안 하고 신앙생활을 했다. 나는 그런 믿음이 부럽다.

그런 내가 심방을 마다할 수는 없었지만 일단 이렇게 물었다.

"교회도 안 나오는디 심방을 가야 쓸까요?"

교회도 안 나오는 사람에게 전도도 아닌 심방을 간다는 것은 어딘가 잘못되었다는 생각을 했다.

당시 강대석 집사는 술을 많이 마셔서 술병이 들어 정신을 잃을 지경이었다. 그래서 우리가 그분을 전도하여 교회에 나오게 했다. 그분은 한동안 열심히 교회에 나왔다. 그렇게 교회에 나오면서 차츰 병이 낫더니, 다 나은 후에는 더 이상 교회에 안 나왔다.

"그 양반이 심방을 와 달라고 합디다."

당사자가 와 달라고 해서 목사님이 나더러 심방을 가자는 것이었다. 그리하여 목사님과 집사님 한 분 그리고 나, 이렇게 셋이서 심방을 갔다. 그때는 차도 없는 시대여서 눈이 발목까지 빠지는 길을 4킬로미터나 걸어가야 했다. 춥고 힘든 길을 걸어서 그 집에 도착을 하니 그분이 방 안에 있었다.

"아저씨, 또 뭐 할라고 우리를 오라 그랬소?"

내가 이렇게 물었다. 그러자 그가 방바닥을 탁탁 치면서 공포에 질려 소리를 쳤다.

"저기, 구신이 있소. 저기 저기, 저기로 올라가고 있소."

눈길이라도 십 리 길을 걸으니 등이 땀으로 흠뻑 젖어 있는데, 귀신이 있다는 소리에 땀에 밴 등골이 다 얼어붙는 것 같았다. 목사님과 찬송을 하고 예배를 드렸다. 그러다 기도 중 환상을 보았다.

손바닥만 한 접시에 곶감 세 개가 있다. 그런데 그게 가만히 집으로 들어오는 것이다. 깜박 깨니 환상이다. 우선 '먹기는 곶감이 달다'는 속담이 생각났다. 문득 이 사람이 심방 덕에 병만 낫고 교회에는 안 오려나 하는 생각이 들었다.

"아저씨, 우리 가고 병 나으면 안 올라고 그라지라?"

내가 묻자 강대석 집사가 손을 내저으며 부인을 한다.

"아녀라. 안 그란당게."

그래서 가만히 생각해 보니 여자가 기도를 해야 되겠다는 생각이 들었다. 그래서 그분 아내에게 말했다.

"아줌마, 아줌마가 기도를 열심히 해야겄소. 그래야 낫겄소."

그러자 아주머니가 서슴없이 대답을 했다.

"야, 나도 가고 싶은디 못 가게 해라우. 병 낫으면 교회 그만 간다고 하고라."

그날 이후 그 아내가 교회에 나오기 시작해서 지금까지 그렇게 신앙생활을 잘한다. 지금은 권사가 되어 너무나 든든한 기둥으로 섬기고 있다. 하지만 그 남편은 결국 병을 이기지 못하고 얼마 후 죽었다. 그러고 보면 그날 사건은 그 집사의 아내를 구원하려는 계획이었는지도 모른다. 하나님의 계획은 아무도 알 수 없으니 말이다.

내 삶에서 가장 충만한 때는 새벽기도 나가는 시간이다. 하나님은 특별히 새벽기도 시간에 나에게 많은 것을 말씀하시기 때문이다. 정확히 말하자면 음성을 들려주는 것이 아니라 환상을 보여 주신다. 나는 환상을 많이 봤다. 그 환상을 통해 하나님이 나에게 주신 특별한 선물이 있다면 사람의 마음을 보게 한 것이다.

어느 날 기도하다가 한 성도가 멋진 바지를 입고 있는 환상을 봤다. 나는 그 환상을 보고 그 사람이 교만에 빠졌다고 생각했다. 그 사람은 주일과 철야예배 찬양 지휘를 하는 능력자였다. 그 양반이 느닷없이 금식 기도를 한다고 산에 갔다. 그러고는 꽤 오랜 기간 교회에 안 나왔다. 그래서 목사님과 함께 그 집을 찾아갔다.

"집사님, 교회에 나오길 다들 기다리고 있는데 왜 안 오십니까?"

그러자 그 사람이 목사님께 자신의 요구 사항을 말했다.

"목사님도 아시다시피 제가 교회를 위해 헌신도 했고, 또 제가 가진 달란트도 있은게 저를 교회의 전도사로 세워 주시오. 그러면 제가 교회 가겠습니다."

그래서 내가 중간에 한마디했다.

"목사님이 계신게 집사님은 겸손하게 교회를 섬겨야제. 지금 집사님이 너무 자기 신앙을 자신헌 것 아니우?"

이 사람이 내 말에는 아예 귀를 기울이지 않은 채 목사님께 답을 달라고 채근하기만 했다. 그이는 신학을 한 것도 아니었다. 열심히 교회 봉사하고 찬양 지휘하고 금식기도 다녀왔다 해서 전도사가 되는 건 있을 수 없는 일이었다. 그야말로 교만이 들어앉은 것이다.

목사님은 조용하지만 단호하게 거절했고, 그 사람은 더 이상 교회에 나오지 않았다. 나는 그 사람이 교회 일을 좀더 하길 바랐는데 더 이상 나오질 않았다. 얼마 후 그는 어느 동네에 교회를 하나 세워서 자기가 제단을 지켰다. 그러나 얼마 가지 않아서 유방암으로 죽어 버리고 말았다. 안 된 말이지만 그이가 교만이 들어서 회개를 안 하니 죽어 버렸다는 생각이 들었다. 하나님은 교만을 가장 싫어하시니까.

내가 기도하며 응답 받은 것은 전라도 말로 해서 쎄고 쎄부렀다. 안 믿는 사람 전도해서 믿게도 했다. 그 무엇보다 감사한 것은 성질 나쁘고 교만한 나를 사람으로 만들어 놓은 것이다.

사실을 말하자면 나야말로 입바르고 교만한 사람이다. 옳지 않은 일을 보면 참지를 않고 바로 쏘아붙이는 칼날같은 성미다. 한번 안 하겠다고 하면 절대로 뜻을 굽히지 않던 교만한 나를 하나님의 딸로 만들어 준 것이 한없이 감사한 일이다. 내가 옳다고 판단하여 밀어붙이는 것이 좋은 것 같지만, 사실은 그것이 안 좋은 일이었다. 어떤 일을 하는 것보다 사람들에게 상처를 주지 않는 게 나을 때가 많은데 나는 사람들에게 상처를 많이 줬다.

기도 응답 이야기를 하려다가 옆으로 샜다. 나이를 많이 먹은 만큼 나는 기도 응답도 많이 받았다. 우리 목사님은 통성기도를 많이 권하신다. 그러면서 겁나게 많은 기도 제목을 주신다. 기도 제목이 많고 길기도 하니까 사실 나는 통성기도를 잘 안 한다. 그런데 어느 날 교회 사택 문제를 기도 제목으로 놓고 기도했더니 우리 교회와는 전혀 상관없는 사람이 느닷없이 천만 원 돈을 교회에 보내왔다. 그동안 사택이 없어서 목사님 식구가 식당에서 살았는데, 그 돈으로 사택을 지었다. 당시에 목사님이 그런 말을 했다.

"교인들이 가난해서 낼 것이 없으니 기도합시다. 하나님이 필요하다고 여기면 이뤄 줄 것입니다."

그리하여 기도대로 이뤄졌다.

또 한 가정은 군속(군무원) 가정이었는데, 외지에 있다가 이곳으로 왔다. 원래 서울 근방에 근무했는데 이곳으로 보내 달라고 기도했더니 기도한 지 얼마 되지 않아서 이곳으로 전근을 왔다고 했다. 또 한 가정은 불임가정이었다. 결혼한 지 십 년이 넘어가도록 아이가 생기질 않았다. 그래서 그분들을 위해 우리가 열심히 기도했다. 그 기도의 응답으로 남매를 낳았다. 기도 제목으로 내놓고 통성 기도를 한 지 얼마 지나지 않아 첫아이가 생겼고, 첫아이 낳자 얼마 지나지 않아 둘째도 생겼다.

그처럼 우리 기도에 응답해 주실 때마다 하나님이 너무 감사해서 눈물이 쫙 쏟아진다. 병을 낫게 해달라는 기도에 응답해 주신 적도 많다. 믿는 가정인 우리 작은집의 큰아들이 후두암에 걸렸다. 그 아이를 위해 기도하며 얼마나 눈물을 흘렸는지 모른다. 정말이지 눈물로 홍수가 날 것만 같았다. 그렇게 기도를 한 뒤 놀라운 일이 일어났다. 급속하게 번지던 암의 전이 속도가 느려진 것이다. 병원에서는 이해할 수 없는 일이라고 했다. 완전히 낫지는 않았지만 생명을 연장해 주셨다. 기도하기 전까지는 말도 하지 못했는데 말도 하게 되었다. 그때 나는 분명히 깨달았다.

'아하, 눈물의 기도는 하나님께서 반드시 응답하시는구나.'

또 조합장 어머니가 아픈 적이 있다. 병원에서는 여러 가지 합병증으로 이제 마음의 준비를 하라고 했다. 그래서 우리더러 내일 심방을 오라고 했다. 심방 날 장로님은 안 오고 목사님이랑만 심방해서 기도를 했다. 그런데 어디선가 장로님 기도 소리가 들렸다. 장로님은 오지도 않았는데 그분 기도 소리가 들리는 것이다. 그래서 나는 장로님이 오셨나 눈을 뜨고 확인을 했다. 그러나 장로님은 안 계셨다. 그날부터 할머니의 병세가 급격하게 호전되어 아프던 곳이 다 사라졌고, 그 후 무려 8년을 더 사시고 돌아가셨다.

그것이 성령의 역사고 하나님의 기도임을 깨달았다. 하나님의 능력은 기적 그 자체다. 우리가 울 때 하나님이 같이 우시니까. 우리가 기도할 때 하나님이 함께하신다는 것을 느끼면 분명히 하나님이 역사하신다.

한번은 우리 교회 이 집사네가 찬양대에 임명을 받았다. 그런데도 이 집사는 찬양대에 안 앉았다. 찬양대원이 일곱인데 하나둘 안 나오면 셋이나 넷이 찬양대에 앉는다. 그래서 내가 호통을 쳤다. 왜 찬양대 안 앉느냐고. 그랬더니 다음 날 이 집사가 찬양대에 앉았다. 그 모습을 보며 내가 얼마나 기뻤는지 모른다. 그때 '아, 한 사람이 찬양하는 것에 내 마음이 이렇게 기쁜데 하나님 마음은 참으로 기쁘겠다' 그런 생각이 들었다.

기도는 쉬지 않고 해야 한다. 언젠가는 반드시 이루어 주시니까. 그때가 언제인지 우리는 모르되 하나님은 알고 계실 테니까.

우리 교회 어떤 아기가 자기 키를 188센티미터로 키워 달라고 기도를 하는데 내가 보니 턱도 없어 보인다. 하지만 기도해야 한다. 기도하면 주시니까. 언젠가 그 아이의 키를 그만큼 키워 주시겠지. 물론 하나님은 기도를 안 해도 때로는 우리 마음을 알고 들어주시기도 하지만.

나에게는 이제 이 동네가 고향이다. 동네 물이 좋고, 물이 좋으니 사람도 좋다. 원래는 동네 앞뒤로 도랑이 있었다. 말 그대로 물이 좋은 동네였다.

나와 우리 교회는 동네 사람들을 위해 많이 기도한다. 앞에서 말했듯이 노인정에 점심 먹으러 가면 큰 소리로 식사기도를 한다. 이 사람들 믿게 해달라고. 그러면 동네 사람들이 내 기도를 듣는다. 우리나라 사람들도 믿지 않는 사람들을 꾸짖고 지적할 생각만 하지 말고, 그들이 들을 수 있게 그들을 위해 기도해야 한다. 또 북한을 생각하면서도 기도해야 하고 통일을 위해서도 기도해야 한다.

성도들이 기도할 제목이 너무나 많고 거대한 시대다. 세상 사람이 다 하나님을 알고 하나님 뜻대로 살아야 하는데 다들 육신의 정욕을 따라가고 있는 세상이다. 예수 이야기하면 콧방귀 뀌는 사람들을 보면 안타깝기까지 하다.

우리가 예수를 믿는 것은 이 땅에서 잘살기 위함이 아니라 영혼 구원받기 위한 것인데, 믿지 않는 자들은 물론 믿는 자들조차 그 사실을 깨닫지를 못한다. 그러니 먹고 마시는 일로 시간을 보내는데 그것이 얼마나 안타까운지 모른다. 참으로 불쌍하다. 제발 좀 깨달았으면 싶다. 나에게 소원이 있다면 바로 그것이다.

시골 교회를 위해 하고 싶은 말이 있다. 어떤 이는 아들딸이 광주에 있다고 광주로 교회를 간다. 그 사람들 심정은 충분히 이해한다. 하지만 그 사람들의 신앙이 제대로 잡혔다면 주일날은 광주로 가더라도 수요일 저녁예배는 이 교회를 나와야 하는데 그렇게 하지 않는다. 내 딸 있는 데에 하나님 있고 내 딸 없는 곳엔 하나님 없는 게 아니다. 내 딸이 교회에서 권사로 집사로 대우받으니 거기 간다고 하면 시골 교회는 누가 지킨다는 말인가.

내 인생의 가장 큰 축복은 나와 내 가족이 예수를 믿은 것이다. 물질적인 것은 둘째다. 믿은 그것이 축복이다.

나에게는 큰 걱정이 없다. 정말로 내 문제로는 걱정이 없다. 걱정해 봐야 소용이 없으니까. 이제 나는 천국에 갈 준비를 한다. 사람들은 나더러 아직도 정정하다고들 하지만, 하나님 나라에 가는 것이 또한 얼마나 좋은 일인가.

내 남은 소망은 어떤 부모라도 그러하듯이 내 자녀에 관한 것이다. 내 아이들과 자손들이 건강하게 살면 좋겠고, 아직 안 믿는 내 아이들이 예수님을 믿길 바란다. 내 셋째가 전에는 믿지 않았는데 건강이 안 좋아지면서 신앙생활을 열심히 한다. 교통사고로 머리를 다치는 바람에 사고 이후 뇌경색이 와서 먹는 게 많이 힘들다. 나는 아들을 위해 이렇게 기도한다. 죽고 사는 것도 하나님 뜻이요, 건강과 병도 하나님의 뜻이니 하나님이 다 알아서 해주시라고.

큰아들은 새생명교회 장로이고 며느리는 권사다. 그것도 참으로 기적이다. 내 큰아들과 며느리는 원래 예수를 안 믿었다. 그런데 며느리의 친정 작은아버지가 믿는 사람이었다. 그래서 그분에게 내가 부탁을 해서 결혼식 주례로 목사님을 세우게 했다. 꼭 교회 나가야 하니 목사님이 축복해 주어야 한다고. 그때 목사님 주례를 받더니 그 이후로 곧장 예수님을 믿기 시작해서 지금까지 매우 신실하게 믿을 뿐만 아니라 장로와 권사가 되었다.

어느 날은 내 둘째아들을 위해 기도를 하는데 '333' 숫자가 떡하니 보였다. 그래서 찬송가를 펴보니 "어머니 기도 못 잊어 나 집에 돌아갑니다"라는 가사가 있었다. 그래서 '아 우리 아들이 곧 나오겠구나' 했는데 아직도 안 나온다.

한편, 넷째아들이 술을 먹고 교회에 안 다녀서 속을 참 많이 썩였다. 그런데 지금은 마음잡고 살면서 나에게 가장 잘하는 아들이 되었다. 하지만 아직 교회를 안 나간다. 내가 죽기 전에 둘째아들과 넷째아들이 교회로 나오는 게 나의 두 번째 소원이다.

사실 내 인생에서 가장 행복한 순간은 바로 지금이다. 결혼 생활 내내 남편이 아팠으므로 행복할 틈이 없었다. 농사를 하면서 아이들도 키워야 했고 남편 건강도 돌봐야 했다. 언제 한번 놀아 본 적 없이 오직 가족과 교회에서 내 인생의 시간을 다 보냈다. 지금은 나에게 거치적거리는 일이 아무것도 없다. 지금은 내가 기도할 제목을 마치 책장에 책 꽂듯이 꽂아 놓고 매일 꺼내서 기도하니 얼마나 행복한지 모른다.

마지막으로 우리 목사님 정년 준비하게 해주시는 것이 내 작은 기도 제목이고, 이 민족의 구원을 위한 소망이 내 큰 기도 제목이다. 내가 살아온 이야기를 두서없이 말했으나 하나님께서 내 삶을 더 잘 정리해 주실 줄 믿는다.

요즘은 학교를 빌려서 예배를 드리는 교회가 많다. 이것도 하나의 유행인 것 같다. 내가 찾아간 금성교회는 오래전 초등학교 교실을 빌려 예배를 드린, 이른바 원조 학교 교회였다. 그 교회의 산 역사인 장순복 권사님을 만났다.

매일 새벽마다 하나님을 만났다는 특별한 분, 89세의 연세에도 오히려 30대 젊은이보다 기억이 좋고 힘이 넘치는 분. 그분의 집 마당에는 장독대가 자신의 인생처럼 단아하게 놓여 있었다.

"아이고매 두서없이 말해서 어찌까."

딸기 접시를 내놓으면서 이렇게 말씀하시는 권사님은 20대보다 말이 빠르고 목소리가 카랑카랑했다.

그곳까지 대중교통으로 이동하느라 시간이 오래 걸렸는데, 노령의 권사님은 바퀴 달린 구조물에 의지하여 마을 어귀까지 나와서 나를 기다리고 있었다. 마치 전투 일선의 작전 사령관처럼 명석하고 꼿꼿한 자세로 평생을 살아오신 장 권사님의 이야기를 듣는 동안 내내 똑딱똑딱 시계 소리가 들려왔다. 이제는 어디에서도 쉽게 찾아볼 수 없는 태엽 감는 벽시계다. 시집올 무렵부터 있었음직한 벽시계와 함께 권사님은 살고 있었다.

마당의 동백나무에 꽃이 활짝 만발했는데, 그 아름다운 꽃들이 장 권사님 삶의 열매 같았다. 그분의 자녀와 후손에게도 아름다운 꽃과 같은 축복이 내리기를 기도한다.

밥보다 예수
Jesus than Bread

2014. 3. 10. 초판 발행
2014. 9. 15. 3쇄 발행

지은이 강영길
펴낸이 정애주
곽현우 국효숙 김기민 김의연 김준표 김진성
박상신 박세정 박혜민 송민영 송승호 염보미
오민택 오형탁 윤진숙 임승철 정한나 조주영
차길환 한미영
펴낸곳 주식회사 홍성사
등록번호 제1-449호 1977. 8. 1.
주소 (121-885) 서울시 마포구 양화진4길 3
전화 02) 333-5161
팩스 02) 333-5165
홈페이지 www.hsbooks.com
이메일 hsbooks@hsbooks.com
트위터 twitter.com/hongsungsa
페이스북 facebook.com/hongsungsa
양화진책방 02) 333-5163

ⓒ 강영길, 2014

ISBN 978-89-365-0319-2 (03230)